Saskia John

Im Dunkelretreat

26 Tage Dunkelheit
Ein Bewusstseinsexperiment

93055 Regensburg
Internet: www.reichel-verlag.de
E-Mail: mail@reichel-verlag.de

Cover-Gestaltung: Christian Wolf
E-Mail: artopus@gmx.de

ISBN 978-3-946959-95-3

Inhalt

Einführung

Die Welt ist SEIN. SEIN ist Bewusst-Sein, das sich ausdrückt im strahlenden Licht der reinen Liebe, unendlicher Güte, purer Wahrhaftigkeit, zeitloser Weisheit, höchster Lebendigkeit und kristallklarer Klarheit. Damit ist alles gesagt und das Buch im Grunde schon fertig. (Doch so einfach ist es für niemanden, jedenfalls für keinen, den ich persönlich kenne. Im Gegenteil.) Die Einfachheit des Seins entfaltet sich zu einer blühenden Vielfalt, innerhalb derer unsichtbare, über Jahrtausende aufgeladene Kräfte verschiedenartige Fäden zu lichtundurchlässigen Schleiern verstricken und vor die Sonne des reinen Bewusstseins hängen.

Auch ich verlor mich seit dem Beginn meiner Entstehung (Konzeption) in den dunklen Gängen dieses Endloslabyrinthes – der „Matrix“ – immer tiefer. Die ersten Jahrzehnte lebte ich unbewusst ein angepasstes Leben und ging Wege, die nicht meine waren. Bis aus der Tiefe meiner Seele lichtvolle Lockrufe in mein Bewusstsein drangen. So beispielsweise im Jahr 1998, als sich mitten in der Nacht der Himmel öffnete und mir ein strahlendes Wesen aus reinem Licht erschien, das zu mir herunter an das Fußende meines Bettes schwebte. Es war eine Frau, deren Aura feinste goldgelbe Lichtstrahlen um sie herum zauberte. Auch ihr Körper und ihre Kleidung waren aus reinem Licht. Da ich auf meine Frage, wer sie denn sei, keine Antwort erhielt, nannte ich sie einfach „Lichtfrau“. Diesen Namen habe ich bis heute beibehalten. Welch eine Gnade diese Erfahrung für mich war und wie sehr sie mein Leben beeinflusste, weiß ich erst heute, über 20 Jahre später.

Neugierig und ausdauernd begann ich, dem Rufen meiner Seele zu folgen, ohne zu wissen, wonach ich suchte oder nach was ich forschte. Ich kannte weder den Weg noch das Ziel, sondern folgte einfach dem steten Forscherdrang, der mich immer tiefer zu mir selbst führte. Ich tauchte tief in mich hinein, um in den ungeahnten Dimensionen meines inneren Universums wieder und wieder mir selbst zu begegnen.

Im Sommer 2016 absolvierte ich mein drittes Dunkelretreat, welches dieses Mal 26 Tage dauern sollte. Während der gesamten Zeit befand ich mich ausschließlich in absoluter Dunkelheit. Dort offenbarte sich mir die anfangs beschriebene Einfachheit – auch als das Schöne, Wahre und Gute benannt –, sodass es mir ein echtes Herzensanliegen war, diese Erfahrungen mit interessierten Menschen zu teilen. (Meine ersten beiden Dunkelaufenthalte habe ich bereits in meinem Buch „Grenzerfahrung Dunkelretreat" beschrieben.)

Für die, denen der Begriff „DunkelRetreat" (von Holger Kalweit auch Dunkeltherapie genannt) unbekannt ist, sei hier kurz erwähnt, dass dies eine äußerst wirkungsvolle Praxis der Innenschau ist, eine Art Klausur oder Rückzug, ähnlich wie es von Eremiten, Mönchen und Mystikern aller Traditionen bekannt ist. In einem höhlenartigen Arrangement (abgedunkelter Raum) kann der Mensch in die heilige Tiefe seiner selbst eintauchen und bewusstseinserweiternde Prozesse durchleben, um seiner Wesensessenz buchstäblich „auf den Grund" zu gehen und seine wahre Natur zu erfahren. Eine berührend vertiefte Selbsterkenntnis, kostbare Heilung und ermächtigende Transformation können die Früchte dieses Tauchganges sein.

Den ersten Impuls dazu hatte ich Anfang des Jahres; wie ein Blitz am Himmel meines Tagesbewusstseins leuchtete die Idee auf, ein weiteres Mal in den Dunkelraum zu gehen. Obwohl innere Prozesse nie vorhersehbar sind, hatte ich die unbestimmte Vorahnung, dass es dieses Mal vor allem um den Kontakt zu den gestaltenden wie heilenden Kräften der höheren Lichtebenen gehen würde. Im Zuge der Verfestigung dieser Idee fragte ich mich immer wieder, wie das Retreat – über meine eigene innere Friedens- und Heilungsarbeit hinaus – der Welt dienen könnte. Spontan fiel mir dazu ein, anderen Menschen die Möglichkeit zu bieten, sie während der Zeit meines Retreats an dem Transformationsprozess teilhaben zu lassen. Dazu müssten sie selbst nicht physisch am Retreat-Ort anwesend sein. Diese Vorstellung fühlte sich unglaublich lebendig an und beflügelte mich sehr.

Mitte April begann ich, das Vorhaben in die Realität umzusetzen, indem ich mein Angebot in den sozialen Netzwerken postete und andere um Unterstützung bei der Verbreitung bat. Das Bewusstseins- und Heilungsexperiment „Transformationskraft Dunkelretreat" wurde geboren. Jeder, der davon erfuhr und den Wunsch verspürte, teilzunehmen, konnte sich verbindlich anmelden. Alles, was es dazu brauchte, war eine klare innere Haltung und das ernsthafte Interesse, sich selbst bzw. im eigenen Leben etwas zu verändern, egal um welche aktuelle Herausforderung es gerade ging. Das einfache Setting sah vor, dass sich die Teilnehmer für die gesamte Zeitdauer des Retreats „in das Kraftfeld Dunkelheit einklinkten" und auf die höheren Lichtebenen einstimmten. Sie könnten – wo immer sie gerade waren und was immer sie gerade taten – beten, um Hilfe bitten oder Heilung in Bezug auf ihre eigenen Anliegen einladen. Ich konnte mir gut vorstellen, dass die gemeinsame Ausrichtung vieler Menschen, während eines festgelegten Zeitraumes, eine potenzierte transformative und heilsame Wirkung hätte. Schließlich meldeten sich bis zum Retreat-Beginn 57 Menschen an. Es wurde vereinbart, nach Abschluss des Experimentes eine Rückmeldung über die eigenen Erfahrungen einzusenden; eine allgemeine Zusammenfassung ist am Ende dieses Buches eingefügt.

*

Der Inhalt des Buches hat sich mit jedem Dunkeltag im inneren Prozess selbst geformt, ohne dass ich wusste, was genau geschehen und wohin es mich führen würde. Schrittweise wurden einige der mein Bewusstsein verdeckenden Schleier auf eine bemerkenswerte Weise weggezogen, sodass die lichtvolleren Ebenen der Existenz in immer größerer Pracht mehr und mehr aufschienen. Dieser Weg der Erkenntnis ist letztendlich kein Weg, kein *irgendwo ankommen*. Der Weg ist schon das Ziel, wie es so treffend heißt, und beinhaltet ein gründliches

Ausmisten und Aufräumen meines inneren Hauses, sodass ich, im Glanz meiner hergestellten natürlichen Ordnung, voller Freude wiedererkennen kann, wer ich schon immer war.

Um die Höhen und Tiefen des inneren Prozesses besser nachvollziehbar zu machen, habe ich alle Details und Themen im Buch so belassen, wie sie in mir aufgetaucht sind. Im Zuge dessen blieben immer wiederkehrende Bilder und „kreisende“ Inhalte nicht aus, bis sie sich in mir gewandelt und erlöst hatten. Wiederholungen, die überstrapazieren könnten, sind gestrafft, um die wesentlichen Stationen zu beleuchten. In den Passagen, in denen es um Gespräche mit meinen inneren Eltern geht, handelt es sich um verinnerlichte Botschaften, die mir bewusst wurden und die ich im inneren Prozess in der beschriebenen Weise auflöste. Diese haben nichts mit meinen physischen Eltern zu tun, sondern stellen lediglich meine Interpretationen und Glaubenssätze dar, wie sie in mir als Kind entstanden sind. Die Erzählstimme in der Ich-Form soll das unmittelbare Geschehen so lebendig wie möglich wiedergeben. Die verwendeten Auslassungspunkte „…“ bedeuten an den jeweiligen Stellen eine fließende, energetisch nicht durchbrochene längere Pause.

Für die Aufzeichnungen im Dunkelraum nutzte ich ein Diktiergerät, das auch Tag und Uhrzeit der Erfahrungen festhielt, was mir erweiterte Auswertungen, bspw. von Meditations- und Schlafdauer, ermöglichte. (Power-Lämpchen und Display waren mit schwarzer Folie abgedeckt, sodass kein Licht an meine Augen dringen konnte.) Die aufgezeichneten Uhrzeiten sollen einen besseren Einblick in die zeitlichen Verhältnisse geben.

*

Möge das Buch für die Leser und Leserinnen zu einem umfassenderen Verständnis der menschlichen Psyche, zur Wiederherstellung der natürlichen inneren Ordnung, aber auch zur Heilung seelisch-emotionaler und physischer Wunden sowie zu einem tieferen inneren Frieden beitragen. Es geht für uns alle um nichts Geringeres, als neue Formen zur Gestaltung des zwischenmenschlichen Zusammenlebens unter Einbeziehung und Erhaltung der uns umgebenden Natur zu kreieren. Jetzt.

Ich wünsche Ihnen viel Freude beim Lesen und eine transformationsreiche, kraft- und lichtvolle Zeit.

> Haftungsausschluss: Die genauen Beschreibungen meiner Erfahrungen dienen der Nachvollziehbarkeit und dem besseren Verständnis, ersetzen aber weder ärztliche noch psychotherapeutische Hilfe.

Saskia John

1. Tag

Ich nutze die Stille am Morgen für eine Abschlussmeditation vom Alltag. Es ist Ende Juni. In zwei Stunden werde ich im Auto sitzen und in Richtung Lüneburg fahren, um mein Dunkelretreat zu beginnen. 3 ½ Wochen werde ich in absoluter Dunkelheit verbringen und die meiste Zeit schweigen und fasten. Gertrud, Soziologin und Dozentin für Soziologie und Psychologie, wird mich dabei begleiten. Ich lernte sie vor einigen Jahren als Gruppenleiterin auf Bali kennen.

Seit Wochen spüre ich sie immer wieder: die Angst, in der langen Dunkelzeit zu sterben oder verrückt zu werden. Sie ist zwar geringer als bei den beiden ersten Malen, aber sie ist da, auch jetzt. Sie macht sich verdeckt im Hintergrund bemerkbar und lässt meinen Bauch zu einem ballgroßen Knäuel kontrahieren. Mit bewussten tiefen Atemzügen hülle ich die Angst und das Knäul in eine warme wohlige Decke aus Liebe.

Dies wird mein längster Aufenthalt in der Dunkelheit sein; beim ersten Mal waren es 12 Tage, beim zweiten 24. Ich bringe meine meditative Aufmerksamkeit auf die 57 Menschen, die sich entschlossen haben, externe Teilnehmer dieses Bewusstseinsexperimentes zu sein. Sie sind energetisch in den Dunkelraum mit „eingeklinkt"; die gemeinsame Ausrichtung verbindet uns. In dieser Form habe ich das noch nie praktiziert, und ich bin ebenso dankbar für die Gelegenheit wie neugierig auf die Wirksamkeit. In den letzten Tagen habe ich per E-Mail, neben den formellen Anmeldungen, auch unzählige liebe Wünsche für meine bevorstehende Innenreise erhalten. Ich spürte das allmähliche Anwachsen der Gruppe fast physisch. Jede hinzukommende Person veränderte die Gruppenenergie auf eine ganz spezielle Weise. Außerdem habe ich ein klares Gefühl für die Kraft der Gruppe. Allein ihre Existenz berührt mich tief. Sie wirkt energetisch reich und kompakt, wie ein prall gefüllter Koffer, den ich mitnehme in den Dunkelraum. All diese Menschen werden ihre ganz eigenen Erfahrungen machen.

Ich atme weiter, richte meine Aufmerksamkeit jetzt auf den Unterleib und lasse den Atem in mein Becken hineingleiten, sodass die Gedanken langsam zur Ruhe kommen. Ich bin hochgradig wach und vollends ausgerichtet auf die kommende Dunkelzeit. Ich möchte in tiefere Bewusstseinsebenen eintauchen und die Einkehrtage nutzen, um mich stabiler an das Göttliche anzubinden, und so die Liebe und den Frieden in meinem Herzen vertiefen. Diesen Fokus haltend, sinke ich immer weiter in die ruhigeren Bereiche meines Selbst. Im nächsten Moment gewahre ich eine helle, heilige Energie über meinem Kopf, die ich nur schwer beschreiben kann. Ich deute das als Segen für das Retreat – für die Gruppe und für mich.

Ankommen im Dunkeln

Der schmale Gartenpfad bis zum Retreat-Haus ist mit Sträuchern und Bäumen zugewachsen. Eine liebliche Energie liegt in der Luft. Gertrud empfängt mich an der Tür, und im Eingangsbereich kommt mir wohlriechender Räucherduft entgegen.

Unser Begrüßungsgespräch ist locker; wir sprechen über Alltägliches, aber auch über das Dunkelretreat sowie Astrologie und stellen fest, dass wir am selben Tag Geburtstag haben. Dann führt Gertrud mich in meinen Dunkelraum im oberen Stock ihres Hauses – ein kleines Zimmer mit einer holzgetäfelten Dachschräge, die dem Raum eine gemütliche Note verleiht. Das Fenster ist mit schwarzer Folie abgedunkelt. Zum Interieur zählen ein Bett, ein Meditationskissen und ein kleiner Tisch, auf dem Tee, Wasser- und Saftflaschen bereitstehen. Über einen kleinen Flur, der mit schweren Vorhängen vom Rest der oberen Etage lichtdicht abgegrenzt ist, komme ich in ein geräumiges Bad, dessen Fenster ebenfalls abgeklebt ist. Sofort ist mir klar: Hier werde ich Tai-Chi machen, da das Zimmer dafür zu klein ist.

Für die Lüftung der Räume werde ich über das Öffnen der Fenster selbst sorgen. Eine Schlafmaske und ein dunkles Tuch, das ich mir zusätzlich um den Kopf wickeln kann, sorgen dafür, dass meine Augen vor dem einfallenden Licht geschützt sind. Seit heute Morgen faste ich bereits, und je nachdem, wie ich mich fühle, werde ich dies die nächsten zwei Wochen oder auch länger tun. Ablenkungen wie Fernseher, Radio, Computer, Handy, Telefon, CD-Spieler oder Kühlschrank gibt es nicht. Ich werde täglich 23 Stunden mit mir und meinem Innern allein sein. Für jeweils eine Stunde wird Getrud zu mir kommen, um mir einen Austausch zu ermöglichen. In diesen Gesprächen wird Raum sein für das, was mir auf dem Herzen liegt.

*

Gertrud ist gegangen. Als Erstes richte ich meine persönlichen Dinge im Zimmer und im Bad so zurecht, dass ich sie im Dunkeln wiederfinde. Nachdem ich meine Yogamatte ausgerollt und meinem Meditationskissen nebst Unterlage einen für mich stimmigen Platz gegeben habe, schaue ich ein letztes Mal auf die Uhr. Es ist 15:00 Uhr. Ich lege mein neues Diktiergerät neben das Meditationskissen auf den Boden, schließe langsam das Fenster, sodass der Raum komplett dunkel ist, und spüre in meinen Körper hinein: Ich stehe stabil geerdet und fühle einen tiefen inneren Schwerpunkt.

*

19:14 Uhr – Ich fühle mich in die Gruppe ein und habe das Gefühl, dass sich gerade mehrere Teilnehmer auf ihre Intention, Teil dieses Experimentes sein zu wollen, energetisch einstimmen.

2. Tag

7:53 Uhr – Ich bin gefühlt seit drei Stunden wach und sehr müde. Mein Kopf fühlt sich an, als wäre er mit einem schweren Vorhang zugezogen. In der Nacht habe ich mir im Schlaf beim Umdrehen das linke Knie dermaßen an der Wand aufgeschlagen, dass ich vor Schmerz aufgewacht bin. (Die Wunde war vier Wochen lang verschorft.)

Ich gehe für meine Tai-Chi-Übungen ins Bad und setze jeden Schritt achtsam, als wäre ich eine bis zum Rand gefüllte Wasserschale. Das Denken fällt mir schwer, ich kann mich kaum an die Tai-Chi-Form erinnern. Ich mache irgendetwas, was nicht mehr viel damit zu tun hat.

Ich meditiere. Nach einiger Zeit zieht sich mein Kopf noch stärker zu. Obwohl ich einen großen Drang verspüre, die Meditation abzubrechen, bleibe ich sitzen. Die gesamte Schädeldecke ist stark angespannt und schmerzt. Es ist, als ob etwas von oben nach unten drückt. Ich wende mich liebevoll der Spannung zu.

9:46 Uhr – Meine Gedanken gehen zur Gruppe. Verschiedene Teilnehmer tauchen vor mir auf; einer erscheint mir halb durchsichtig, ein anderer wirkt sehr präsent auf mich, als wäre er physisch anwesend. Eine Frau, deren Gesicht ich klar erkennen kann, scheint im Moment in Gedanken oder bei der Arbeit zu sein.

Meine Rückenmuskeln gleichen stark gespannten dicken Stahldrähten, deren Zug zwischen den Schulterblättern zum Nacken und weiter hoch bis über den Kopf reicht, als hätte ich eine viel zu enge Kappe auf. Der steife Nacken fühlt sich an, als trüge ich dort etwas.

Risse im Weltbild

Gespräch mit Gertrud

11:48 Uhr – Ich berichte Gertrud von meinem dösig-schläfrigen Zustand, der sich anfühlt, als hätte ich etwas noch nicht im Blick. Er ähnelt dem meiner ersten beiden Dunkelretreats. Ich schlief nur wenig, bekam auch im Schlaf alles mit und war bedingt dadurch immer müde. Ihre Frage, ob mein morgendliches Gefühl, nie ausgeschlafen zu sein, möglicherweise organische Ursachen haben könnte, verneine ich.

S: *Ich bin organisch gesund. Es hat etwas mit Angst zu tun. Der dämmrige Zustand fühlt sich an, als wäre alles in mir zugezogen.*

G: *Das heißt, du kommst mehr in Kontakt mit tiefer liegenden Ängsten, die sich jetzt in der Dunkelheit erst einmal körperlich zeigen.*

S: *Ja, vermutlich, aber auch alte Glaubenssätze. Ich bin ja hier, um mich tiefer mit dem Göttlichen zu verbinden. Ich fühle, dass etwas über mir liegt, wie eine Decke, die mich so fühlen lässt. Das hat etwas mit der DDR und meiner Familie zu tun. Gott gab es in meinem Umfeld nicht, das war alles nur Quatsch und Blödsinn.*

G: *Und als Kind hast du dich nach Gott gesehnt?*

S: *Nein, ich kannte nicht mal das Wort. Ein wenig „Gott" bekam ich im Alter von drei bis vier über meine Oma mit. Sie war gläubig, sang mit mir Lieder und brachte mir Gebete bei. Ich fand das schön. Als ich dann meiner Mutter stolz diese Lieder vorsang, war sie entsetzt und verbot ihrer Mutter, mir solche Lieder und Gebete beizubringen. Beide hatten nie ein gutes Verhältnis. Mir war es egal, was Oma mit mir sang. Ich genoss einfach die Nähe, die in solchen Momenten zwischen uns entstand.*

G: *Ja, Kirchenlieder haben eine erhabenere Schwingung als ein Frühlings- oder Volkslied. Als Kind ist man sehr empfänglich für Schwingungen. Du bist also gottlos erzogen worden. Was waren die Leitmotive deiner Erziehung? Worum ging es und was war erstrebenswert?*

S: *Leistung, gut sein, toll sein, leise sein, die Beste sein, alles richtig machen ... dann gab es weniger Ärger. Auch perfekt und schnell sein ... dafür erhielt ich ein gekünstelt wirkendes Lob von meiner Mutter.*

G: *Und du hast all deine Energie auf dieses Ziel verwandt, dich nicht verweigert. Du wolltest gut sein.*

S: *Genau. Ich habe sehr schnell gelernt, dass es besser ist, das zu machen, was verlangt wurde.*

G: *Es gab also nur diesen einen Weg.*

S: *Ja. Und es war DDR-konform, wie meine Eltern mich erzogen haben. Etwas anderes kannte ich nicht.*

G: *Wie lange hast du das mitgemacht? In welchem Alter gab es ein Umdenken?*

S: *Bis zur Wende, die war auch meine persönliche Wende. Ich war verheiratet, hatte vier kleine Kinder. Da war kaum Zeit für mich selbst. Nach der Wende schulte ich zur Heilpraktikerin um. 1994 eröffnete ich meine eigene Praxis. Erst Mitte der 90er Jahre bekam mein Weltbild Risse. Es fing noch kein Umdenken an, aber ich begann nachzudenken und spirituelle Literatur zu lesen. Ich verschlang „Das große Buch vom geistigen Heilen" von Harald Wiesendanger und erhielt einen ersten Überblick, bspw. über Aura und Chakras. Ich hatte zuvor noch nie davon gehört. Ich fand das unglaublich spannend. Als ich selbst anfing „Schatten" um Menschen herum zu sehen, dachte ich zuerst, ich würde verrückt. 1996 besuchte ich den Geistheiler Eli Lasch, den ich in der Sendung „Schreinemakers" gesehen hatte, und fragte ihn nach der Bedeutung dieser „Schatten". Als Resultat dieses Gespräches durfte ich drei Jahre lang in seiner Geistheiler-Praxis mitarbeiten.*

G: *Spannend! Was hast du dort erlebt?*

S: *Wir fühlten gemeinsam die Aura seiner Patienten. Ich erzählte ihm, was ich spürte, er sagte mir, was er wahrnahm und fühlte. Zum ersten Mal in meinem Leben, stellte er mir die Frage: „Weißt du, wer du bist?" Ich schaute ihn irritiert an und verstand nicht mal die Frage. Das waren die Anfänge. In diesen drei Jahren habe ich die Aura von unzähligen Menschen gefühlt und gelernt, wie sich kranke Körperbereiche im Aurafeld anfühlen. Eli Lasch hat mich vieles gelehrt. Anfangs verstand ich noch nicht, dass es um mich und mein Erwachen geht. Ich begriff das erst ab der Jahrtausendwende. Ich lernte meine Therapeutin kennen und von da an begann sich mein Leben rasant zu ändern.*

G: *Was war das für eine Therapie?*

S: *Es ging um die grundlegende Heilung der mental-emotionalen Ebene. Das war eine intensive Trauma-Therapie, basierend auf der Arbeit mit dem „Inneren Kind“. Dreizehn Jahre arbeitete ich intensiv meine Vergangenheit auf und lernte viel über die engen Zusammenhänge zwischen Körper, Geist und Seele und darüber, wie sich seelische Verletzungen in der Kindheit auf das gesamte weitere Leben auswirken. Ich absolvierte zwei Ausbildungen in „Familienstellen“. Eine davon bei Bert Hellinger – auch das war Teil meines Heilungsweges. In 2002 begann ich dann noch tiefer zu verstehen, dass es um mich geht. Diese Erkenntnis schockierte mich zunächst, doch von da an brachen die Krusten auf und legten langsam meinen Wesenskern frei. Die beiden vorigen Dunkelretreats trugen wesentlich mit dazu bei und der Heilungsprozess hält bis heute an.*

Der Heilungsengel

Wir sprechen über die Kriegskinder-Generation und wie deren ungeheilte Traumata (Hitler-Jugend, Bomben, Fliegeralarm, Flucht, Kinderlandverschickung, Aufwachsen ohne Vater, „Männer-Ersatz“, Kriegshärte, Hunger etc.) in die nächsten Generationen weitergegeben werden.

G: *Ja, es ist wichtig, das Trauma zu heilen. Spüre einfach die Präsenz der Verbindung zu höheren Ebenen. Das kann eine Göttin sein, ein Engel oder eine andere Himmelsgestalt, die hier in der Dunkelheit bei dir ist.*

S: *Du siehst sie gerade?*

G: *Ja.*

S: *Kannst du sie beschreiben? Das hilft mir vielleicht ein bisschen.*

G: *Gern. Ein sehr hochschwingendes, weibliches, hellblaues Wesen ist hier. In der christlichen Welt wird sie „Mutter Maria“ genannt. Oder es ist ein Heilungsengel. Dieses Wesen, dieser Engel, diese Lichtgestalt aus den Ebenen der höheren göttlichen Liebe, möchte dir etwas mitteilen oder geben. Eine Gabe, ein Symbol, das dir hilft, diese Verspannungen zu heilen, damit noch mehr Liebe da hineinkommt. Eine Liebesschwingung. Gewalt ist ein Ausdruck von verletzter Liebe.*

S: *Das berührt mich.*

G: *Genau. Das ist wie: „Nimm von meiner Liebe. Lass dich umarmen von meiner Liebe. Ich lege die Hände der göttlichen Liebe um deinen Nacken. Leg deinen Kopf in meine Hände und entspanne dich einfach. Alle göttliche Liebe, die universelle Liebe, wird dir jetzt zuteil. Auch die alte Last darf sich jetzt auflösen. Lege deinen verletzten Kopf in meine Hände."*

S: *Das berührt mich sehr tief.*

G: *Du hättest viel für die Familie getragen und müsstest das nun nicht mehr allein bewältigen, sagt dieser Engel.*

S: *Mir kommen fast die Tränen ...*

G: *Lass es einfach fließen. Du hast den Schmerz deines Vaters mitgetragen. Er ist als Kind im Krieg seelisch sehr verletzt worden, wie ich sehe, und voller Traurigkeit und Chaos. Jetzt wird der Ballast leichter. Du hast aus Liebe geholfen. In deiner Seele ist ganz, ganz viel Liebe. Du darfst diese Liebesschwingungen jetzt empfangen. Ich spüre, dass der Engel noch eine Weile dableiben möchte und dass du den Kopf in seine Hände legen kannst.*

Ich lege mich auf den Fußboden und genieße die Energie.

S: *Ich kann die Liebesschwingungen des Engels nicht wahrnehmen, aber es ist ein schönes Bild.*

G: *Auch wenn du es nicht fühlst, wirkt es dennoch auf dich, in und über deiner Aura. Die Aura wird gereinigt von den Spannungen. Die Schwingung geht bis in die Muskulatur, bis in die Knochen.*

S: *Während du gesprochen hast, kam die Erinnerung zurück, dass meine Oma auch über das Göttliche gesprochen und mir von Engeln erzählt hat. Bislang erinnerte ich mich nur an das Liedersingen. Ich kann wieder das verbundene Feld zwischen mir und meiner Oma fühlen.*

G: *Die Verbundenheit mit deiner Großmutter hat auf dich eingewirkt, auch wenn deine Mutter es verboten hat. Sie war eine wichtige Person für dich, eine „Tankstelle". Sie hat dir spirituellen Halt in deiner Kindheit gegeben.*

Ich bestätige ihre Aussage. Wir besprechen weitere Details bezüglich meiner Familie. Am Ende komme ich zurück auf die Engel.

S: *Mir tut es gut, wenn du von den höheren Ebenen erzählst.*

G: *Du darfst dich aufrichten. Da sind viele Engelwesen, auch Erzengel. Einer sieht aus wie der Erzengel Raphael – so wie er dargestellt wird, mit viel Blau. Er steht hinter dir und hält dich, sodass du dich nach oben strecken und aufrichten darfst, in den Himmel hinein ... Wie geht es dir damit, Saskia?*

S: *Mit den Engeln geht es mir sehr gut. Das berührt mich ganz tief.* (Lange Stille.) *Das werde ich so mitnehmen jetzt.*

Körperlicher Reinigungsprozess

13:17 Uhr – Ich fühle mich wacher und klarer nach dem Gespräch mit Gertrud. Die Dumpfheit ist verschwunden. Das Bild des Erzengels berührt mich weiterhin zutiefst; ich sehe die bläuliche Farbe vor mir, nehme sie deutlich wahr.

Ich setze mich zur Meditation, die jedoch von körperlichen Entleerungsbedürfnissen immer wieder unterbrochen wird.

15:39 Uhr – Ich wandere gefühlt seit Stunden zwischen Meditationskissen und Toilette hin und her. Es entleeren sich Unmengen stinkender „Jauche" aus meinem Körper. Das fühlt sich richtig gut an! Ich bin froh über diese Reinigung. Der Rücken tut noch weh beim Aufstehen.

Im Sitzen habe ich dagegen keine Schmerzen. Der Kopf fühlt sich besser an. Ich trinke viel.

Wohliger Duft zieht in meine Nase. Gertrud räuchert.

Ich nehme ein Bad und fühle mich anschließend sehr erfrischt. Die aufgeschlagene Wunde an meinem linken Knie tat allerdings verdammt weh im Wasser. Zusätzlich habe ich mir das rechte Knie am Wasserhahn geschrammt. Jetzt sind beide Seiten betroffen – so viel zum Thema Aufmerksamkeit.

3. Tag

4:25 Uhr – Vogelzwitschern hat mich geweckt. Ich schätze, es ist halb fünf. Ich fühle mich nicht wirklich ausgeschlafen, jedoch nicht mehr so dösig wie gestern.

Mein Zimmer ist voller leuchtender, weißlicher, kleiner Sterne. Sieht schick aus! Ich habe das Gefühl, dass rechts hinter mir das Lichtwesen anwesend ist. Meine Augen drehen sich nach oben. Ich fühle das Licht.

Nach einer Weile setze ich mich auf zur Meditation. Ich checke meinen Körper: Die Beine sind locker. Das Kreuzbein schmerzt etwas, ebenso die Muskeln um den Darm herum. Der gesamte Bauch ist fest, was ich mit der gestrigen Entleerungsaktion in Verbindung bringe. Der Magen hängt flau im Bauch. Die Leber steht angespannt in ihrem Raum. Nieren, Harnleiter und Harnblase fühlen sich gut durchgespült an. Der Uterus liegt gelassen an seinem Platz. Die Eierstöcke und Eileiter sind völlig entspannt. Die Bauchspeicheldrüse wirkt etwas angespannt. Die Atmung geht nur bis zum Zwerchfell. In der Mitte des Sternums nehme ich einen leichten Druck wahr. Die Därme gluckern. Die linke Schulter ist verspannt. Die Schädeldecke ist angespannt, ebenso die Augen. Auch sitzen Spannungen zwischen den Schulterblättern und in den oberen Rückenmuskeln, am Übergang zum Nacken. Jetzt, wo ich das anspreche, nehme ich die Nackenspannungen noch deutlicher wahr.

Mein Emotionalkörper gleicht einem großen, ruhigen See. Das Herz schlägt ruhig und regelmäßig. Ich fühle mich emotional offen und gut geerdet; sitze stabil auf dem Kissen, höre die Vögel. Die Mentalebene ist auch ruhig und erscheint mir gegenüber dem Emotionalbereich viel kleiner, wie im Hintergrund, als würde sie keine große Rolle spielen.

Ich entspanne mich in den angespannten Bauch hinein.

*

8:20 Uhr – Leises Donnergrollen und sehr feiner Regen lassen mich die Wände meines Zimmers wie Steinwände fühlen, so, als wäre ich von vielen Steinen umgeben. Ich fühle mich wie in einer Steinhöhle. Geborgen und sicher.

Wenn ich laufe, setze ich meine Schritte sehr bewusst, wie eine Katze. Als hätte ich überall Augen. Ich laufe sehr sicher, fühle mich sehr klar. Meine Absicht führt mich mitten durch den Raum direkt dorthin, wo ich sein möchte. Ich brauche keine Wand, um mich tastend zu orientieren. Ich steuere, quer durch den Raum, direkt die Zimmertür an und lande an der Türklinke. Interessant, wie die Absicht mich ganz leicht und sehr präzise führt. Ich brauche nichts zu tun, mich nur der Führung zu überlassen.

Gespräch mit Gertrud

11:31 Uhr – Ich berichte Gertrud von der schönen Verbindung mit dem blauen Licht am Vortag und auch vom achtsamen Gehen.

S: *Das meditative Gehen macht richtig Laune, weil so viel wahrzunehmen ist. Ich kann ungefähr 20 Zentimeter vorher spüren, wann die Wand oder die Zimmertür kommt.*

G: *Toll, wenn man dafür den Raum hat; im Alltag hat oder nimmt man sich den oft nicht so. Es ist eine ganz andere Art des Sehens als mit den äußeren Augen. Die Sinne werden geschärft, Energiefelder wahrgenommen und man spürt, dass an der Mauer die Energie dichter wird.*

Höhle – Der kosmische Mutterschoß

Ich erzähle, dass ich am Morgen die Wände des Hauses als eine Ansammlung von Steinen wahrgenommen habe. Gertrud bestätigt, dass es auch Steine sind.

S: *Ich fühlte mich wie in einer Steinhöhle.*

G: Höhlen sind immer sehr alchemistische Räume. Eine Höhle ist wie ein Mutterschoß, der kosmische Mutterschoß. Oder der große Kessel der Kelten, in dem wir immer wieder gekocht werden. Ceridween, die große Mutter, bewirkt, dass wir alle in ihren großen Kessel hineingehen und gekocht werden, um uns zu regenerieren und stärker daraus hervorzugehen. Unsere Visionen werden klarer und wir sind wieder stärker mit uns selbst in Kontakt, mit dem, was wir tatsächlich sind, und nicht mit dem, was man über uns gestülpt hat. Und die Göttin rührt ...

*

Botschaft der Ceridween

„Wenn du gerade an einer Wegkreuzung in deinem Leben angekommen bist und nicht weißt, wie du dich entscheiden sollst, dann komme zu mir. Wir zünden ein Feuer an, stellen einen Topf mit Wasser darauf und gehen Kräuter sammeln. Folge dabei deiner Intuition und nimm nur die Kräuter, die dich angucken'. Nimm von jeder Pflanze einen kleinen Teil, auch ein Stückchen vom Holz der Erle, und lasse sie zusammen mit deinen Sorgen in diesem Topf brutzeln. Wir setzen uns dazu, lauschen dem Feuer und rühren unser Gebräu um. Langsam und stetig. In diesem Rühren, in diesem nie enden wollenden Wirbel, wird alles vermischt. Das Alte löst sich auf, das Neue entsteht. Rühre und spüre, rühre und spüre – die Ruhe, die Stille, das Alte, das Neue und die ewige Wiederkehr. Hast du schon einmal daran gedacht, dass es keine falsche Entscheidung gibt? Dass alles im Leben nur dazu dient, Erfahrungen zu sammeln? In jedem Moment deines Lebens kannst du dich immer wieder neu entscheiden. Alles, was du dazu brauchst, ist Mut. Mut, das aufzugeben, was nicht zu

dir gehört (wirf es in diesen Topf), um endlich das zu leben, wovon du schon immer geträumt hast. Drei Tropfen von unserem Zaubertrank genügen."[1]

*

S: *Das ist interessant. Ich hatte in meiner zweiten Dunkelzeit eine Erfahrung mit einem Skelett. Das Skelett hatte einen Kochkessel, in den ich einsteigen sollte. Ich weigerte mich drei Tage lang, dann war ich so fertig, dass ich bereit war zu sterben!*

G: *Genau. Das sind archetypische Bilder. Die Seele kommt in der Dunkelheit viel stärker mit den archetypischen Energien in Kontakt. Das sind starke Einflüsse.*

S: *Das Skelett hat auch gerührt und immer irgendwelche Flüssigkeiten nachgekippt.*

G: *Es ist ein Zaubertrank, das heißt, Kräuter und Segen, Transformationskraft.*

S: *Ich habe bisher noch nie von Ceridween gehört. Deswegen finde ich das Bild „im Kessel gekocht werden" spannend und dass es offensichtlich eine alte Geschichte dazu gibt.*

G: *Das ist die Göttin Ceridween, die große keltische Urmutter mit dem großen heiligen Kessel. Aus dieser Tiefe heraus sind die Schalen entstanden, aus denen wir Menschen essen; sie entsprechen auch dem weiblichen Becken. Wir sind alle Abbildungen der großen Mutter und tragen in unserem Becken, in dieser Schale, die Kinder aus. Und in den Kessel der göttlichen Mutter steigen wir hinein, um wieder neu belebt zu werden. Um zu immer größerem Bewusstsein und letztendlich zur Erleuchtung zu gelangen. Ceridween verkörpert, wie Isis, die ägyptische Göttin der Nacht und des Tages, sowohl den Himmel als auch die Erde – noch beides in einem.*

---

[1] *Quelle:* http://www.kraeuterweisheiten.de/goettinnen/231-cerridween-keltische-goettin-des-todes-und-der-wiedergeburt.html

Sehnsucht nach Gott

Ich finde Gertruds Erzählung spannend, denn ich kenne mich nicht aus mit Göttern und Göttinnen. Ansonsten gibt es von meiner Seite aus nicht viel zu berichten.

S: *Es ist ruhig in mir, ich nehme mich sehr geerdet wahr. Ich gehe einfach mit dem, was ist, und versuche alles, was ist, wahrzunehmen, im Jetzt zu sein. Das Haus zu fühlen oder das Zimmer, die Steine, den Boden ...*

G: *Ich habe den Eindruck, dass viel von deiner persönlichen Geschichte schon bearbeitet ist. Dann sitzt man einfach da, bis sich die Tore langsam nach und nach öffnen. Darum musst du dich ja nicht kümmern. Du musst gar nichts tun, außer dich dem Augenblick immer wieder hinzugeben. Das kann auch ein paar Tage anhalten. Du bist einfach. In der Dunkelheit hat alles seine Rhythmen. Wir können das mit dem Verstand nicht forcieren. Auch die Angst verschwindet, oder die Sorge, dass nichts passiert.*

Das große Nichts ist doch auch eine ganze Menge. Wenn wir da mal so hineinfallen, lösen wir noch mehr von unseren Egostrukturen auf. Je mehr wir in das Nichts fallen, desto stärker sind wir mit dem Ganzen verbunden und desto mehr verschwindet das „Ich". Wie eine buddhistische Nonne so schön beschrieben hat: „Ohne mich ist das Leben ganz einfach." (Beide lachen.)

S: *Es gibt eine Sehnsucht in mir, die höheren Ebenen tief zu fühlen, zu erforschen, zu erfahren. Immer tiefer einzutauchen in die tieferen oder höheren Schichten, je nachdem, wie man es sieht.*

G: *Die höheren Schichten können auch die tieferen sein. Das ist letztendlich eins.*

Ich habe das Gefühl, dass das Gespräch zu Ende ist und frage Gertrud, ob sie noch ein Bild für mich hat oder irgendeinen Impuls.

G: *Eine innere Stille ist da. Deine Aura, wie ich sehe, weitet sich und fängt langsam an, aufzugehen. Noch nicht ganz intensiv zu strahlen, aber es gibt Strahlungen, die von dir ausgehen. Wie ein Häuptling, der seine Federkrone trägt. Und eine Öffnung: „Ich bin bereit für die Einweihung" oder für eine Zeremonie. Die Spirits wissen Bescheid. Der Häuptling ist einfach still. Er reinigt sich, geht ins Gebet, geht in die Stille. Er hat sich von seinem alltäglichen Trubel zurückgezogen und hat vielleicht ganz tief in seinem Herzen, in seiner Seele, eine Frage. Vielleicht will er, du in dem Fall, nur zur Ruhe kommen oder vielleicht will er einfach mit seiner Herzensangelegenheit den bewussteren Kontakt zu den Spirits aufbauen. So erlebe ich dich gerade. Du bist still. Wir müssen ja erst einmal still werden. Im Ganzen, in Wellen, und dann kann die höhere spirituelle Ebene auf uns einwirken. Damit ist auch Demut verbunden. Und in der Dunkelheit bereiten wir uns darauf vor, in Stille, dass erst einmal alles abfällt. Hingabe ist alles.*

Ich brumme zustimmend in Gertruds Richtung.

Kernenergie

G: *Der Segen und die Ergüsse – alles kommt aus diesen Ebenen, alles ist für dich vorbereitet. Es bedarf nur noch des richtigen Zeitpunkts, den können wir nicht bestimmen. Du hast die klare Absicht, spüre ich, diese Verbindung nach oben zu stärken.*

S: *Ja.*

G: *Ich spüre nicht, dass du danach greifen oder aus deinem Ego heraus irgendetwas erleben willst, sondern dass du eine tiefe Erfahrung machen möchtest. Und du weißt, dass es dazugehört, dich dem hinzugeben, was jetzt gerade da ist.*

S: *Stimmt. Ich frage mich, was durch mich in diese Welt kommen mag. Ich verbinde mich immer wieder mit meinem inneren Kern, den ich wirklich gut fühlen kann, und halte diese Energie. Ich habe das Gefühl, dass ich dadurch langsam tiefer eintauche.*

G: *Den tiefen Kern – wie fühlst oder nimmst du ihn wahr?*

S: *Er füllt meinen Bauch und mein Becken aus, geht hoch bis zum Herzen und weiter bis an den Hals heran. Vor einigen Jahren war er in meinem Bauch nicht größer als eine Handvoll. Als ob er wächst. Und er ist nach oben ausgerichtet, hat eine innere Linie. Ich weiß, dass das meine Kernenergie ist. Da ist große Klarheit und ich fühle mich total in meiner Mitte, ganz zentriert.*

G: *Ist er klar wie ein Kristall oder mehr milchig-weiß?*

S: *Es ist eine Mischung aus gold-gelb-weißem Flimmern. Das ist nichts Festes, sondern ein flimmernd-phosphoreszierendes Etwas. Innen ist er flüssig, aber nicht so wie eine auseinanderfließende Pfütze, sondern wie von einer Kraft zusammengehalten und mit dem großen Ganzen verbunden. Wenn ich mich von da aus „nach oben" verbinde, fühlt es sich an, als würde ich Kontakt zu meinem Heimatstern aufnehmen, der in ganz feiner, zarter Energie strahlt … es ist ein goldenes Licht. Ich fühle mich ganz ausgerichtet in meiner Mitte. Einfach schön.*

G: *Ich spüre eine große Liebe und Mitgefühl mit allen Wesen der Schöpfung, wenn du diese Verbindung beschreibst.*

S: *Ja, genau.*

G: *Auch ein Wissen um die größeren Zusammenhänge und ein Erinnern deiner selbst, weshalb du hier bist, was dein Dienst ist.*

Den Tod transformieren

S: *Ja. Ich habe das Gefühl, ich bringe der Menschheit etwas, ohne zu wissen, was genau. Ich fühle, es geht um das Thema Heilung und eine völlig neue Sicht auf Krankheiten und wie sie entstehen und heilen. Auch um die Themen Altern, Sterben und Tod ... und dass Sterben und Tod transformiert werden können.*

G: *Auf jeden Fall.*

S: *Mit Transformation meine ich auch den Körper, nicht nur aus spiritueller Sicht, dass die Seele nicht stirbt, sondern Sterben und Tod so weit zu transformieren, dass auch der Körper mittransformiert, sodass wir weit mehr als 80, 90 oder 110 Jahre alt werden können.*

G: *Das ist zu dieser Zeit ein großes Thema. Ich verstehe dich.*

S: *Das ist auf jeden Fall ein Puzzlestück meiner Aufgabe, fühle ich. Vielleicht ist es schon DAS Puzzlestück und es gibt keine anderen. Bis jetzt habe ich es geheim gehalten und kaum gewagt, irgendwo auszusprechen.*

G: *Sehr sinnvoll, nur mit Menschen darüber zu sprechen, die auch darum wissen. Das bewirkt auch für das Ganze sehr viel, wenn es größere Stille gibt für den Planeten und für die gesamte Menschheit. Die Unruhe haben wir auch, weil alles kurzlebig ist und einfach das tiefe Durchdringen und die ganz große Stille für die meisten nicht erlebbar ist. In Tibet kann man buddhistische Erleuchtete besichtigen, deren Körper nach dem Tod nicht zerfallen sind. Das ist ein Phänomen. Sie werden hinter Glas geschützt in Meditationshaltung aufbewahrt, damit die Leute sie sehen, aber nicht anfassen können. Früher wurden sie vor den Menschen verborgen, aber gegeben hat es so etwas schon immer.*

S: *Ja, ich habe Videos darüber auf YouTube gesehen. Und es soll lebende Meister geben, die 900 Jahre alt sind. So einem würde ich gerne begegnen.*

G: *Mit den Meistern kannst du geistig in Kontakt treten. Die Dunkelheit ermöglicht das nach einer Weile, wenn du auf einer bestimmten Schwingungsfrequenz bist.*

S: *Ja, wenn ich da bin. Da ist ein tiefer Wunsch in mir, mich so zu verwirklichen, so hoch zu schwingen, dass das möglich wird.* (Stille.) *Allein durch das Aussprechen höre ich lauten Protest in meinem Kopf: „So ein Quatsch! Alles Blödsinn!" Doch im Herzen weiß ich, dass es solche Menschen gibt.*

G: *Das sind ja nur Stimmen; die haben uns immer beeinflusst. Die hörst du noch, aber sie beeinflussen dich nicht mehr wirklich. Alte Programme, die noch ein bisschen irritierend sind, aber dich nicht mehr wirklich abhalten.*

S: *Ja. Ich erkenne sie als verinnerlichte Inhalte und weiß, wem die Stimme gehört.* (Lange Stille.)

Das goldene Ei

S: *Ich fühle mich gerade, als ob ich in einem goldenen Ei sitze …* (lacht) *… und dass ich es aufbrechen möchte.*

G: *Möchtest du es aufbrechen oder bricht es von allein? Vielleicht enthüllt es sich dir eher. Hast du das Gefühl, du musst etwas tun, um es aufzubrechen?*

S: *Ich spüre mal rein. Auf jeden Fall ist es golden. Ich kann nicht sagen, ob ich etwas tun muss. Ich spüre den Wunsch, eine Sehnsucht, dass es bricht, so vielleicht.*

G: *Ja. Aber es ist kein persönlicher Willensimpuls, dass du es zerschlagen musst, um da herauszukommen.*

S: *Nein, das auf keinen Fall. Es ist eher ein inneres Mich-Ausstrecken oder es bedarf einer gewissen Reife und dann öffnet es sich.*

G: *Ja, so fühlt es sich für mich auch an.*

S: *Es braucht noch einen inneren Reifeprozess. … Ich spüre starke Freude aufkommen. Mir wird ganz warm.*

G: *Schön. Es öffnet sich auch. Ich höre die alten Meister flüstern, die oben im Himalaya sitzen und jetzt auch hier sind und mit denen du ja geistig schon verbunden bist: „Was du sagst, stimmt. Lass dich nicht irritieren."*

S: *Also du hast nicht das Gefühl, dass das mein Ego ist?*

G: *Nein. Das Ego wäre, wenn du es unbedingt und jetzt haben willst ... Alles hat seinen eigenen Rhythmus und seine eigene Zeit. Aber du bist ja schon ein Leben lang dabei.*

S: *Ja. Es fühlt sich sehr lebendig an, wenn ich darüber spreche.*

G: *Genau. Du gibst den Dingen Zeit, aber du bist fokussiert, hast deinen Geist darauf ausgerichtet.*

Ich lächele in mich hinein.

G: *Das ist offensichtlich die Information deiner Seele, weshalb du auf die Erde gekommen bist ... um das zu erforschen. Sonst würdest du nicht immer in der Dunkelheit sitzen, oder?*

S: *Ja ...*

G: *Auf diesem Weg wirst du viel erfahren.*

S: *Ich traue es mich fast gar nicht auszusprechen, als ob ich mich schäme dafür. Das ist ganz komisch.*

G: *Ja, klar. Verstehe ich.*

S: *Ja?*

G: *Ja, klar. Das ist der Anteil, der noch unsicher ist.*

S: *Als ob ich ein hohes Wesen bin, das noch nicht zum Zuge gekommen ist.*

G: *Ja. Das ist bei vielen der Fall hier auf der Erde. Wir kommen mit unheimlich hohen Schwingungen und landen dann in unseren kleinen Körpern ...* (lachen beide) *... und dann kriegen wir mit der Klatsche was drauf: Halt den Mund! Sei still! Mach dies, mach das ... Und wir denken: „Hilfe, nein! Wo bin ich hier gelandet!? Lieber Gott, ist das hier dunkel!"* (Lachen.)

S: *Ja, genau! Und ich hatte vergessen, dass ich ein hohes Wesen bin. Aber jetzt weiß ich das. Es ist ein Öffnungsprozess, sodass dieses hohe Wesen wieder zum Zuge kommt.*

G: *Richtig! Und das muss durch all diesen ganzen ...*

S: *... Kladderadatsch durch.*

G: *Ja, das muss durch die materielle Form durch. Das hat im weitesten oder nächsten Sinne auch mit Geistheilung zu tun, dass der Geist die Materie transformiert.*

S: *Genau. „Es werde Licht" drückt das aus. Das Wort schöpft sofort die Realität.*

G: *Ja. Da musst du eine hohe Schwingungsfrequenz haben. Die meisten, die reden, bei denen passiert nichts, außer schwarze Wolken.* (Beide lachen laut.) *Es gibt immer noch sehr wenige, die so hochschwingend sind und die das auch durchbringen können. Die sind ja auch „versteckt".*

S: (Zustimmend:) *Hm, meine Vorsicht, darüber zu reden, schwindet. Ich fühle mich gerade von dir unterstützt.*

G: *Ja, ich kann das sehen. Ich kenne das auch von mir und kann das nachvollziehen und verstehen.*

S: (Sehr berührt, mit leicht zittriger Stimme:) *Das tut gut.*

G: *Man muss das Herz immer wieder öffnen und die Schatten integrieren.*

S: *Sonst ist der Mensch in sich gespalten und das Spirituelle wird dazu benutzt, das Dunkle, die Schatten, nicht zu fühlen.*

G: *Richtig. Und die Schatten bemächtigen sich dann deiner. Das ist ein Teufelskreis. Irrwege sind das. Es braucht eine Menge Mut und Kraft, die hohen Frequenzen wirklich durchzubringen. Ich habe eine junge Schamanin aus Chile kennengelernt. Sie ist eingeweiht bei den Maputschi-Indianern und hat ein Frauentraining in Süddeutschland absolviert: „Der Altar der Göttin". Die Teilnehmerinnen, alle um die 30, waren fast ausnahmslos Therapeutinnen und Heilerinnen. Als sie nach Deutschland kam, ist dreimal eine schwarze Krähe auf ihrem Kopf gelandet und hat sie gepickt. Ihre Spirits sagten ihr, dass wir in Deutschland die Inquisition noch nicht aufgearbeitet hätten. Dann hat sie mit dem dunklen Aspekt des Weiblichen gearbeitet. Sie hat die Kali-Energie aktiviert und all die bekannten Probleme poppten hoch: Missbrauch und Bekämpfung des Weiblichen … gedemütigt, gevierteilt, vernichtet … Das „Böse" sei aber nicht nur die Kirche, sondern wir alle hätten auch den dunklen Anteil in uns …* (kurzes Schweigen). *Da war was los! Die Frauen fingen plötzlich an, sie zu kritisieren, und wollten, dass sie geht, weil sie psychologisch nicht ausgebildet sei. Der Prozess hat sich dann aber gedreht und es geschah wirklich Heilung, eine starke Transformation. Wenn so etwas hochkommt, ist man nicht nur Opfer, sondern man muss auch stark sein und diese dunklen Anteile in sich selbst sehen und annehmen.*

S: *Dazu gehört viel Verständnis von allem. Da kommen ja tiefe Ängste hoch.*

G: *Ja, natürlich. Das ist brachial in gewisser Weise, aber die Schamanin hatte Power. Sie sagte, die südamerikanischen Frauen hätten dieses Problem nicht. Sie seien nicht so männlich bewertend wie wir, sondern anders sozialisiert. Sie sei selbst ganz erstaunt und kenne es gar nicht, dass Frauen männliche Anteile in sich tragen. Die südamerikanischen Frauen hätten dafür aber ganz andere Schattenanteile zu bearbeiten.*

S: *Spannend …*

G: *Wir sprachen von Schatten, deswegen kam mir das gerade in Erinnerung. Es geht in Deutschland und Europa um die Integration der historischen Schatten. Und gute Erdung ist dabei ganz wichtig, wie auch immer wieder das Herz zu öffnen.*

(Beide schweigen lange.)

G: *Es ist schon ganz viel Licht da. Es wird jetzt langsam immer mehr. Dein Seelenlicht, das da ankommt, ist ganz hell … Vielleicht warst du ja mal ein tibetischer Mönch, hast vielleicht im Himalaya gesessen und praktizierst das jetzt hier in Europa.*

S: *Keine Ahnung. Ich habe das Gefühl, ich bin entweder ein alter Indianer oder ein Taoist. Jedenfalls jemand, der schon praktiziert hat.*

G: *Genau. Oder beides. Ich kann dich als Indianer und als Häuptling sehen.*

S: *Genau, ja. Die Indianer sind mir sehr nah.*

G: *Und der Heilige, dessen Körper nicht zerfällt, fiel mir auch zu dir ein. Tibet muss auch irgendwas mit dir zu tun haben.*

S: *Es wird etwas klarer jetzt: Als ob sich das, was ich bin, offenbaren oder noch bewusster werden möchte. Damit sich das Göttliche in mir in die Welt ergießen kann. Inwieweit ich das dann auch in der Welt umsetzen kann, ist noch mal eine ganz andere Frage.*

G: *Je mehr du dich mit dem Göttlichen in dir verbindest, desto mehr kannst du es in die Welt hineinbringen. … Wenn du nur aus negativen Gedanken und Gefühlen bestehst, formt das ja auch in deine Umgebung …*

S: *Richtig.*

G: *Ja, meine Liebe, ich glaube, ich lass dich jetzt da, wo du gerade bist.*

Nachdem Gertrud weg ist, meditiere ich und lausche dem Schmerz in meinem Kreuzbein. Ich sehe flackerndes Licht, das in Wellen heller wird.

4. Tag

7:37 Uhr – Seit gestern Abend habe ich starke Rückenschmerzen, auch im Liegen. Die Nacht war eine Tortur; meine Rücken- und Beckenmuskeln taten höllisch weh. Zudem fühlt es sich an wie tiefe

Knochenschmerzen. Ich meditiere. Was möchte mir der Schmerz sagen oder zeigen? Erinnerungen an alte Verletzungen tauchen auf. Ich sage dem Rücken, dass das alles längst vergangen ist. Die Informationen sind also irrelevant und können gelöscht werden. Der Rücken ist so unflexibel, dass ich mich nicht beugen kann. Die gesamte Lendenwirbelsäule fühlt sich an wie eine dicke, feste Platte. *Wie kann ich dir helfen? Was brauchst du?*

Meine Eltern blitzen vor mir auf. Auch sie haben Rückenschmerzen. Ich bemerke außerdem den Gedanken, dass mindestens fünf Personen aus der Gruppe ebenfalls Rückenschmerzen haben. Mein Magen meldet sich, ich muss aufstoßen – wie mein Vater. Der Vater scheint im Vordergrund zu sein. Ich schaue auf meine Eltern und spüre, dass wir über den Rückenschmerz miteinander verbunden sind. Ich fühle dabei aber keinerlei Ablehnung. Es ist eher so: *Ich bin mit euch. Ich heile den Schmerz in mir und damit auch etwas in euch.* Will ich sie jetzt retten? Mitfühlend lasse ich ihnen den Schmerz. Ich fühle einen Teil in mir, der ihnen helfen kann. Ich entspanne mich in den Schmerz hinein.

*

8:54 Uhr – Ich beende die Meditation und nehme ein heißes Bad. In der Badewanne fühle ich mich tief verbunden mit meinem inneren Wesen, das sich in dem goldenen Ei befindet. Ich bin tief berührt und spreche langsam folgenden Satz aus: *„Ich brüte mich selbst aus."* Gleichsam die Lebendigkeit der Worte schmeckend.

Weiterhin beschäftigt mich das Elternhaus. Dabei steht vor allem die Thematik „Lieb-Sein" und „Wahrheit" im Vordergrund. Letzteres hatte oft schmerzhafte Folgen für mich, wenn aufflog, dass ich gelogen hatte. Mir wird wieder einmal bewusst, wie viel Angst ich als Kind davor hatte, beim Lügen „entdeckt" zu werden. Ich kann mich nicht erinnern, dass Erwachsene je hinterfragt hätten, warum ich log. Warum ich kein Vertrauen und stattdessen so viel Angst hatte, meine Wahrheit auszusprechen. Starke Wut über unangemessene Bestrafungen und

Schuldzuweisungen kocht in mir hoch, die mich aus meiner Opferhaltung herauskatapultiert und in meine Kraft bringt. Lauthals schreie ich meine Wahrheit und alles aufgestaute Unausgesprochene heraus: dass ich mich als Kind nicht sicher und mit meinen Impulsen nicht gesehen fühlte. Die Wutentladung tut richtig gut. Ich nehme die 6-jährige Saskia sanft zu mir. Sie schmiegt sich in meine Arme und entspannt sich nach einiger Zeit in meinem energetischen Nest aus Liebe, Nähe, emotionaler Wärme, Schutz und Geborgenheit, das ich ihr als Erwachsene bereite. Um dem Kind mehr Raum und Zeit für die Heilung seiner seelischen Wunden zu geben, bitte ich die inneren Eltern zu gehen. An die schmale Tür, durch die meine Eltern den Raum hintereinander verlassen, hänge ich ein Schild mit der Aufschrift „Zutritt verboten“.

Mein rechtes Knie meldet sich und erinnert mich an eine sehr schmerzhafte Zeit in meinem zwölften Lebensjahr. „Morbus Schlatter“ lautete damals die Diagnose. In der Schulmedizin eine Entzündung infolge körperlicher Belastung. Mittels Gipsbein wurde ich für sechs Wochen ruhiggestellt. Heute weiß ich: Die Belastung war emotionaler Art und spiegelte sich auf der physischen Ebene wider. Ich sehe jetzt, dass ich unbewusst viele Familienmuster von meinen Eltern und Großeltern übernommen und ebenso unbewusst an die nächste Generation, meine Kinder, weitergegeben habe. Ich bin froh, das erkennen und heute anders handeln zu können.

Kinder – Spiegel der Eltern

Gespräch mit Gertrud

11:28 Uhr – Ich berichte zunächst von den starken Rückenschmerzen, dann von den Lügen und dem inneren Klärungs- und Heilungsprozess.

Wir sprechen über Kinder, die ihre Eltern spiegeln. Wenn Eltern die Spiegelsituation nicht erkennen, suchen sie das Problem beim Kind statt bei sich selbst. Dabei geht es doch darum, herauszufinden, warum sich das Kind so verhält. Kinder zeigen Schattenaspekte in den Familien und in der Gesellschaft auf. Es bräuchte Erwachsene, die das erkennen und sich den Schattenenergien stellen, um sie zu heilen und zu integrieren. So könnte das unheilvolle unbewusste Weiterreichen von Denk-, Fühl- und Verhaltensmustern an die nächsten Generationen – und die so entstehende Wiederholung der leidvollen Vergangenheit – mit der Zeit aufhören. Anderenfalls kommt alles Verdrängte irgendwann ans Licht, und sei es viele Generationen später.

G: *Es ist über viele Generationen so gewesen, dass Kinder die eigenen Bedürfnisse nicht offen äußern konnten. Viele Erziehungsstile hatten nur das Ziel, dass die Kinder funktionierten. Man ging nicht auf das Kind ein und kümmerte sich auch nicht um die Erfüllung von Bedürfnissen.*

S: *Genau, und ich weiß aus eigener Erfahrung, wie erleichternd und heilsam es ist, wenn Eltern Verantwortung für ihr Handeln übernehmen.*

G: *Ein Kind spürt u. a. die unterdrückte Aggression und die Gewaltbereitschaft, die Erwachsene oft in sich tragen, und ist diesen Gefühlen dann schutzlos ausgesetzt.*

Bei den Primaten übernimmt der Gorilla die Beschützerrolle. Er greift seine eigene Familie nicht an, sondern wirkt nur nach außen grimmig, damit niemand die Einheit zwischen Mutter und Kind stört.

Das ist ein schönes Bild und es berührt mich sehr! Jeder hat seine Aufgabe und kommt seiner Verantwortung nach. Der Vater stellt den Schutz nach außen, die Mutter übernimmt den Schutz direkt beim Kind, damit es sich sicher fühlen kann. So dienen beide Eltern dem Schutz des Kindes.

Gertrud erwähnt, dass ihrer Erfahrung nach Menschen, die keine Kinder bekommen wollen, oft eine Vergangenheit haben, die sie als grauenvoll erlebt haben. Ich kann ihre Aussage aus meiner eigenen langjährigen therapeutischen Praxis heraus bestätigen.

Über meinen Satz „Ich brüte mich selbst aus“ lacht Gertrud herzhaft. Ich sinniere über die Möglichkeit, dass dies der Buchtitel sein könnte. Gertrud meint, der Titel sei „herrlich“ und „wunderschön weiblich“.

G: *Wenn wir Frauen uns einer Sache nicht ganz sicher sind, dann fällt oft die Redewendung: „Lass mich noch ein bisschen darüber brüten“. Die Männer sagen das nicht, denn sie brüten nicht, sie machen sich Gedanken. Das Brüten ist definitiv weiblich besetzt. Es ist warm, heilend und mütterlich. Und, wie du sagst, ist es ganz wichtig, dass du dich jetzt selbst beschützen kannst. Dass du dich bebrütest. Es ist schön, dass du die beschützende Mutter für dein inneres Kind bist. Das ist sehr heilend, das spüre ich.*

Der kosmische Wasserfall

Ich komme auf die höheren Ebenen zu sprechen und das gestrige Gefühl, dass für einige Sekunden eine fremde Energie im Raum anwesend war.

G: *Deine Meister?*

S: *„Meine Meister“, genau.* (beide lachen)

G: *Was hast du gespürt?*

S: *Ich fühlte eine lichtvolle Wärme über mir.*

Ich frage Gertrud, wie sie mich heute energetisch wahrnehme.

G: *Ich sehe einen Wasserfall, der von den Bergen aus kristallklaren Ebenen herunterkommt. Gleichzeitig erinnert dieser an den langen Bart eines weisen Alten.*

S: *Ein kosmischer alter weiser Mann.*

G: *Ja, und auch ein kosmischer Wasserfall der Weisheit, Liebe und Güte. Große Weisheit, über Jahrtausende entwickelt, weil alle Zyklen und Rhythmen des menschlichen Daseins und der Bewusstheit und Unbewusstheit und der universellen Weisheit darin sind. Auch das*

Durchschauen unseres menschlichen Daseins, worum es da eigentlich geht. Alle Entwicklungsstadien und auch das Wissen, woher wir wirklich kommen und wo es wieder hingeht, wenn die Reise beendet ist. Was der eigentliche Sinn unserer Reise hier ist. Diese Weisheit, die wie ein langer Bart aussieht, strömt wie Wasser zu dir hin, das langsam anfängt, dich zu umgurgeln. Als wenn es gluck, gluck, gluck macht und du dich reinigst und deine persönlichen Dinge bearbeitest. Das Baden hilft dir also, es weicht dich auf. Diese Kraft sagt, du hast dich danach gesehnt, und deshalb umspült sie dich langsam ... wie große liebende Hände, in die du dich reinlegen und entspannen kannst. Du kannst dein Bad nehmen wie in Himmelswasser.

S: *Wow, ich bin sehr berührt.*

G: *In diesem Wasser können sich auch die Verhärtungen lösen, die du von den Vorfahren übernommen hast. Vor allen Dingen bist du beschützt. Du kannst dich also wie in sanfte Arme und Hände hineinbegeben.*

S: *Ich genieße das.*

G: *Das Wasser durchfließt dich. Wirbel für Wirbel. Du entspannst immer tiefer. Das Alte wird abgestreift. Deine Arme sind nach oben geöffnet, um zu empfangen – so, wie man die Göttinnen verehrt hat.*

Ich strecke mich laut schnurrend auf dem Boden aus.

G: *Du ruhst in großen Händen. Das ist ein archetypisches Bild und hat mit einer kosmischen, universellen Himmels- und Weisheitsenergie zu tun, die wie ein Himmelswasser auf die Erde fließt und mit ihr eine Einheit bildet. Hell umspült sie dich wie das purste Gletscherwasser. Da kannst du dich reinentspannen.*

S: *Das mache ich gerade.*

G: *Ja, und in diesem Entspannen ist auch so etwas wie der verwundete König oder die verwundete Königin. Die Wunden, die du erlitten hast im Laufe deiner Inkarnation hier auf der Erde und die du auch noch für andere mitträgst. Du hattest auch männliche Inkarnationen, das weißt du, oder?*

S: *Ich denke schon, dass ich mal ein Mann, ein Praktizierender war. In meinem Sprachgebrauch kommen diesbezüglich nur maskuline Wörter vor. Ich kann z. B. nicht sagen, dass ich eine Praktizierende war – das passt vom Gefühl her einfach nicht.*

G: *Ja, eine stark männliche Energie. Also männliche Inkarnationen und lange auch in dunklen Räumen liegend, meditierend. Das Dritte Auge wurde geöffnet. Ich weiß nicht, wo das war, kann in einem ägyptischen Tempel gewesen sein.*

Ich bin erstaunt.

G: *Da gab es auch Dunkelkammern, Dunkeltempel usw., um in der Stille und Dunkelheit zu meditieren und Einweihungen zu erhalten. Da bist du mit hohen spirituellen Ebenen in Verbindung getreten. Da sehe ich dich aber mehr als Mann. Und jetzt bist du als Frau inkarniert, weil es auch viel um die Integration des Weiblichen geht, um die Verbindung zwischen Himmel und Erde. In den alten Kulturen, bspw. in Ägypten, war das ja nicht getrennt. Erst im Christentum ist es zu dieser Trennung gekommen. Deine Seele ist mit Initiationen vertraut – in die geistig-seelische Erweckung oder in die Erleuchtung, in das Erwachen. Das kennst du durch die Dunkelheit.*

S: *Das zu hören tut gut.*

G: *Ich sehe, dass es in Ägypten verschiedene Tempelräume gab, z. B. solche, in denen man dem eigenen Schatten begegnete, wie du das ja jetzt hier auch machst. Sie hatten extra Räume, um einen Siebener-Initiationsrhythmus zu durchlaufen, bei dem man Licht und Dunkelheit vereinte. Das ist alles in dir. Du hast keine Ängste erfahren und auch keine Blockaden gehabt. Es ist dir sehr vertraut.*

S: *Hm ... ich habe schon das Gefühl, dass ich blockiert bin.*

G: *Ja, durch deine Familie und andere Inkarnationen. Bei den Einweihungsphasen, die ich sehe, gibt es keine Blockaden. Manche Menschen haben da fürchterliche Ängste. Im Prinzip hat natürlich jeder Blockaden, sonst würdest du diese Reise ja gar nicht machen. Wir müssen uns nur bewusst werden, was wir sind: Geist und Mensch. Mensch-Sein im Körper, mit all diesen ganzen Programmen und Hindernissen. Es ist nicht so einfach, da durchzukommen.*

S: (Wissend lächelnd:) *Ja.*

G: *Das ist ja keine sanfte Geburt, wenn man es mal so betrachtet. Das ist schmerzhaft. Schreiend kommen die Kinder zur Welt.*

S: *Zumindest in unserer Kultur ... noch. Ich habe mal gelesen – ich weiß nicht mehr, um welches Volk es sich da handelte –, dass die Frauen ihre Kinder in der Hocke zur Welt bringen und überhaupt keinen Geburtsschmerz kennen.*

G: *Das ist ja irre!*

S: *Ja, das hat mich sehr beeindruckt und ich konnte es kaum glauben. Heute kann ich mir das gut vorstellen. Wenn du dich weit öffnest und tief entspannst, dann ist der Schmerz deutlich geringer.*

G: *Ja, das stimmt.*

S: *In unserer Kultur ist es im Gedankengut verankert, dass Geburten wehtun. Daher haben viele Frauen Angst davor. Es muss dann auch wehtun, da die Angst Spannungen und damit eine Enge im Geburtskanal erzeugt. Gut, dass es heute viele Möglichkeiten gibt, diese Ängste aufzulösen.*

Mit dem Hinweis, dass es für mich gut ist und ich jetzt ein Bad im kosmischen Wasser nehme, beende ich unser Gespräch.

„Nein!“ – Grenzen setzen, Position beziehen

12:49 Uhr – Ich bin in einem intensiven Dialog mit meinem inneren Kind über dessen Vater. Ich spüre – das Kind im Arm haltend – seine tiefe Traurigkeit über die fehlende Beziehung zu ihm. Die Kleine fühlt sich zudem schuldig, ohne zu wissen, wofür. Sie kuschelt sich eng an mich. *„Du hast nichts falsch gemacht, kleine Saskia. Mit dir stimmt alles. Du bist ein wundervolles Wesen, so wie du bist“*, flüstere ich ihr zu. *„Du darfst die sein, die du bist – wahre kosmische Liebe und das klare Wasser, das in dir gluckert.“* Ich spüre deutlich die Höhle, in der wir beide sind. Die Kleine ist mir zugewandt und entspannt sich langsam, während ich geduldig warte, bis sie meine Worte verdaut hat. Dann stelle ich richtig, dass sie weder verantwortlich noch schuldig am Verhalten der Erwachsenen ist. Es tut so gut, Position zu beziehen und diese entschlossen zu vertreten. Mein klares „Nein!“ zu Verhaltensweisen, die mir nicht guttun, geht runter wie Öl. *„Kleine Saskia, du bist Liebe und Licht, kannst du dich erinnern?“* Nein, kann sie nicht, aber ihr gefällt, was sie hört. Ihr Gesicht hellt sich auf.

Das Eintrittsverbot für die Eltern an der Tür ist nun nicht mehr nötig. Ich nehme es ab und gestalte den Türbereich um, indem ich den Eingang deutlich vergrößere. An der breiten hohen Tür leuchtet jetzt ein Schild mit der Einladung: „Liebevolle Eltern, herzlich willkommen!“ Die Kleine findet die große Tür klasse; ihr ist wichtig, dass sie weit geöffnet ist. Immer wieder hält sie Ausschau nach ihrem Vater.

*

14:45 Uhr – In einem inneren Kurzfilm sehe ich mich meisterhafte Tai-Chi-Bewegungen ausführen. Schlagartig habe ich Lust auf Tai-Chi. Sehr bewusst und im Zeitlupentempo bewege ich mich durch den Raum. Auf einem Bein zu stehen ist unmöglich, nach einigen Sekunden kippe ich um. Der Tai-Chi-Kurzfilm inspiriert mich so sehr, dass ich mehrere Formen laufe. Ich bin sehr, sehr wach.

*

15:52 Uhr – Ich sitze wieder auf meinem Meditationsplatz und spiele in der Höhle mit meinem inneren Kind. Es ist kuschlig und gemütlich warm. Die Tür mit dem Einladungsschild steht nach wie vor offen, aber es ist weit und breit kein Vater zu sehen.

*

17:28 Uhr – Nach einer weiteren Tai-Chi-Runde bin ich hyperwach. Ich meditiere und fühle nach einer ganzen Weile einen göttlichen Hauch, wie ein warmer Segen, zu mir und zur Gruppe und in die Welt fließen. Ein ganz schönes Gefühl, sanft und heilsam. Ich hauche Atem in den Raum, rekele mich über die Maßen in das Göttliche hinein und fühle mich gestreichelt.

Meine Kindheitsjahre erscheinen lebendig vor mir: Ich sehe mich schon als Kind ständig Konzentrationsübungen machen, was sich in den Folgejahren wie ein roter Faden durch mein Leben zieht. Ich bewundere die Ausdauer der Kleinen und spreche ihr meine Anerkennung aus. Sie freut sich und streckt sich, selig lächelnd, lang aus.

Schwatzende Vogelwelt

18:43 Uhr – Die Vögel schwatzen und trällern schon den ganzen Tag mit enormer Lautstärke. Ich lausche: Sie zwitschern bunt durcheinander und doch singt jeder sein ganz eigenes Lied – ein Zwitscher-Gesang-Teppich um mich herum. *Ob die sich auch miteinander unterhalten? Das ist doch ein eignes Volk für sich. – „Logisch!“*, mischt sich der Verstand ein. *„Vögel sind keine Menschen!“ – Dennoch: Es ist wie eine andere Welt.* Die Vogelwelt ist für sich eine eigene. Die Menschenwelt ist eine andere Welt. Beide zwitschern aneinander vorbei. Die Vogelwelt sitzend in den Bäumen, die Menschen auf der Erde. Die Vögel strahlen Zufriedenheit und Einklang aus, sie singen einfach vor sich hin. Die Menschen schwatzen vor sich hin, meist in Unzufriedenheit über andere. Manchmal kommt dabei auch etwas Schönes heraus. Das Lied der Menschenwelt ist nicht so zart und klar wie das Lied der Vogelwelt.

*

20:37 Uhr – Ich habe massive Rückenschmerzen und kann mich im Bett kaum umdrehen. Dabei fühlte ich mich beim Tai-Chi noch richtig gut! Nach einem weiteren Bad ist alles wieder weg.

5. Tag

4:44 Uhr – Ein einzelnes Vögelchen singt mit klarer Stimme sein Lied in den frühen Morgen. Ich schätze es auf 4:00 Uhr und setze mich zur Meditation. Großer Ärger nagt tief in meinem Herzen und löst einen unerträglich bohrenden Schmerz aus, der bis auf den Grund meiner Seele reicht. Im ersten Impuls will ich ihn abwehren, um ihn nicht zu fühlen. Erinnerungen aus meiner Kindheit steigen lebendig auf. Ich gehe als Erwachsene in die Situationen hinein und helfe meinem inneren Kind, Dinge zu klären, die es allein nicht bewältigen kann. Beispielsweise wenn sich Erwachsene auf meine Kosten lustig machten und mir dann, wenn ich verletzt reagierte, vorwarfen, ich würde keinen Spaß verstehen oder zu sensibel sein. Es ist kein Spaß, sich auf Kosten anderer lustig zu machen. Spaß ist, wenn beide Seiten zusammen darüber lachen können. Fühlen, Saskia, Fühlen!

*

6:34 Uhr – Die Höhle, in der ich mit meinem inneren Kind sitze, ist geräumiger und heller geworden. Die Möglichkeit, mit dem Kind durch die breite Tür hinauszugehen, rückt näher. Aber noch ist es nicht so weit. Draußen, außerhalb der Höhle, ist es lichtvoll hell. Mein Kopf wird so heiß, dass sich auf der Gesichtshaut kleine Schweißperlen bilden. Ich grolle noch und bin von Mitgefühl und Liebe weit entfernt.

Angst, enttäuscht zu werden

8:10 Uhr – Ich sitze in der Höhle und bitte die Lichtfrau inständig, mir noch einmal zu erscheinen. Ich sehne mich nach ihrem Licht, ihrer Wärme, ihrem Strahlen, ihrer bedingungslosen Liebe. Am liebsten möchte ich immer mit ihr in Kontakt stehen, immer dieses selige Glücksgefühl fühlen. Ich spüre es einfach nicht!

(1998, während meines China-Aufenthaltes, begegnete ich der Frau aus Licht. Der tiefblaue Himmel öffnete sich und sie schwebte anmutig zu mir herunter. Sie war reines hell-weißlich bis goldenes Licht, nicht von dieser Welt. Von ihr gingen ringsum wundervolle Strahlen aus. Es war ganz klar eine Frau. Sie strahlte eine unglaubliche Liebe und Warmherzigkeit aus. Ich fühlte mich plötzlich so sicher, geliebt und geborgen wie nie zuvor in meinem Leben. Es war überwältigend schön.)

Ich traue mich nicht, die Höhle zu verlassen, aus Angst, ich könnte enttäuscht werden, weil es draußen doch nicht so lichtvoll ist. Ich müsste es wagen, enttäuscht zu werden und dann mit der Enttäuschung zu sein. Nein, ich möchte lieber mit meiner Illusion, dass es außerhalb der Höhle lichtvoll ist, weiterleben. Der Preis ist, dass ich in der halbdunklen Höhle bin. Indem ich mir das bewusst mache, ändere ich meine Haltung. Ich bin bereit, hinauszugehen und der Wahrheit ins Gesicht zu schauen.

Obwohl ich bereit bin, die Enttäuschung zu fühlen, kann ich nicht hinausgehen. Der Eingang verschwimmt vor meinen Augen, nachdem ich drei Schritte auf ihn zugegangen bin. Es scheint mir, als ob ich innerlich weggehe. Das bedeutet, ich bin nicht bereit. *Will ich doch nicht die Enttäuschung fühlen? Vielleicht ist es gar keine Illusion und da draußen ist wirklich strahlendes Licht.*

*

Ich beende die Meditation nach gefühlten anderthalb Stunden (real waren es dreieinhalb) Sitzen im halben Lotussitz mit einer Wärmflasche im Rücken, die mir echt guttat.

Ich möchte das rein strahlende Licht der Lichtfrau in die Welt bringen, sodass alle Menschen es fühlen können. *Vielleicht können die anderen das schon längst und ich bin die Einzige, die es nicht kann? Das Licht ist da draußen, ich muss nur die Höhle verlassen!*

Ganz schnelles Flackern vor den Augen. Ich bitte um Licht und Klarheit und darum, dass diese bedingungslose Liebe mich vollkommen ausfüllt. *Ja, Höhle, du bist wichtig. Du erlaubst mir, dass ich Gefühle nicht fühle.* Zwischenzeitlich schiebt sich eine dunkle Nebelwolke vor den Eingang und ein Stück weit über die Höhlenkuppel. Darüber ist das Licht. Zwischen mir und dem Licht ist die Höhlenwand (Uterus?). Sie hilft mir, dass ich Gefühle, wie Enttäuschung, nicht fühle. Bittere Pille. (Flüsternd:) *„Ich bin bereit, die Enttäuschung zu fühlen und mich dem Dunklen zu stellen."*

Gespräch mit Gertrud

10:40 Uhr – Ich bringe Gertrud auf den aktuellsten Stand. Sie meint, es sei wichtig, dass ich mir der Angst und der Programme bewusst würde. Die Höhle diene dazu, zu erkennen, was tief im Unterbewusstsein vergraben sei. Der Eintritt in die Höhle mache mir meine Illusionen bewusst. Die Höhle sei eine Heilungs- oder Bewusstwerdungskammer.

S: *Für mich ist die Höhle ein Schutzraum, wie damals, wenn ich mich als Kind zurückgezogen habe, weil es um mich herum nicht lichtvoll war. So schützte ich mich vor überwältigenden Gefühlen.*

G: *Ich würde das sehr ernst nehmen, dass du noch nicht aus der Höhle hinaustreten kannst, weil du vielleicht noch was ausbrütest.*

S: *Genau. Es geht auch nicht, ich komme ja nicht hinaus. Und wenn ich es erzwingen will, dann erscheint direkt am Eingang ein Abgrund.*

G: *Ja, der Prozess ist noch nicht abgeschlossen. Schön, sehr klar.*

S: *Stimmt. Inzwischen ist die Wand der Höhle etwas dünner geworden, nicht mehr so ein dickes Gemäuer. Dadurch ist sie auch geräumiger.*

G: *Ist die Höhle unter der Erde?*

S: *Nein.*

G: *Du hast keine bewusste Wahrnehmung, dass sie tiefer liegt?*

S: *Wenn ich rausschaue, sehe ich Licht, als wenn ich aus dem Flugzeug blicke. Wenn, dann hängt die Höhle eher im Himmel ...* (lacht) *... ganz merkwürdig.*

G: *Wie eine Kapsel, die fliegt?*

S: *Die Höhle steht, sie fliegt nicht. Ich sehe vielleicht bloß den Boden nicht, auf dem sie steht. Keine Ahnung.*

G: *Das Wesentliche ist, dass viele alte Anteile hochkommen, die geheilt werden können, und du gerade mitten in diesem Prozess steckst, oder?*

S: *Ja, und ich verbinde mich immer wieder mit dem Licht.*

G: *Das Licht hinter der Mauer?*

S: *Es ist rings um die Höhle.*

G: *Du verbindest dich bewusst geistig damit?*

Ich bin unsicher, ob wir dasselbe meinen, deshalb erzähle ich Gertrud von der Frau aus reinstem Licht.

G: (Lacht.) *Und die ist jetzt auch da?*

S: *Das wäre super. Sie ist leider nicht da, nur die Erinnerung an sie.*

G: *Mit dieser Erinnerung, dem Bild, kannst du dich verbinden?*

S: *Genau das versuche ich zumindest. Es fällt mir schwer, weil es schon sehr lange her ist, dass sie mir erschienen ist. Wenn es mir gelingt, fühle ich wieder ein wenig von dem, was ich damals empfand. Ich spüre und sehe Licht in meinem Körper. Das ist echt schön, wenn ich das schaffe. Aber das kostet hohe Konzentration.*

Der heilige Raum in Mutter Erde

G: *Wie wäre es, wenn du die Anstrengung aufgeben und dich dem hingeben würdest, was gerade ist?*

S: *Das fühlt sich gut an, da ich auch sehr gerne in der Höhle mit dem Kind bin. Darin fühle ich mich sehr geborgen.*

G: *Eine Höhle ist auch sehr weiblich. Es ist ja nicht zufällig, dass indigene Völker ihre Einweihungen immer in Höhlen vollzogen. Die Höhle ist der heilige Raum der Mutter Erde, das Becken der Mutter Erde, ein Heiligtum, das von ihnen sehr verehrt wird. In der Höhle werden Heil- und Dank-Rituale durchgeführt, ebenso unterschiedliche Feste des Jahreskreises. In den vor allem Alltäglichen und Äußeren geschützten Heiligtümern herrscht eine spezielle Energie, eine starke Aufladung der Erde, die letztendlich auch kristallin sein kann. Sie dient der Bewusstwerdung und der Verbindung zu den Göttern.*

Die Höhle ist ganz klar auch die Verehrung des Weiblichen. Ebenso die Schwitzhütte oder die Mondhütte. Bei den Kogi-Indianern machen die Schamanen ihre über zehn Jahre dauernde Ausbildung im Innern der Erde, im Heiligtum der Erde. Die Tempel, die ich auf Malta besucht habe, sind alle im Innern der Erde. Man geht tatsächlich durch eine nachgebildete Scheide der Frau in den Tempel hinein. Vor dem Durchschreiten des Tempels werden Reinigungen durchgeführt und Opfer gebracht. Du hast ja auch gewisse Opfer gebracht, um hierherzukommen. In den Höhlentempeln entsteht ein starker Ausgleich zwischen dem Männlichen und dem Weiblichen. Dort geschieht Heilung im Geborgen-Sein, von der großen Mutter Aufgenommen-Sein. Die Menschen kommen in eine Ganzheit in sich selbst zurück.

Es ist offensichtlich, dass deine Seele auch in Kontakt steht mit den universellen Rhythmen, mit der „Weltenseele", wie Goethe so schön sagte. Es hat ja alles seinen Rhythmus. Wodurch sind diese Rhythmen eigentlich beeinflusst? Wie siehst du das?

Ich fühle in mich hinein.

S: *Universelle Rhythmen werden von Kräften gesteuert … von kosmischen Kräften.*

G: *Die Seele ist ja verbunden mit allem: mit dem Himmel, großen Meistern, Meisterinnen, Erdkräften, den Elementen, die dich unterstützen – auch in der Dunkelheit. Mutter Erde öffnet sich dir für Heilung, Bewusstwerdung und Reinigung von alten Verletzungen. Anders als bei deiner biologischen Mutter, die ja selbst auch verletzt ist, fließt dir aus der kosmischen Ebene genau das zu, was du jetzt brauchst. Wenn man sich das bewusst macht, ist es unglaublich, oder?*

S: (Zögerlich, leise:) *Ja.*

G: *Eine große göttliche Liebe ist das, ohne Bedingungen: Sie ist ein Geschenk, sie ist jetzt da und fließt dir zu.*

S: *Ja, heute Morgen wurde mir auch klar, dass es nicht um die biologischen Eltern geht, sondern um Gottmutter und Gottvater.*

G: *Ja, die kosmischen Eltern.*

S: *Deshalb kann ich noch nicht aus der Höhle heraustreten. Es ist, als wäre es noch nicht so weit, als müsste ich noch reifen.*

G: *Richtig, du bereitest dich noch vor.*

Goldenes Wesen im goldenen Ei

S: *Gerade fühle ich in mir das goldene Ei. Darin ist jetzt ein Fabelwesen, ganz aus Gold. Es entwickelt sich im Ei.* (Lacht.) *Daher das „Ich brüte mich selbst aus".*

G: *Das ist ja interessant, was da ausgebrütet wird.*

S: *Ja, da bin ich auch neugierig drauf. Es fühlt sich gut an!*

G: *Gurdjieff hat immer gesagt: Self remembering. Nichts anderes als uns an unser Selbst zu erinnern, das ist unser Lebensweg – zu erwachen.*

Das ist ja auch dein Prozess und du bist offen. Mal sehen, was da erwachen möchte. Es ist nichts Konstruiertes, nichts, was du visualisiert oder imaginiert hast, wie viele das machen. Warte mal ab.

S: *Ja, das goldene Wesen ist da. Und ich sitze in der Höhle.* (Lacht.) *Die habe ich mir auch nicht vorgestellt.*

G: *Richtig.*

S: *Fühlt sich gut an, alles als einen größeren Prozess zu sehen. Durch deine Worte wird mir das noch mal bewusster.*

G: *Da ist die kosmische Mutter und aus dieser Ebene fließt dir Halt zu. Du wirst gehalten und bist geborgen in der Höhle, in der sich in Ruhe etwas entwickeln kann, ohne dass du von außen gestört wirst. Dieses Etwas ist beschützt. Unsere biologischen Mütter konnten uns nicht immer Geborgenheit oder Halt geben. Die waren mit ihren eigenen Problemen beschäftigt.*

S: *Stimmt. ... In der Höhle ist tiefer Frieden.*

G: *Auch ein inneres Wissen, dass es richtig ist, dass du da bist. Auch eine Verbundenheit und Zeitlosigkeit. Kann das sein?*

S: *Ja, das ist so.*

G: *Genau. Und auch hier gibt es Rhythmen; ist etwas abgeschlossen, dann kommt wieder etwas anderes.*

S: *Es passiert bereits etwas, die Höhlenwand ist schon dünner.*

G: *Und das Licht scheint durch, wie in einer Schwangerschaft: Der Vater ist irgendwie da, man hört ihn durch die Wände des Mutterbauches, man kriegt ihn aber noch nicht so richtig zu fassen. Das Licht ist da ... himmlisches, göttliches Licht.*

S: *Es könnte sein, dass die Höhle der Bauch ist.*

G: *Der Bauch der kosmischen Mutter sozusagen. Der himmlische Vater ist ja von der Essenz her Licht, das, was wir als Funke bezeichnen ...*

S: *Dann ist das Licht außerhalb der Höhle der göttliche Vater!*

G: *Die Mutter hat auch Licht. Im Innern der Erde und in der Materie ist ja auch Licht. Das Licht ist der göttliche Vater, die Inspiration, das Feuer, die Aufrichtung der Wirbelsäule, die Ausrichtung auf unser Leben, die Manifestation unserer Visionen. Das ist alles der männliche Anteil, der göttliche oder kosmische Vater, der uns unterstützt. Man sieht es im Leben: Wenn der Vater fehlt, hängen wir an der Mutter fest, sind immer nur ängstlich. Wir brauchen das Väterliche, das Männliche. Der Prinz auf dem Pferd, auf den wir Frauen immer warten, damit er uns erlöse, ist in uns selbst. Den müssen wir aktivieren, um damit im richtigen Moment nach außen zu treten. Aber alles hat seine Zeit. Der kosmische Vater ist da, hinter der Wand ist er einfach nur da und bestrahlt und beschützt den ganzen Prozess.*

S: *Ja, das hat durchaus einen Doppelaspekt: Einmal dieses Kind, das sich zurückgezogen hat, und dann das Kosmische. Ich kann beides wahrnehmen.*

G: *Das Kind ist auch kosmisch.*

Die Berghöhle

S: (Stotternd, irritiert:) *Ja. Ich meinte, dass ich wachse, mich entwickle, entfalte, heranreife im Bauch der kosmischen Mutter, das Licht oder den kosmischen Vater ringsherum. Ich sehe eine Art Urhöhle und viele Berge im Umkreis. Das erinnert mich an den Himalaya und Tibet. Stell dir eine tibetische Landschaft vor und da ist diese runde Höhle. Sie befindet sich nicht im Innern der Erde, sondern außen, auf Gestein, sieht aus wie ein Iglu. Ringsherum ist Licht, auch am Eingang.*

G: *Zurückgezogen vom Lärm des alltäglichen Lebens.*

S: *Ja. Die Höhle liegt weit oben auf dem Gipfel eines Berges.*

G: *Dort bist du auch verbunden mit den Retreats in Tibet. In diesen Berghöhlen praktizieren ja immer noch Heilige – vielleicht ein Abdruck in dir aus alten Zeiten?*

S: *Wer weiß ... auf jeden Fall ist mir das sehr nah.*

G: *Genau. Wenn wir mit unserer Essenz verbunden sind, sind wir es auch mit der Essenz ähnlich Praktizierender, sprich mit den Mönchen in Tibet. Daher könnten die archetypischen Bilder auch kommen ... Und was nährt dich in dieser Höhle?*

S: *Das ist eine gute Frage. Essen habe ich dort nicht.*

G: *Ist es die Liebe, die Geborgenheit?*

S: *Ich bin einfach.*

G: *Energie ...*

S: *Ein Sein in der Höhle.*

G: *Ja, das ewig Seiende, und gleichzeitig wandelt es sich, ist nicht statisch. Es verändert sich. Wie ein Werdegang, eine Schwangerschaft.*

Adlernest

S: *Ich sehe gerade hohe schlanke Felsen vor mir, die spitz nach oben zulaufen. Am oberen Ende des einen Felsens ist eine kleine Fläche, auf der meine Höhlenkugel steht. In der Kugel bin ich. Es gibt diese Öffnung oder Tür. Deshalb sehe ich nur Himmel, weil der Felsen, auf dem ich stehe, so hoch ist.*

G: *Wie ein Plateau.*

S: *Ja. Die Kugel – Höhlenkugel nenne ich sie mal – sieht von der Form her aus wie eine Schildkröte. Nicht ganz rund. Sie ragt über die Felsenfläche hinaus und wird sicher vom Boden getragen. Der Felsen sieht aus wie ein Stab, allerdings mit mehreren Metern Durchmesser. Er ist stabil und sehr, sehr hoch.*

G: *Wie ein Adlernest.*

S: *Genau so könnte man es interpretieren.*

G: *Und du, Menschkind, bist da drin, dem Himmel sehr nah und gleichzeitig mit der Erde verbunden.*

S: *Ja. Wie ein Adlernest, man kann da weder rein noch raus.* (Lachen.) *Aber irgendwie bin ich ja da drin.*

G: *Noch bist du drin. Geborgen. Der Fels verbindet dich mit der Erde.*

S: *Die Energie ist sehr rein, sehr klar da oben. Deswegen sehe ich am Eingang keine Erde, auf die ich treten könnte. Da ist nichts. Ringsum ist Luft, Sonne und klares Licht.*

G: *Es gefällt dir da.*

S: *Es ist sehr schön, dennoch mache ich mir Gedanken, wie ich da jemals wieder rauskomme.*

G: *Das würde ich nicht machen. Entspanne dich in die Energie der kosmischen Mutter, die dich hält. Das wandelt sich von allein. Du bist aufgenommen von den kosmischen Kräften. Deine Seele verwebt sich immer mehr und du kannst dich immer tiefer, ohne dir Gedanken machen zu müssen, hineinentspannen.*

S: *Das mache ich.*

Wir kommen auf die Beziehung zu meiner Mutter und ihre Kriegskindheit zu sprechen. Gertrud meint, dass es da oben, wo ich jetzt bin, recht leicht für mich sei und ich dort das bekomme, wonach ich mich vielleicht immer ein kleines bisschen gesehnt habe, das, was mir in meiner Kindheit gefehlt hat. Das sei jetzt alles da. Genauso ist es.

G: *Unser Leben ist ein großes Wunder. Mein Gott! Alles ist Schönheit und Kraft, alles wirkt. Unglaublich! Wenn man mal aus seinem Kopf herauskommt und von den Vorstellungen weggeht und aufhört, immer alles benennen zu wollen, kann man die Schönheit und die Liebe und den Zauber wirklich erkennen. Wie alles zusammenwirkt, ist ein unglaubliches Geschenk. Auch das Sehen und Fühlen.*

S: *Nimmst du sonst noch etwas wahr?*

G: (Spürt nach.) *Du bist gehalten in einem ganz großen energetischen Schoß. Auch noch die letzten Anspannungen im Rücken, Ängste und Unsicherheiten darfst du in die Entspannung mitbringen. Du bist vollkommen gehalten und beschützt. Der große Schoß ist befiedert, mit hellen Federn. Das ist sehr weiblich. Die Verbindung zum Himmel ist auch da, beides. Über die Federn fließen dir die Informationen zu, die du jetzt brauchst. Oder auch Licht. Kristalline glitzernde Lichtenergie sehe ich auch.*

S: *Wunderschön.*

G: *Da ist auch eine zunehmende innere Heiterkeit und Leichtigkeit, die sich vielleicht auch noch verstärkt.*

S: *Vielen Dank!*

G: *Entspanne dich weiter und genieße die Verbindung zu deinen kosmischen Eltern.*

*

11:45 Uhr – Ich fühle mich sehr, sehr geborgen. Ich habe das klare Gefühl, dass alle 57 Teilnehmer der Gruppe davon profitieren und ihnen wie mir Kraft zufließt. Eine Kraft, die auch in die Welt strömt, der dies jedoch nicht so bewusst ist. Diesen 57 Personen ist es bewusst, weil sie ausgerichtet sind und wissen, dass das geschehen kann. Ich sehe, dass allen, mit denen ich verbunden bin, Kraft zukommt. Es ist so schön in meinem Adlerhorst!

In der Dualität

Während ich überlege, wie ich aus dem hochgelegenen, unzugänglichen Nest herauskomme, wird mir bewusst, dass der Teil, der die Höhle von außen sieht und ihren Standort beschreibt, bereits außerhalb der Höhle ist. Gleichzeitig ist Saskia (mit allen Kindheitsentwicklungsstufen) in der Höhle. Ich bin also in der Dualität.

*

13:41 Uhr – Ich fühle mich, als hätte ich 40 Grad Fieber und habe keine Lust auf Tai-Chi. Ich liege in meiner Höhle. Meine Mutter ist anwesend. Sie windet sich erstaunlicherweise, als ich sie bitte, zu gehen. Sie sagt: *„Kind, ich mache doch gar nichts! Ich störe dich doch nicht.“* – *„Mutti, ich heiße Saskia. Und es geht nicht darum, ob du störst. Es ist mein Geburtsprozess. Geboren werden kann ich nur allein. Wenn du mein Bestes möchtest, dann geh bitte, denn das ist das Beste für mich.“* Sie bettelt, bleiben zu dürfen. Seltsam. Ich dachte, sie geht einfach.

Ich mache ihr deutlich, dass es sich um meinen göttlichen Geburtsprozess handelt, bei dem sie nicht dabei sein kann. *„Du hast mich doch schon geboren. Jetzt möchte ich allein sein, damit ich neu geboren werden kann. Ich brüte mich gerade aus.“* Sie versteht es, geht aber nicht. Ich schiebe sie sanft in Richtung der großen breiten Tür. *„Es tut mir* *richtig weh, dich rausschmeißen zu müssen, aber du zwingst mich dazu, weil du trotz meiner Bitte nicht gehst. Jeder geht allein durch den Geburtskanal. Und jeder kann auch nur allein sterben."* Okay, sie versteht es, also rede ich weiter: *„Den Weg des Erwachens kann auch nur jeder für sich gehen. Wir können uns zwar gegenseitig unterstützen, aber durch das Tor gehen muss jeder selbst. Niemand kann das für einen anderen tun. Mach's gut, Mutti!"*

Entschlossen schiebe ich sie vor die Tür und schließe sie schnell. Es fällt mir schwer, das zu tun. Ich stehe vor der geschlossenen Tür – sie dahinter – und bin traurig, dass sie nicht von allein geht. Ich habe sie immer gerettet, genau aus dieser Energie heraus. Ich fühle einen starken Sog von ihr ausgehen, als ob sie mich einsaugen möchte. (Flüsternd:) *„Das ist nicht richtig, Mutti, das ist nicht richtig! Ich bin nicht deine Mutter."* Ich muss hier wirklich meinen rationalen Verstand einschalten, um klar zu bleiben. Ich lasse die Tür zu, und sie kriegt sie auch nicht auf.

Ich habe Kopfschmerzen, die ganze Schädeldecke tut weh. Ich fühle mich sehr schlapp. Ich liege als Saskia allein in der Höhle und fühle die verschiedenen kindlichen Altersstufen vom Säugling bis zum 18. Lebensjahr in mir. Ich frage mich, warum meine Mutter nicht gehen wollte. Das schlechte Gewissen meldet sich leise und kraftlos. Ich erkenne, dass es richtig ist, für meine Bedürfnisse einzustehen. Das ist mein Trennungsprozess von ihr, ein Loslassprozess auf einer tiefen energetischen Ebene.

Ich dachte immer, ich brauche einen spirituellen Lehrer, um zu erwachen. Nein, ich brauche die Dunkelhöhle, da passiert alles von allein. In seiner Zeit, im eigenen Rhythmus.

*

15:26 Uhr – Ich fühle mich etwas wacher und nicht mehr ganz so schlaff. Seit Stunden liege ich in meiner Höhle und brüte allein vor mich hin. Es gibt den Teil, der von außen diese Höhle sehen kann. Das ist etwas, was ich im letzten Dunkelretreat auch nicht habe lösen können: die Verbindung zwischen Daseinspunkt und Saskia. Ich kann nicht sagen, was ich **bin**, wenn ich die Höhle von außen sehe. Es scheint, dass ich nur Bewusstsein bin. Ich werde das genauer untersuchen.

Draht nach „oben“

18:02 Uhr – Ich genieße die unglaubliche Stille in der Höhle. Nach oben ausgerichtet, fokussiere ich gänzlich auf die friedliche Ruhe. Urplötzlich fühle ich mich um eine Etage hochgehoben und mit einer sehr hohen Lichtebene intensiv verbunden. Ein erhabenes Gefühl. Dankbar lade ich das Licht ein. Das interessante Phänomen hält einige Minuten an. Als ich aufstehe, fühle ich mich riesig, wie dreieinhalb Meter groß. Spannend, wie ich so wachsen kann. Ich meditiere wieder.

6. Tag

2:26 Uhr – Ich bin schlagartig wach geworden von einem Traum: Eine meiner Klientinnen und ihr Mann haben ihre drei Kinder in einem stockdunklen Zelt eingesperrt und sind feiern gegangen. Das Zelt ist von außen verschlossen, sodass die Kinder nicht rauskönnen. Sofort weiß ich, dass die Kinder in Panik sind und sich in ihnen wohl der blanke Horror abspielt. Ich bin völlig entsetzt, renne zu dem Zelt und schalte das Licht ein. Der Junge ist an den Händen gefesselt. Das Mädchen weint. Das jüngste Kind, höchstens neun Monate alt, bewegt sich nicht mehr. Ich überlege hin und her, ob ich es anfasse oder lieber nicht. (Ich weiß, dass es tot ist.) Eventuell denkt die Polizei, dass ich das Kind umgebracht habe, weil sie meine Fingerabdrücke am Kind finden. Das Baby liegt links im Abseits. In der Mitte liegt der Junge, ungefähr zehn oder elf Jahre alt, und rechts das Mädchen, ca. vier oder fünf Jahre alt. Ich nehme das Baby in den Arm und bin mir sicher, die Fingerabdrücke notfalls später erklären zu können.

Mir ist unklar, ob die Eltern den Jungen gefesselt haben oder ob er es selbst war. Er könnte das Baby vor lauter Wut getreten haben, sodass es gestorben ist. Vielleicht will er nicht schuld daran sein. Das gilt es alles von der Polizei herauszufinden. Das Mädchen ist völlig verstört und hat Angst. Ihr Bruder auch, aber er verdrängt sie. Die drei Kinder erschüttern mich tief. Dass sie überhaupt gegen ihren Willen eingesperrt wurden, ist unfassbar.

Der Traum beschäftigt mich seit etwa einer Stunde, er geht mir nicht mehr aus dem Kopf. Ich wälze das Thema hin und her. Was mache ich bloß? Wenn es schwer wird mit Klienten, hat es mit mir zu tun. Ich schlafe wieder ein.

Dein Wille geschehe

4:47 Uhr – Ein weiterer Traum erweckt mich: Ich bin auf der Straße mit sehr vielen Menschen. Ich komme an einer Menschentraube vorbei, die um eine jammernde Zigeunerin steht, der niemand Geld geben will. Immer würde sie ein „Nein!“ zur Antwort bekommen, sagt sie. Hunderte Male. Sie wolle doch nur ein paar Cent haben, die sie dringend brauche. Mindestens zehn Leute schauen bedauernd auf sie. Sie erregt auch mein Mitleid. Ich krame mein Portemonnaie heraus und will ihr zehn Euro geben. Dabei fällt ein zweiter Zehn-Euro-Schein heraus. Die Zigeunerin schnappt sich beide Scheine, steckt sie ein und rennt weg. Ich spurte hinterher und rufe, sie solle mir den zweiten Schein wiedergeben. Sie tut es nicht.

Ich sitze mit der Zigeunerin an einem Tisch. Sie holt viele Umschläge aus ihrer Tasche. In einem sehe ich eine Menge Geld! Sie hat also gelogen! Ich sehe auch meine beiden Geldscheine und erkläre ihr, dass ich den zweiten Zehn-Euro-Schein zurückhaben möchte. Irgendwie schafft sie es, in ihrer Hektik alle Umschläge wieder verschwinden zu lassen. Sie lacht, doch ich lasse nicht locker und rede weiter auf sie ein.

Die Zigeunerin beugt sich über einen Überweisungsschein. Ich sage, dass ich den nicht haben will, sondern die zehn Euro in bar. Am Ende gehe ich leer aus.

Szenenwechsel: Ich bin in einem lichtdurchfluteten Hotelzimmer und habe drei Kinder, die ich anrufen und fragen möchte, ob das Baby schläft. Ich suche in meiner Tasche nach dem Handy und stelle fest, dass ich es vergessen habe. Mein Blick fällt auf den Zimmerschlüssel von einem anderen Hotel. Ich hatte dort eine Tagung besucht und diesen vergessen abzugeben. Ich mache mich auf den Weg zurück in das Hotel, wo auch eines meiner Kinder ist.

Nach einiger Zeit des Suchens entdecke ich einen der Hoteleingänge, lande aber bei den Toiletten. Ich finde den Weg zu den Zimmern nicht. Eine Freundin kommt mir entgegen und sagt, sie wohne hier. Ich bin völlig verwundert darüber. Sie will mir ihr Zimmer zeigen, doch ich habe keine Zeit, denn ich will den nächsten Bus nach Hause erwischen. Ich vertröste sie. Plötzlich ist sie nur noch einen Kopf groß, ohne Körper, Arme und Beine. Ich hebe den Kopf vom Boden auf und drücke ihn einer anderen Frau in die Hand mit der Bitte, meiner Freundin die Treppenstufen hochzuhelfen, damit sie zu ihrem Zimmer kommt. Die Frau ist völlig verblüfft über den sprechenden Kopf in ihrer Hand. Ich bestätige ihr, dass sie mit dem Kopf kommunizieren könne, und gehe weiter, meine Freundin in guten Händen wissend.

Ich verlasse das Hotel zusammen mit einer Frau. Es regnet in Strömen. Ich gehe um das Haus herum und suche den Haupteingang, um an der Rezeption den Schlüssel abzugeben. Aber ich lande auf einem Dach, von dem ich nicht herunterkomme. Also muss ich wieder zurück. Alles steht unter Wasser. Ich ziehe meine Schuhe aus und wate durch das kniehohe Wasser.

Szenenwechsel: Ich bin plötzlich im Hotel und spreche eine Frau an, die mich aber weder hören noch verstehen kann. Sie scheint taubstumm zu sein. Ich bin immer noch nicht in der Haupthalle und finde weder diese verfluchte Rezeption noch das Zimmer meines Kindes.

*

Ich habe starke Kopfschmerzen. Mein Nacken gleicht einem harten Brett. Die Zigeunerin erinnert mich an einen Traum im ersten Dunkelretreat, in dem mir ein Teller mit Pfirsichen gestohlen wurde. Ich scheine noch nichts gelernt zu haben und falle nach wie vor auf diese Energie herein.

*

7:31 Uhr – Ich erinnere mich, dass ich größer bin als der Kopfschmerz, größer bin als die Versumpfung. Ich bin weder der Schmerz noch die Schwere. Mit dieser Erinnerung werde ich etwas wacher. Nach ein paar Gymnastikübungen fühle ich mich sehr wach und schmerzfreier.

Die Kirchenuhr schlägt 4:00 Uhr (real ist es 8:00 Uhr). Ich bin erstaunt über die Uhrzeit, weil ich so wach bin. Ich setze mich zur Meditation.

In meiner Höhle ist es geräumig und totenstill. Ich lasse mich tief in die Stille einsinken, in das Göttliche. Ich bekomme wieder starke Kopfschmerzen und gleichzeitig ein klares Gefühl, das sehr weit nach oben reicht. Als hätte ich Hände über meinem Kopf und könnte damit das Universum ringsherum abtasten.

*

9:55 Uhr – Obwohl ich Gertrud kommen höre, bleibe ich liegen. Sie fragt mich, ob es okay für mich sei, wenn wir heute Abend reden. *„Ja,* *na klar."* Interessant, dass ich liegenblieb. Als ob etwas in mir das geahnt hätte.

*

12:53 Uhr – Vor meinem inneren Auge haben die 57 Menschen aus der Gruppe kreisförmig im Halbdunkel der Höhle Platz genommen. Eine große Gruppe. Wir sitzen, tief eingestimmt, in Meditation. Die Gruppenenergie fühlt sich sehr kraftvoll an.

Ich entlasse die Gruppe aus meiner Aufmerksamkeit und brüte allein in der Höhle weiter. Die Gruppe ist mit dem großen Geist verbunden, das spüre ich. Aber ich scheine noch nicht reif für den heiligen Geist zu sein, anderenfalls würde das Brüten ja nicht so lange dauern. Ich spüre, dass ich warte und etwas erreichen will, und erkenne, dass ich mir auf diese Weise selbst im Weg stehe. Ich bitte das Göttliche um Unterstützung für den nächsten Schritt auf meinem Weg des Erwachens. *„DEIN WILLE geschehe! Amen."* Demut und Hingabe sind gefragt ... auch Ehrlichkeit, das Pure und Nacktheit. Mir fällt auf, dass Gertrud immer das Weibliche betont. Ich bin eher auf das Entscheiden und Handeln ausgerichtet und das fühlt sich eher männlich an. Jetzt geht es um Demut und Hingabe. Diese weiblichen Qualitäten habe ich auch. Ich lasse mich in Gottes Hände fallen, sinke in die Stille hinein, als ob die Dunkelheit mich langsam und sanft immer tiefer aufnimmt, hinein in das Nichts.

16:06 Uhr – Ich sitze bestimmt schon mindestens 20 Minuten in meditativer Haltung (real sind es drei Stunden!).

Sterben und Tod

Gespräch mit Gertrud

17:42 Uhr – Ich berichte Gertrud von den Träumen. Sie teilt mir ihre Inspiration zum ersten Traum mit.

G: *Ich würde fragen: Warum träume ich diesen Traum? Als du vom Gefühl des Eingesperrtseins gesprochen hast, habe ich einerseits einen Teil deiner eigenen Erfahrung in der Kindheit gesehen. Oder einen Rückzug, der sich wie Eingesperrtsein anfühlt. Auf der anderen Seite kündigt sich so in der Dunkelheit der Tod an. Ich würde sagen, dass es hier auch um den Tod geht – um die Auseinandersetzung mit dem Sterben.*

Entweder träumt man vom Sterben oder der Tod zeigt sich direkt. Du wirst noch tiefer in diese Thematik hineingeführt werden. Vielleicht wird sich alles durch weitere Träume aufklären.

S: *Das berührt mich. Mir fällt ein, ich wurde immer ins Kinderzimmer geschickt, wenn ich „böse" war.*

G: *Ja. Stubenarrest. Das Baby, das gestorben ist: Es kann auch sein, dass in deinem ersten Lebensjahr etwas passiert ist, was du noch nicht so genau angeschaut hast. Da gibt es vielleicht noch Seelenanteile, die von dir zurückgeholt werden wollen. Gibt es keine Resonanz jetzt?*

S: *Nein. Ich erinnere mich nicht an mein erstes Lebensjahr.*

G: *Das Eingesperrtsein löste bei mir eine Resonanz aus – und auch die Tatsache, dass du heute als Heilerin und Therapeutin arbeitest. Wie sagt man: Heiler und Therapeuten helfen immer auch aus der eigenen Wunde. Besonders gut sind sie, wenn diese geheilt ist. Also gibt es immer noch mal eine Möglichkeit, darauf zu schauen: Ist da doch noch etwas in dir in Resonanz?*

Und das Thema Tod: Im Traum stirbt ein Kind! Ein Kind, das noch nicht einmal richtig gelebt hat, stirbt, weil es nicht versorgt worden ist, weil keine Mutterliebe da ist, keine Fürsorge, keine Achtsamkeit. Ich würde es erst einmal so lassen. Du wirst ja sehen, ob es heute Nacht weitergeht, was dieses Kind in dir vielleicht noch hochbringt. Bitte deine Seele und dein Herz um das, was sie dir noch mitteilen möchten.

S: *Das mache ich. Resonanz fühle ich auf jeden Fall beim Thema Eingesperrtsein.*

Der *Tod resoniert auch in mir. Ich habe Angst vor ihm, jedoch nicht mehr so schlimm wie in der Kindheit. Ich konnte mir einfach nicht vorstellen, so tot zu sein, dass ich die Beerdigung nicht mitkriege.*

G: *Das waren wahrscheinlich bedeutsame Momente für dich: so einsam zu sein, nicht leben und nicht sterben zu können, dich ganz verlassen zu fühlen und voller Ängste zu sein. Ich kann mir vorstellen, dass du darunter gelitten hast.*

S: *Ja. Ich hatte mal einen Traum, da war ich vier oder fünf. Ich wurde erschossen und spürte, wie die Kugel in meinem Körper in Herzhöhe einschlug. Ich war ein Erwachsener, der erschossen wurde.*

G: *Du hast wahrscheinlich aus einem früheren Leben geträumt.*

S: *Ich spürte die Kugel eindringen und wunderte mich, dass es überhaupt nicht wehtat. Ich spürte das Blut aus meinem Körper strömen und die Lebenskraft aus mir weichen. Ich war erschrocken über das viele Blut. Dann wurde ich wach und brauchte eine Weile, bis ich realisierte, dass ich überhaupt nicht voller Blut war. All das hat Panik ausgelöst.*

G: *Ja, klar.*

S: *In den ersten beiden Dunkelretreats ging es viel um den Tod. Ich, die nie sterben wollte und immer Angst vor dem Tod hatte, war plötzlich bereit zu sterben. Diese Erfahrung hat viel von der Angst transformiert. Vor drei Jahren hatte ich außerdem Herzinfarkt-Symptome. Ich sah grau aus und verbrachte zwei Wochen lang jede Nacht sitzend im Bett. Der Körper war außerhalb meiner Kontrolle und machte, was er wollte! Ich hatte Todesangst und musste lernen, ihr in die Augen zu schauen, mich ihr zu stellen. Nach den zwei Wochen – mehrere Freunde rieten mir, mich untersuchen zu lassen – bin ich zum Arzt gegangen, aber da war nichts. Das Herz war gesund. Ich wusste es vorher schon.*

G: *Kontrollverlust ist heftig. Das Bild, das ich habe, ist, dass du mehrfach gewaltsam gestorben bist und dass deine Seele das irgendwie nicht richtig verarbeitet hat. Dieses Leben bringt das Thema wieder mit.*

Gewaltsam und plötzlich zu sterben, darauf ist der Mensch nie vorbereitet. Das muss verarbeitet werden, um Frieden damit zu machen. Bis dahin ist die Gewalterfahrung im Energiekörper verdichtet und muss erst erlöst werden. Sie kommt bspw. über Albträume, sodass der Mensch eine Gelegenheit findet, sich damit zu befassen. Träume, auch Albträume, werden von der Seele ins Bewusstsein geholt. So lange, bis alles verarbeitet ist. Wenn wir das nicht tun, schlägt es sich psychisch und physisch nieder und wir werden krank.

S: *Ja, so ist es.*

G: *Es ist friedvoller geworden.*

S: *Heute Nacht hat mich der Traum sehr mitgenommen und stundenlang beschäftigt. Im Augenblick geht es.*

G: *Du erlebst auch den Traum als Gewalteinwirkung. Das ist ein Thema, das du noch anschauen wirst. Du kannst Einblicke erhalten, die nicht unbedingt nur deine persönliche Geschichte betreffen. Auch das Kollektive kann sich dir öffnen und das muss man unterscheiden. Ein bisschen scheint es noch dein persönliches Thema zu sein, aber ein Großteil gehört schon woanders hin, zu den archetypischen Lasten der Erde.*

Was war das Schlimmste, das du gefühlt hast nach diesem Traum? Was hat dich am meisten erschreckt?

S: *Erschreckt hat mich, dass die Kinder gegen ihren Willen eingesperrt wurden – in ein stockdunkles Zelt –, dass sie allein gelassen wurden und nicht aus eigener Kraft rauskonnten. Die Panik und Verzweiflung und das tote Baby.*

Den Tod umarmen

G: *Du kommst ihnen letztendlich auch zu Hilfe, um sie zu befreien. Doch das Kind ist tot. Jetzt wirst du mit dem Tod konfrontiert. Du könntest z. B. das tote Baby in den Arm nehmen – habe ich als Impuls – und sogar eine Hebamme sein, die die kleine Seele begleitet von der einen Ebene zur anderen. Spüre noch mal: Wie geht es dir damit? Was löst es in dir aus? Da ist vielleicht auch ein Anteil von dir dabei. Wie fühlst du dich als Begleiterin beim Übergang?*

S: (Fast weinerlich:) *Das Baby habe ich schon im Traum in den Arm genommen …*

G: *Eigentlich umarmst du den Tod. Du hast so viel Angst gehabt vor dem Tod. Über dieses Baby wird dir die Gelegenheit gegeben, ihn zu umarmen. Normalerweise laufen wir vor ihm weg.*

Ich bin erstaunt über diese neue Perspektive und berichte Gertrud von Erfahrungen aus früheren Dunkelretreats.

S: *Einmal befand ich mich auf der Grenzlinie zwischen Leben und Tod und wusste: Wenn ich jetzt weitergehe, kehre ich nicht mehr zurück. Seitdem weiß ich, dass Leben und Tod die zwei Seiten einer Medaille sind. Einmal war ich ein Skelett, das zu Knochenmehl oder Asche zerfiel. Aus diesem Haufen stieg ich dann als ein Lichtpünktchen auf.*

G: *Das ist eine Einweihung in das Mysterium von Leben und Tod. Der Tod ist in Wirklichkeit eine Neugeburt, nur auf der materiellen Ebene bleibt ein Häufchen Knochenmehl. Das Licht bleibt. Aufgestiegen bist du in den Himmel.*

S: *Ja, ich konnte als Daseins-Punkt – so habe ich das benannt – hin- und herfliegen, war nicht an Raum und Zeit gebunden und unglaublich frei. Da wusste ich auch ganz klar: Nicht nur meine Eltern sind meine Eltern. Es gibt neben den biologischen Eltern auch noch etwas anderes.*

G: *Die Seeleneltern.*

S: (Irritiert stotternd:) *Die kosmischen Eltern, die wir gestern hatten.*

G: *Ja. Jetzt bist du die Amme für dieses Baby. Du begibst dich in die Hände Gottes und wirst darin gehalten, und gleichzeitig hältst du das Baby. Ihr beide seid, wie soll ich sagen, Mutter und Kind in der großen Mutter, wie eine Dreieinigkeit. Ein größeres Gehalten-Sein: Mutter,*

Kind und kosmische Mutter. Geburt, Leben und etwas Transzendentes – die kosmische Mutter ist ja mehr das Geistig-Seelische. Eine Einheit der drei Aspekte: Liebe, Leben und Tod, aber die Liebe geht über das Leben und den Tod hinaus. Liebe vergeht nie.

Interessant, dass die Glocken jetzt gerade läuten. Ich sage Gertrud, wie sehr mich das berührt.

G: *Ja, wie alles so zusammenspielt. Es kommt ganz viel Frieden und ich sehe blaues Seelenlicht, wenn du das Kind hältst. Auf einer höheren Ebene bist du alle Aspekte: Kind und Mutter und Geburt und weise Alte. Alles ist in dir, alles bist du und gleichzeitig kann sich das auch im Außen auf verschiedene Personen verlagern. Es ist sowohl persönlich als auch überpersönlich – eine große Einheit von allem. Als würde das Sterben auch wieder das Leben nähren und umgekehrt, in einem großen Kreislauf. Das Leben hört ja nie auf. Die Anderswelt, die Seelenwelt, öffnet sich dir immer mehr, als würde das tote Kind auch wie ein Tor sein, ein Fenster zur Anderswelt. So fühlt sich das für mich an.*

Ich bin sehr erstaunt über ihre Worte.

G: *Das ist große Liebe, wenn du den Tod umarmen kannst. Das ist die Einweihung in tiefere Ebenen von Liebe. Dazu gehört viel: Annehmen und Loslassen von alten Verhaftungen und Vorstellungen, Ängsten und Unsicherheiten.*

S: *Ich erinnere mich gerade, als ich auf der Grenzlinie von Leben und Tod war, da habe ich den Tod, als ich seine Gleichberechtigung neben dem Leben erkannte, ehrlichen Herzens anerkannt und mich vor ihm in tiefster Achtung verneigt. Das war ein Riesenakt für mich, weil ich den Tod nie akzeptieren wollte.*

G: *Du hast ein starkes Ritual vollzogen!*

S: *Es war ein innerer Impuls, aus dem Herzen heraus.*

G: *Wir wollen den Tod ja üblicherweise nicht anerkennen. Wir tun alles, um ihn nicht sehen zu müssen. Deswegen können wir auch nicht richtig leben. Wir leben immer aus der Angst und aus dem Getrieben-Sein heraus, dem Sterben-Müssen nicht zu begegnen.*

S: *Genau. Aber das habe ich auch erst durch tiefes Fühlen verstanden.*

G: *Ich glaube, dass du den Tod jetzt umarmst, geht noch mal einen Schritt weiter. Seine Existenz hast du längst anerkannt und jetzt gilt es zu schauen, was passiert, wenn du weiterhin das tote Kind in deinen Armen hältst.*

Dieses Kind eröffnet dir ein Mysterium, einen neuen Raum. Die Totentempel hat es immer schon gegeben. Darin haben große Initiationen stattgefunden, tief im Innern der Erde. Es bereitet sich langsam in die Richtung vor: Die Räume der Totenwelt oder Totentempel öffnen sich dir.

S: *Ich habe das Gefühl, ich tauche in etwas ganz Dunkles, Schwarzes ein. Wieder kein Licht!* (Lacht.)

G: *Noch dunkler!*

S: *Und dunkler!* (Lacht.)

G: *Ja, erst mal noch dunkler, genau!*

S: *Das ist auch okay.* (Lacht.)

G: *Das sind Einweihungen, jenseits unseres Wissens über etwas. Das ist eine große Gnade, da hineingeführt zu werden, und zu sehen, was sich dir enthüllt. Etwas öffnet sich in deiner Seele, was dich hineinnimmt in diese Räume der tiefen, tiefen Dunkelheit.*

S: *Als ich heute meditiert habe, hatte ich das Gefühl, als würde ich nach oben hin, über dem Kopf, etwas wie einen Durchstoß durch eine Zimmerdecke haben. Ich konnte um ein ganzes Ende höher fühlen – und kann es immer noch. Ich habe auch das Gefühl, als würden meine Hände über dem Kopf Wellenbewegungen machen. Fühlende Hände habe ich da oben, ganz merkwürdig.* (Lacht.) *Danach hatte ich für zwei, drei Minuten das Gefühl, ich bin dreieinhalb Meter groß.*

G: *Es ist energetischer, wenn sich diese Räume öffnen, wenn sich die Chakren nach oben hin öffnen. Wir verbinden uns mit dem, was wir sind: Energiewesen. Wir sind ja nur in so einen „Raumanzug" von 1,60 oder 1,70 reingepresst ...*

S: (Lacht.) *Ja, genau!*

G: *Du hast eine starke Führung aus deinem eigenen Innern. Du musst dich nur immer tiefer hinein entspannen. Angst hast du, glaube ich, ohnehin nicht.*

S: (Lacht.) *Im Moment noch nicht.*

G: *Okay, noch nicht ...*

S: *Es ist nicht so, dass ich keine Angst habe. Bis zum Jahr 2000 kannte ich keine Angst, abgesehen von meiner Kindheit. Und dann begann mein persönlicher Wandlungsprozess und seitdem habe ich viele Ängste, fühle ich mich wie in einem ständigen Waschmaschinen-Betrieb, wo ich gründlich gereinigt werde. Also, seit 16 Jahren.*

G: *Das sind auch die anderen Einflüsse, die du nicht mehr kontrollieren kannst. Klar, dass dann Ängste und Unsicherheiten hochkommen.*

S: *Ja, bspw. die Kindheitsängste – sehr intensiv, sehr plastisch, sehr fühlbar. Dann die Ängste meiner Eltern, Großeltern: Krieg, Holocaust, Flucht. Wenn ich da eintauche ... Boa!*

G: *Das ploppt einfach alles hoch. Ich habe auch immer wieder ein kollektives Bild: Da, wo früher die DDR war, wird eine Kruste abgesprengt. Als würde sich etwas befreien. Alte Verkrustungen brechen auf. Es ist explosiv und es geht in hohem Maße von Frauen aus.*

Wie würdest du das für dich einordnen? Was von dem, was wir besprochen haben, macht am meisten Resonanz?

S: *Den Tod umarmen ... das Baby, das ich immer noch halte, der Schrecken der Kinder. Ich glaube, so habe ich mich als Kind auch oft gefühlt.*

G: *Bestimmt. Ich glaube, wenn du damit noch eine Weile bleibst, kann sich das auch wandeln.*

S: *Ja, ganz sicher. Mir kommt gerade eine Idee: Heute Nacht hatte ich im Traum das Baby im Arm und die Sorge, dass ich wegen der Fingerabdrücke für die Täterin gehalten werden könnte. An der Stelle bin ich, glaube ich, aufgewacht. Jetzt denke ich, dass ich in diesen Traum einsteige und ganz bewusst mit den Kindern bin. Heute Nacht wollte ich das nicht tun, weil es nicht meine Kinder waren. Ich dachte, das steht mir nicht zu.*

G: *Und jetzt bist du mit den Kindern ...*

S: *Ja. Heute Nacht habe ich mit ihnen gesprochen und sie beruhigt. Aber jetzt bin ich präsent. Mein Gefühl ist, dass der Junge das Baby unglücklich getroffen hat und es deshalb gestorben ist. Er war wahrscheinlich so genervt von dem Weinen seiner Geschwister und auch wütend, dass er eingesperrt war.*

G: *Er hat ja auch nicht das bekommen, was er brauchte. Du bist mit ihnen, in der Dunkelheit, mit dem Schmerz, und umarmst ihn. Das ist eine Qualität von Sein: Ich umarme das, ich bin damit. Aus Liebe, Mitgefühl und einer größeren Verbundenheit heraus.*

S: *Der Junge hat große Angst, dass er jetzt bestraft wird.*

G: *Ja, das spüre ich auch. Das Thema „Täter" geht immer weiter, von Generation zu Generation. Der Vater, der Großvater, der Urgroßvater. Das kann sich alles beruhigen, wenn du mit ihnen bist, spüre ich.*

Ich glaube, der Junge beruhigt sich dann auch.

S: *Die beiden Kinder stehen unter Schock.*

G: *Das braucht vielleicht noch die ganze Nacht oder länger.*

S: *Ich mache das gerne.*

G: *Halte sie einfach in den Armen und nimm sie mit in den Schlaf. Wickle sie in eine Decke und lege sie einfach zu dir.*

Eine große Heilkraft, die aus der Stille kommt, fließt da hinein und durch dich durch.

S: *Stimmt, da ist eine Stille.*

So können wir es erst mal lassen.

G: *Ich komme morgen Vormittag vorbei. Gute Nacht, Saskia.*

S: *Danke.*

Bewusste Traumänderung

18:34 Uhr – Ich steige wieder in den Traum ein und nehme dem Jungen die Fesseln ab; er wehrt sich fast dagegen, als wollte er gefesselt bleiben. Seine Angst vor Schuldzuweisungen ist groß. Ich beruhige ihn: *„Du bist weder verantwortlich noch schuldig.“* Das Mädchen hat aufgehört zu weinen. Sie sieht schüchtern und blass aus, wie tot. Die Kinder haben Angst, dass ich gehe. (Flüsternd:) *„Ich bleibe bei euch, die ganze Zeit. Ich bin da. Ihr könnt nichts dafür, ihr seid Kinder! Ihr seid unschuldig. Die Verantwortung liegt bei euren Eltern. Ihr wisst das auch! Aber ihr habt schon so viele Schuldzuweisungen bekommen, dass ihr euch dennoch schuldig fühlt.“* (Zu dem Jungen gewandt:) *„Selbst wenn das Baby durch dich gestorben sein sollte, bist du nicht schuld. Du bist das Kind!“*

Der Junge hört mir sehr aufmerksam zu und guckt mich mit aufgerissenen angstvollen Augen an. Er ist noch im Schock. Das Mädchen auch. Ich halte das tote Baby im Arm. Die beiden Kinder wirken leergesaugt. Ich bleibe die ganze Zeit bei ihnen.

20:42 Uhr – Ich biete den Kindern an, dass sie in meinen Arm kommen können, so wie das Baby. Sie sitzen steif vor mir. Klar, sie wollen lieber von ihrer Mutter in den Arm genommen werden. Mir ist das Angebot wichtig. Sie weinen nicht mehr, sind aber immer noch im Schock.

Die Eltern sind gerade wiedergekommen und schimpfen sofort los: *„Was ist denn hier los?!“* Der Impuls ist sehr stark, sie zu verurteilen, wegzuschicken und ihnen Vorwürfe zu machen. Doch dann siegt die

Liebe und ich sage: *„Kommen Sie rein, ich erkläre Ihnen das. Ich mache das Zelt mal zu.* (An die Mutter gewandt:) *Sie haben doch so viel Angst. Können Sie sich vorstellen, dass ihre Kinder auch Angst haben? Im Zelt, alleine, im Stockdunkeln, ohne Licht, ohne rauszukönnen, ohne Mutter und ohne den schützenden Vater?"* Jetzt macht es klick bei beiden.

Die Mutter sieht das tote Kind in meinem Arm und erstarrt. Sie kann es nicht in den Arm nehmen. Sie weint, bekommt kaum Luft, hat Angst, fühlt sich schuldig. Der Vater wirkt sehr ruhig; sein Blick ist auf den Boden gerichtet. Ich frage mich, was ich hier gerade mache mit dieser Familie. Darf ich überhaupt so eingreifen? Aber es geschieht ja gerade. Mein Herz sagt Ja. Zudem erkenne ich, dass die Trauminhalte mit mir zu tun haben, auch wenn die Traumfiguren in Form der Klientin und ihrer Familie dargestellt werden. *„Kinder, ihr könnt nichts dafür, dass eure Mutter sich im Moment so fühlt. Sie macht gerade die Hölle durch. Das hat nichts mit euch zu tun. Und auch nicht, dass euer Vater einfach nur schweigt."*

Die Kinder wirken gelöster, seit die Eltern da sind und ich mit ihnen rede. Sie sind ruhiger und wieder ein bisschen offener und wacher. Ich lasse einfach meine Liebe dahinfließen und bin die ganze Zeit präsent. In tiefer Stille. Ich lasse die Stille in das weinende, schluchzende Mutter-Kind fließen. Der Vater ist schockiert, als er hört, dass sie als Eltern die Situation zu verantworten haben. Als ob ihm eben erst zu Bewusstsein kommt, dass etwas schiefgelaufen ist.

*

22:38 Uhr – Ich erwache aus einem Traum: Ich bin in einem riesigen Naturkundemuseum. Eines meiner Kinder, ca. drei bis fünf Jahre alt, ist auch dabei. Ich wäre beinah von einem lebenden Dinosaurier – mit Beinen so hoch wie ein Haus – gefressen worden. Jetzt sitze ich auf einer Anhöhe und halte Ausschau nach meinem Kind. In diesem riesigen Gelände sehe ich es nicht.

7. Tag

0:01 Uhr – Seit dem Traum mit dem Naturkundemuseum ist eine starke Unruhe in mir. Ich kann nicht mehr einschlafen und bin so müde. Ich wünsche mir die Unruhe weg. Ich mache mir bewusst: Die Beine zucken, ich wälze mich hin und her. Die Unruhe willkommen zu heißen, fällt mir schwer, doch ich tue es. Ein anderer Teil in mir fordert: *Nein! Ich will die Unruhe nicht! Ich will schlafen!* Das Größere sagt: *Ja, darf alles da sein, hat einen Sinn, auch wenn ich ihn noch nicht erkenne.*

*

6:33 Uhr – Ich habe einen weiteren Traum: Die Wohnung wird gemalert oder umgeräumt. In der Küche steht ein Schrank mit alten Töpfen. Ein Mann, der zur Familie gehört, sagt, er würde mit der Arbeit nicht weiterkommen, weil ich noch nicht entschieden habe, welche Töpfe weggeworfen werden. Ich kläre die Angelegenheit innerhalb von Minuten. Da sind noch weitere Sachen, über die nur ich entscheiden kann. Das dauert schon etwas länger.

Plötzlich klingelt es. Ein Klient erscheint. Der zur Familie gehörende Mann sagt zu ihm: *„Du hast um zehn Uhr einen Termin. Jetzt ist es erst fünf vor halb zehn."* Wir sind beim Frühstücken, daher steht noch alles auf dem Tisch. Der Mann klärt den Termin weiter mit dem Klienten. Der tut so, als ob sein verfrühtes Erscheinen keinerlei Problem wäre. Ich sage ihm, er soll im Wohnzimmer am runden Tisch Platz nehmen, und gehe schnell in die Küche mein Frühstück weiteressen, damit ich ihn dann behandeln kann. Der Klient ist verwundert, dass der zur Familie gehörende Mann – ein Freund von ihm – das Gespräch mit ihm führt und nicht ich. Er versteht den Zusammenhang nicht. Ich auch nicht. Es ist verwirrend. Ich wache auf.

Ich setze keine Grenzen, sondern lasse den Klienten in mein Wohnzimmer, statt ihn wieder wegzuschicken, damit er um zehn wiederkommt.

Thema „Abgrenzung“ – wie gestern im Traum mit der Zigeunerin - erkenne ich.

*

10:06 Uhr – Sonntag. Die Glocken haben gerade geläutet. Die Kirche muss gleich um die Ecke sein; sie berührt mich merkwürdig wenig. Das Geläut erschien mir sehr grob, dennoch habe ich Kontakt zu einer hohen Ebene – es fließt tiefer Frieden und Stille in mich hinein, in die Welt und in die Gruppe.

Gespräch mit Gertrud

11:07 Uhr – Ich bringe Gertrud auf den aktuellen Stand.

S: *Ich fragte mich, ob es überhaupt angemessen war, in die Familie einzugreifen. Dann fand ich aber dadurch meinen Frieden, als ich erkannte, dass der Trauminhalt nur mit mir zu tun hat.*

Die Klientin griff energetisch nach den Kindern. Ich drehte sie zu ihrer Mutter um, doch mit ihr konnte sie keine Verbindung herstellen. Dann schaute ich bei mir: Kann ich denn auf meine Mutter zugehen, um mir von ihr zu holen, was ich brauche? Ich holte meine Mutter her und saß dann so vor ihr wie die Klientin vor ihrer Mutter – die halbe Nacht lang. Ich war ihr sehr nah, konnte sie aber nicht umarmen. Der letzte Schritt hat gefehlt. Sie hat ständig die Hände nach mir ausgestreckt, wie ein Kleinkind, das etwas von mir braucht. Als wäre ich ihre Mutter. Deswegen habe ich meine Arme zurückgehalten.

G: *Verstehe. Es hat also geholfen, dir deine eigene Mutter-Dynamik noch mal ein bisschen bewusster zu machen.*

S: *Ja, auf jeden Fall auf dieser Ebene. Im Dialog mit meiner Mutter änderte sich dann etwas Wesentliches: Sie stand irgendwann vor mir, ohne dass sie noch etwas von mir wollte. Dadurch wiederum konnte ich ihr ein weiteres Stückchen näher sein.*

G: *Das ist doch ein sehr heilendes Bild, oder?*

S: *Ja, und das hatte auch auf die Klientin Auswirkungen, sodass ihr ebenfalls die fehlende emotionale Nähe zu ihrer Mutter bewusster wurde.*

G: *Alles ist mit allem verbunden.*

S: *Ja. Außerdem hatte ich kein klares Gefühl mehr, ob das Baby wirklich tot ist oder nur einen tiefen Schock hat. Das ist noch offen.*

G: *Und das war alles sehr anstrengend?*

S: *Ja. Es hat die ganze Nacht gedauert.*

Die andere Kraft

G: *Die Anstrengung – kannst du sie beschreiben?*

S: *Ich wollte schlafen, konnte es aber nicht, weil mich alles so bewegt hat. Die Müdigkeit war so anstrengend.*

G: *Ich glaube, dass das eine Dynamik ist. Trotz der Müdigkeit hört der Prozess nicht auf, sondern wird stark vom Unterbewusstsein weiter angetrieben – wie von einer anderen Kraft gesteuert, oder?*

S: *Genau.*

G: *Diese Kraft ist stärker als unsere Entscheidung; sie nimmt keine Rücksicht darauf, ob …*

S: *… ob ich schlafen will oder nicht.* (Lacht.)

G: *Was ist das für eine Kraft? Könntest du das beschreiben?*

S: *Hm … eine Kraft, die mit Führung zu tun hat.*

G: *Und die auch ein Botschafter ist. Sie führt, klopft an und bedrängt, aber nicht vom Kopf her. Der Verstand sagt: „Stopp, jetzt reicht es mir aber!" Doch das, was da drängt, ist viel kraftvoller.*

S: *Grundlegender …*

G: *Intelligenter vielleicht, weil klar wird: Das muss jetzt abgeschlossen werden.*

S: *Oder es ist gerade die Zeit dafür ... und der Raum.*

G: *Weil du dich in der Dunkelheit überlassen kannst, aber wem oder was? Was wirkt da? Ist das deine Seele, die das Kommando übernimmt?*

S: *Gute Frage. Auf jeden Fall etwas Tieferes als der Kopf.*

G: *Mit einer solchen Dringlichkeit, fast Aufdringlichkeit. Aber dann gibt es auch wieder Phasen, wo nur Stille ist. Dann haben wir wieder Angst, dass nichts passiert, und wir können wieder nicht schlafen.*

S: *Es fühlte sich aber auch gut an und ich habe akzeptiert, dass es jetzt nicht um Schlafen ging. Ich würde sagen, die Kraft kam aus meiner Kernintelligenz.*

G: *Ja, zum einen bist du trainiert. Zum anderen hat diese Kraft nichts mit angelesenem Wissen und Verstand zu tun. Eher mit einer viel größeren Intelligenz.*

S: *Als würde sich eine Ordnung in mir wiederherstellen wollen.*

G: *Das ist schön beschrieben.*

Ich erzähle Gertrud, dass ich irgendwann doch eingeschlafen und dann aus dem Naturkundemuseum-Traum aufgewacht bin, weil eines meiner Kinder verschwunden ist.

G: *Das tote Kind und dein verschwundenes Kind, das hängt zusammen. Vielleicht in Verbindung mit Scheidung?*

S: *Ja, meine Eltern trennten sich, als ich sechs, sieben war.*

G: *Da ist dein Unterbewusstsein wahrscheinlich immer noch mit Trennung und Sterben beschäftigt.*

S: *Auf jeden Fall mit der Trennung. Die war schlimm für mich.*

G: *Ja, das ist für jedes Kind furchtbar. Und die Geburt deines Kindes war ganz normal, oder?*

S: *Ja, die war gut.*

G: *Und ihr habt ein enges Verhältnis?*

S: *Wir haben ein gutes Verhältnis.*

Das allesfressende mütterliche Prinzip

G: *Dann steht das Traumkind für dein inneres Kind, würde ich sagen. Und der Dinosaurier: Damit beschäftigen sich oft kleinere Kinder. Das sind Urinstinkte. Der Dinosaurier ist ja ein urzeitliches Tier.*

S: *Der Riese unter den Tieren.*

G: *Beängstigend?*

S: *Der im Traum war ein beeindruckend großer Pflanzenfresser, er wollte nichts von mir. Doch hatte ich das Gefühl, gerade so mit dem Leben davongekommen zu sein. Ich weiß nicht mehr, wie es dazu kam, dass ich mein Kind aus den Augen verloren habe.*

G: *Ich würde sagen, dass der Traum noch mal tiefe Ängste von Trennung und Tod wiedergibt, wie bei den Kindern deiner Klientin, nur wieder ein anderes Bild dazu. Mir hat mal ein jungianischer Lehrer gesagt, Dinosaurier stellen das allesfressende mütterliche Prinzip dar. Die Mutter, die dich auffrisst. Nicht die, die gibt, sondern die, die alles nimmt.*

S: *Das ergibt Sinn.*

Ich berichte Gertrud weiter, dass ich nach der nächsten Schlafphase wieder aus einem Traum aufgewacht bin, und erzähle ihr von der Zigeunerin.

G: *Ich sehe eine ähnliche Energie darin: ein weibliches Wesen, das dich ausnimmt und ausbeutet, also wieder das Gleiche.*

S: *Und ich bin so vertrauensselig ...!*

G: *Du gibst. Klar, du hast deine Mutter geliebt. Aus Loyalitätsgründen machen wir sehr viel. Wir lassen uns auch von den Vätern missbrauchen. Das wird alles verheimlicht. Weil wir die Eltern lieben.*

S: *Ja.*

G: *Und so hast du das mit deiner Mutter auch gemacht. Das zeigt das Bild der Zigeunerin: Du willst etwas zurückhaben, doch sie steckt alles ein. Du erkennst das. Im Schlüsselabgeben und Kindsuchen steckt das Gefühl, dass dein inneres Kind dabei ein Stück auf der Strecke geblieben ist. Doch dann kommt der Regen. Wasser ist das Element der Heilung, also hier Heilung des Themas. Wasser steht immer auch für neue Wege, Reinigung und Wandel. Die alten Muster kommen ins Bewusstsein und verabschieden sich. Das Wasser zeigt dir neue Wege.*

S: *Ja. Der Traum mit der Zigeunerin zeigt auch ein Abgrenzungsproblem. Ich setze nicht genug Grenzen.*

G: *Das kann man ja den Eltern gegenüber auch nicht, oder?*

S: *Als Kind oft nicht. Aber es ist ein Hinweis darauf, dass ich es auf einer tieferen Ebene auch heute noch nicht kann. Sonst wäre der Traum nicht gekommen. Auf der Traumebene ist das noch ein Thema.*

Spinnenmutter

Ich erzähle Gertrud von dem letzten Traum, in dem der Klient zu früh kommt und ich keine klaren Grenzen setze. Sie fragt mich, wie es sich angefühlt hat.

S: *Es hat sich gut angefühlt, ihn warten zu lassen. Der Mann hat mit ihm diskutiert, aber ich habe das Gespräch beendet und gesagt, er soll im Wohnzimmer Platz nehmen.*

G: *Ich glaube, das sind männliche und weibliche Anteile in dir. Der männliche diskutiert und pocht auf sein Recht, aber deine weibliche Seite ist einfach verständnisvoll und pragmatisch.*

S: *Oder es ist das alte Muster, immer da zu sein – wie für meine Mutter. Das habe ich als Kind gelernt.*

G: *Da ist über den Traum noch mal eine Schicht freigelegt worden ... die sich damit auch ein Stück befreit.*

S: *Ähnlich wie bei der Zigeunerin.*

G: *Ja, und auch beim Dinosaurier.*

S: *Das ist mir noch nicht so ganz klar, aber ... wenn die Dinosaurier für die Mutter stehen ...*

G: *Der Anteil des Weiblichen, der gefräßig ist und alles auffrisst. Man sagt „Spinnenmutter", wenn eine Frau ihre Kinder aussaugt. Das ist die dunkle Seite des Mütterlichen. Es sind offensichtlich sehr tiefe Schichten in dir, die damit in Resonanz gehen und hochkommen über die Träume.*

S: *Hm ...*

G: *Wahrscheinlich bist du gar nicht mehr so sehr verstrickt. Jetzt sind es tiefere, ganz feine Schichten, ohne große Emotionen, oder?*

S: *Ja, nicht mehr so große ...*

G: *Also mehr Erkenntnis. Es geht um noch mehr Klarheit im Austausch mit Menschen und um noch mehr Klarheit für dich selbst. Um das Muster, immer zu helfen, zu sorgen, zu tragen, zu begleiten, immer für die anderen da sein ...*

S: *Ja genau, und mich selbst dabei vergessen.*

G: *Klar. Als Kind verschwindest du, weil die Mutter deine Bedürfnisse nicht erkennt. Und du kannst sie dir ja selbst nicht erfüllen.*

S: *Und das angepasste Kind steht immer zur Verfügung.*

G: *Wenn die Mutter das Kind braucht, bekommt es ihre Aufmerksamkeit.*

S: *Ja, genau.*

G: *Es muss ja von irgendwoher ein bisschen Energie bekommen. Aber es verschwindet dann ...*

S: *Warte mal! Der Satz ist interessant: Bei dem Klienten sagt die Angst: „Wenn ich ihn jetzt wegschicke, kommt er nicht mehr wieder!" Er stand mit einer solchen Selbstverständlichkeit da ...*

G: *„Wenn ich nicht da bin, wendet er* (oder sie) *sich ab, und dann bin ich ganz allein!", das ist der tiefste Schmerz des Kindseins. Mit dem Angstschmerz hast du deine Mutter versorgt und darüber hast du ein bisschen Energie von ihr bekommen. Das ist eine mit Angst verbundene Abhängigkeitsstruktur. Der Klient spiegelt das wider.*

S: *Ja. Wenn ich in den Traum hineinfühle, war da Angst. In der Nacht gab es noch irgendetwas, wo ich auch Herzrasen und echt Angst hatte. Aber ich weiß nicht mehr, was es war. Heute habe ich es auch gefühlt, aber weggeschoben als nicht so wichtig. Also, es arbeitet ordentlich.*

G: *Das ist auch gut. Etwas findet Lösung, Angebot, Heilung und Bewusstwerdung. Die Träume machen das ja sehr klar. Alles kommt an den richtigen Platz.*

S: *Genau. Das zeigt sich auch an der Höhle im Himalaya: Sie ist eine geräumigere, schöne Heilungshöhle geworden. Da ist tiefer Frieden, Stille, Schutz und Geborgenheit. Das ist der aktuelle Stand.*

G: *Das sind alles sehr starke Bilder. Eine starke archaische Kraft wirkt in Verbindung mit der Höhle. Sie ist ein sehr kraftvoller Platz und so geschützt, dass die tiefen Schichten hochkommen können, die sich jetzt befreien wollen.*

S: *Im Prinzip legten sich die Verstrickungsthemen oder -traumata schon vorgeburtlich fest. Ich habe „Hier!" geschrien, als meine Mutter sich ein Kind wünschte.*

G: (Lacht.) *„Ich komme und helfe dir! Ich nehme es dir ab!"*

S: *Genau, so heißt das Thema.*

G: *Das funktioniert aber nur eine gewisse Zeit, weil es ja letztendlich nicht die Wahrheit ist, die du lebst, sondern ein altes Muster. Irgendwann klopft die Seele wieder an und sagt: „Hey!“ Oder du wirst unzufrieden oder krank.*

S: *Oder andere Dinge, z. B. Unfälle, passieren im Leben, die darauf hinweisen, dass etwas mit der Seele nicht im Einklang ist.*

G: *Wenn Menschen ihr Leben nicht mit ihrer Seele in Einklang bringen, dann opfern sie stückweise ihre eigene Lebendigkeit. Oder eines ihrer Kinder wird krank. Es agiert die elterliche Störung aus, bspw. in Drogenkonsum oder Hetze oder anderen fürchterlichen Sachen, weil es spürt, dass etwas nicht stimmt. Zum Schein wird natürlich viel Unechtes aufrechterhalten. Auch angespartes Geld wollen viele nicht für Veränderung und Heilung ausgeben.*

S: *Ja. So ist es sehr oft.*

G: *Oft werden Kinder auch von dem Elternteil, das sich betrogen und verletzt fühlt, instrumentalisiert und gegen den anderen Elternteil aufgehetzt. Schlimme Dinge geschehen da.*

S: *Deswegen finde ich es sehr unterstützend, sich in einer Krise fachlich kompetente Hilfe zu nehmen.*

Ich wechsle das Thema und frage Gertrud nach ihrem heutigen energetischen Eindruck von mir. Sie spürt hinein ...

G: *Ich nehme dich so wahr, wie von kosmischen, sehr stark weiblichen Energien gehalten und umarmt – ganz aus der Tiefe. Auch so, als würde sich etwas öffnen wollen, als wäre da noch ein Pfropfen nach unten hin. Und hinter diesem Pfropfen ist ganz viel Licht. So, als würde eine ganz starke Energie sich durch dich befreien wollen – etwas wie eine Quelle, ein Blubbern eher. Erst kommen Erdbrocken, und dann blubbert eine reine Quelle heraus. Das bereitet sich ein bisschen vor. Diese Träume sind alle noch Reinigungsarbeit oder ein Wegräumen, so dass diese Quell-energie frei werden kann.*

S: *Ja, genau, so fühle ich mich. Als ob da etwas ist, was ich noch nicht sehe.*

G: *Ja, etwas, was die Quelle noch ein bisschen verdeckt oder verhindert, dass die Energie strömen kann. Das ist noch ein Stück Arbeit, aber alles ist im Fluss. Du musst jetzt nichts Spezielles tun. Es kommt alles zur richtigen Zeit. Etwas blubbert hoch, dann arbeitest du damit und dann ist wieder Freiraum, etwas Entspannung. Dann kommt wieder das Nächste. Alles ist sehr intensiv, sehr dicht, spüre ich. Ja, und dahinter sehe ich ganz viel Heiterkeit ... und eine große Kraft, die du hast. Du kannst das Leben anpacken. Du bist kein kleines Bällchen, das durch die Gegend fliegt. Du siehst physisch zart aus, aber du hast eine unheimliche Power, dem Leben ins Gesicht zu schauen, und das gilt auch für das, was sich dahinter verbirgt.*

Der Ruf der Kirchenglocke

S: *Danke dir für das Feedback ... Die Klänge der Kirchenglocke habe ich heute mal durch mich durchfließen lassen; sie haben mich merkwürdigerweise fast nicht berührt. Sie schwangen eher so, als wären sie hart. Eine Zimbel würde mich ganz anders anrühren.*

G: *Das geht mir genauso. Das Glockenläuten weht irgendwie so über die Dächer. Die Glocke hat wahrscheinlich eine Schwingungsfrequenz, die im Gehirn der Menschen ein „Wir müssen in die Kirche!“ auslöst. Ein Wachrufen: „Hallo, ihr kleinen Schäfchen.“*

S: *Die Glocken könnten auch ein Erinnern an das Heilige sein, dachte ich heute. Ein anderes Rufen also.*

G: *Ja. Glocken haben die Funktion, aufzuwecken. Erwache! Auch im Buddhismus und bei den Schamanen spielt die Glocke eine große Rolle.*

Und genau darum geht es, um das Erwachen.

S: *So tief zu erwachen, dass das Leben aus jeder Faser, aus jeder Zelle in mir spricht – mit der Lebenskraft und dem Göttlichen, mit allem, was mich ausmacht als Mensch.*

G: *Das ist ein schöner Abschluss, finde ich. Es schwingt ganz hell. Danke dir, Saskia.*

*

13:21 Uhr – Ich meditiere. Im Brustraum fühle ich Druck und Enge, im Nacken und Kopf starke Spannungen. Ich spreche alles an. Der Druck im Brustraum löst sich. Heftige rechtsseitige Kopfschmerzen veranlassen mich, mich hinzulegen.

Der Pfropfen

16:07 Uhr – Ich sitze wieder, auf den Pfropfen am Beckenboden fokussiert. Es zieht mich nach unten und ich sinke bis auf Bauchhöhe, dem Pfropfen sehr viel näher. Parallel dazu donnert, blitzt und knallt es heftig. Starker Regen trommelt gegen die Fensterscheiben. Ich bin einfach mit dem Pfropfen; er ist schwarz und erinnert mich an einen fest im Flaschenhals steckenden Korken.

*

17:33 Uhr – Ich war ein wenig eingenickt und hatte einen Traum: Eine Freundin und ich kochen. Ich frage sie, ob sie mich schnell mit meinem Auto zum Bahnhof bringen kann. Sie verneint, da sie jetzt gleich um 15:00 Uhr Klienten habe. Ich sage: *„Kein Problem. Dann fahre ich allein hin und lasse das Auto vorn am Bahnhof stehen."*

In einer weiteren Szene schneide ich Bambus in das Essen. Meine Freundin meint, man müsse beim Essen aufpassen, da sich sonst die kleinen Bambushülsen im Mund festsetzen. Ein leckeres, grünes Essen. Wie es schmeckt, weiß ich nicht, denn ich habe noch nicht gekostet ...

Es hat aufgehört zu donnern. Ich lenke meine Aufmerksamkeit erneut auf den Pfropfen. Der Donner setzt wieder ein. Nach dem dritten Mal kommt mir das reichlich komisch vor. Wenn das einmal geschieht, mag es Zufall sein, aber drei Mal? Diese Gedanken bringen mich wieder weiter weg vom Pfropfen.

Ich fokussiere mich erneut. Der Pfropfen fühlt sich weiter unten wie eine schwarze, feste Kruste an. Ich taste an ihm entlang. Er ist sehr hart ... dick und schwarz. (Sehr lange Pause.) Das scheint Teer zu sein, eine dicke, trockene Teerschicht, nicht steinhart, aber doch hart. Mein Bauch grummelt. Der Donner scheint aufgehört zu haben.

Ich frage mich, wie es den 57 Gruppenteilnehmern geht, und gehe die, die mir bekannt sind, im Geist durch. Jeder fühlt sich anders an. Insgesamt erscheint mir die Gruppe sehr wach. Wir alle sind eingebettet in lichte Liebe, Stille, tiefen Frieden ... in eine größere Kraft.

Auf einer anderen Ebene sind die Klientin, ihre Kinder, ihre Mutter, meine Mutter und ich. Ich habe meine Mutter aus der Umarmung mit mir gelöst. Die Klientin schaut zu ihrer Mutter hin. Sie hat aufgehört zu wimmern. Ich halte das Baby. Die beiden älteren Kinder fühlen sich wieder wohler, sie wirken lebendiger, weniger schockiert. Das Baby scheint tot zu sein. Ich halte es immer noch ...

Ich kann durch das tote Baby nur noch in einen kosmischen Schmerz eintauchen. *Es scheint wirklich tot zu sein.* Das denke ich leise, damit die Klientin weiter zu ihrer Mutter schaut; sie ist aber mit der Aufmerksamkeit sehr bei mir und dem Baby. Ich spreche ihr gut zu: *„Wenn du dich deiner Mutter annäherst, kann es sein, dass es dir und dem Baby wieder besser geht. Schau, wie zu deiner Mutter Liebe fließen kann, wie du die Beziehung zu deiner Mutter und zu deinem Vater bereinigen kannst. Das tut deinen Kindern gut."* Klare Worte.

*

18:42 Uhr – Aus dem schwarzen Pfropfen ist eine ca. 20 x 20 Zentimeter große schwarze Teerfläche geworden. Ich drücke auf die Fläche, darunter scheint Pappe zu sein. Verkrustete Teerpappe. Ich bin einfach damit die ganze Zeit.

*

21:16 Uhr – Ich fühle mich unsagbar lustlos, ich habe weder Lust zum Baden noch auf Tai-Chi. Also lasse ich es.

8. Tag

5:26 Uhr – Die Kirchenuhr schlug 4:00 Uhr, als ich aufwachte. Jetzt ist es wahrscheinlich schon halb sechs. Ich hatte einen Traum: Klienten warteten bei mir zu Hause auf ein Medikament, das ich empfohlen hatte.

Wieder Klienten in meinem Privatraum, denke ich. Beim Laufen setze ich nach wie vor jeden Schritt sehr bewusst – wie eine Katze.

Ich sitze in Meditation und nehme Helligkeit im Raum wahr, kann aber nichts sehen. Ich frage die drei Ebenen ab:

Spannungen in Unterbauch, Magen, Zwerchfell. Schultern, Nacken und Kopfhaut. Latenter Schmerz im Kreuzbein.

Ich checke den emotionalen Bereich: Ich fühle mich sehr stabil, gut geerdet, verwurzelt und offen.

Wie geht es mir mental: Nicht ganz klar … als würde der Kopf etwas voll sein. Es tauchen immer wieder Klienten auf.

Nach dem Drei-Ebenen-Check tauche ich ab zu der schwarzen Teerfläche. Der Kopf ist skeptisch, ob es gut ist, dort einzutauchen. *Wer weiß, was darunter ist?!* Ich lasse ihn reden und wende mich der schwarzen Schicht zu.

6:30 Uhr – Ich checke weiter, jetzt die Gruppe: Einzelne Teilnehmer sind wach, meditieren, andere schlafen noch.

Wie sieht es in der Höhle aus: Stille, Ungeformtes. Ich bin der schwarzen Schicht recht nahe. Über meinem Kopf fühle ich Weite. Die subtilen Bewegungen der feinfühlenden Hände könnte ich als Kanal zeichnen, durch den das Licht hereinkommt.

Ich vergleiche und erforsche: Wie fühlt sich der Bereich im Beckenboden an, da, wo die schwarze Schicht ist? Und wie fühlt es sich über meinem Kopf an?

Die schwarze Schicht vergrößert und verflüssigt sich etwas und erscheint jetzt wie ein flüssiger schwarzer See. Wie fühle ich mich? Sein-Gefühl, da sein. Ich fühle mich präsent und mitfühlend ... warm ... liebevoll. Ich fühle einen stabilen Draht nach oben, einen kraftvollen Kanal. Unten erscheint wieder die Teerpappe.

Ich beende die Meditation, weil ich nicht mehr sitzen kann. Mein Kopf beginnt zu schmerzen.

*

Immer, wenn ich nach dem Lüften das Fenster wieder schließe, habe ich danach das Gefühl, dass Licht im Raum ist. Ich kann das nicht beschreiben. Als ob der Raum erhellt ist. Photonen? Nach einer Weile vergeht der Eindruck wieder.

Ich meditiere erneut und bin mit der schwarzen Schicht einfach da ... liebevoll, sanft, zart. Einfach sein. Die Klientin schaut mehr zu ihrer Mutter, und ihren beiden Kindern geht es sehr viel besser. Sie sehen wacher aus und lebendiger. Das Baby bewegt sich nicht, ist immer noch wie tot. Ich halte es im Arm – auf eine gewisse Weise fühlt es sich noch lebendig an. Die Klientin spitzt die Ohren. Ich versuche ihr bewusst zu machen, dass es, wenn sie ihre Probleme mit ihrer Mutter und ihrem Vater klärt und sich dem emotionalen Schmerz stellt, ihren Kindern noch besser gehen wird.

Gespräch mit Gertrud

11:07 Uhr – Ich gebe Gertrud ein Update und berichte, dass die innere Arbeit zu mehr Lebendigkeit bei den beiden älteren Kindern geführt hat.

Gertrud erinnert mich, dass ich schon mit der Frage in die Welt gekommen sei: *„Was tut meiner Mutter gut?“* Es gebe diesbezüglich eine erlöste und eine unerlöste Seite. Die erlöste Seite sei die Heilerin, die ich in dieser Inkarnation sei. Die unerlöste Seite sei, dass ich als Kind total überfordert und zu kurz gekommen sei, und das müsse ich für mich heilen. Mit der Heilung des inneren Kindes sei ich ja schon lange intensiv befasst. Aber von meiner Seele her gesehen sei ich eine Heilerin, Abenteurerin, Forscherin und Priesterin.

Gertruds Worte bringen meinen Innenraum in eine starke Schwingung. Etwas in mir horcht auf und weiß zugleich, dass es stimmt, was sie sagt.

Ich erzähle ihr, wie es mit dem Pfropfen weiterging. Sie meint, das Wurzel-Chakra (1. Chakra) öffne sich und der Prozess spiegele sich im Pfropfen. Es sei in der Dunkelheit oft so, dass sich die unteren Chakren – also die Verbindung zur Erde – stark öffnen. Wenn sich im untersten Chakra etwas löse, dann öffne sich auch mehr das oberste, das Kronen-Chakra (7. Chakra). Bei mir sei es allerdings umgekehrt: Zuerst habe sich nach oben hin etwas geöffnet (Durchbruch durch die Zimmerdecke) und dann habe sich der Pfropfen im Wurzel-Chakra gezeigt. Das Wurzel-Chakra und das Kronen-Chakra entsprächen immer einander. Spannend sei auch, dass sich zum Prozess die passenden inneren Bilder einstellen, z. B. die schwarze Teerpappe oder der schwarze See.

Gertrud erwähnt, dass Tausende Jahre vor Christus das Schwarz verehrt wurde – als die göttliche Mutter, Gaia, Pachamama, als die schwarze Göttin oder schwarze Madonna. Eine der bekanntesten Pilgerstätten sei Tschenstochau in Polen, wo sich eine Ikone der „Schwarzen Madonna“ befindet. Millionen Menschen, auch Kranke, würden jährlich dorthin pilgern und Wunderheilungen erfahren. Was sich mir jetzt eröffne, sei eine außergewöhnlich große Heilkraft.

Alte Programme

S: (Überrascht:) *Also du meinst, der schwarze See, der sich mir zeigt, ist etwas Gutes?*

G: *Ja natürlich, unbedingt, das große Schwarze ist sogar etwas sehr Gutes. In der christlichen Lehre ist das allerdings vertuscht worden; Schwarz ist im Christentum teuflisch, heute noch. Wir Menschen sind also noch so programmiert: Schwarz ist schlecht. Die Dunkelheit verschluckt uns.*

S: *Ich war selbst skeptisch und habe mich gefragt, ob es gut ist, tiefer in das Schwarze einzutauchen. Das dürfte dann ein altes Programm sein.*

G: *Genau. Wir haben persönliche und kollektive Programme in uns. Werden alte Programme gelöscht, bekommst du erst mal einen Schreck, so, als stürze dein Computer ab. Wir hängen ja an unseren Festplatten. Wir wünschen uns einerseits, dass sie verschwinden, und andererseits werden wir nervös, wenn sie nicht mehr funktionieren.*

S: *Das kenne ich auch.*

G: *Ein schreckliches Gefühl, wenn alles Gelernte verschwindet!* (Lacht.) *All die schlauen Programme sind weg, nichts mehr da, alles leer. Wir denken: „Jetzt kann ich aufhören zu arbeiten und zu leben. Was soll ich denn jetzt machen?“*

S: *Teilweise hatte ich das Gefühl, die Erde würde stillstehen. Auch im Körper totaler Stillstand. Das war furchtbar; ich hatte Todesangst.*

G: *In solchen Momenten versucht wohl jeder, sich einen Glauben herzuzaubern, um das bloß nicht fühlen zu müssen. Es ist ein echtes inneres Sterben, unangenehm und manchmal schmerzhafter als der endgültige Tod.*

S: *Auf jeden Fall schaue ich gerade freundlich auf das Schwarze. Das haben deine Worte immerhin bewirkt.*

Mutter Maria

Gertrud schlägt vor, mich mit der Schwarzen Madonna, mit Mutter Maria, zu verbinden.

S: *Ich habe zwar von ihr gehört und sie ein paar Mal auf Bildern gesehen, aber ich habe keinen Bezug dazu.*

G: *Stimmt, du bist ja aus dem Osten. Maria ist die alte große Erdmutter; sie trägt um ihren Kopf herum einen Sternenkranz. Sie ist die Urmutter. Lange vor dem Christentum wurde sie verehrt als die Lebensspenderin, Fruchtbringerin. Die Kinder kamen aus dem Bauch der Frauen, daher wurden Frauen verehrt. Sie brachten das neue Leben und in diesem Sinne waren sie so fruchtbar wie die Erde, die die Nahrung hervorbrachte. Gebären und Wachsen waren noch Wunder für Menschen früherer Zeitalter. Die Menschen waren viel stärker mit der Natur verbunden.*

S: *Du redest jetzt von Mutter Maria?*

G: *Ja, von der alten Göttin. Bevor sie Maria hieß, war sie einfach die große Mutter. Erst später, im Christentum, ist daraus die sogenannte „unbefleckte" Maria geworden.*

S: *Das erinnert mich an meine Erfahrung mit der Lichtfrau.*

G: *Im Innern der schwarzen Göttin ist das Licht. Himmel und Erde sind eins in ihr. In dem Schwarz ist das Licht, aus dem Schwarz kommt das Licht. Das ursprüngliche Sein ist schwarz.*

S: *Schwarz. Genau. Das stimmt.*

G: *Im Schwarz sind alle Farben enthalten. Und jetzt gehst du, mit der Erfahrung deiner Lichtfrau, vielleicht einfach ein Stück tiefer, um das Schwarz anzunehmen. Mal sehen, was passiert. Auch die Erde wird ja als Göttin verehrt, weil alles Leben von ihr kommt: Mutter Erde. Sie ernährt uns, gibt uns ein Zuhause usw.*

S: *Und die Schwarze Madonna kann ich mir so vorstellen wie Mutter Maria, nur in schwarz?*

G: *Genau. Schwarz mit einer Verbindung zur Erde, also nicht im Himmel. Eher beides: Himmel und Erde in einem. Auch in Deutschland gibt es übrigens einige Schwarze Madonnen.*

Die weibliche Spiritualität findet man überall auf der Welt. Menschen wenden sich mit ihren Nöten und Sorgen eher an die Madonna. Es gibt Tempel, die nur den Frauen geweiht sind. Der Jahreszeitenrhythmus, der Jahreskreis und Übergänge sind weiblich: Geburt, erste Menstruation, Hochzeit, Tod, Trennung – all diese Ereignisse sind mit großen Festen oder Heilritualen verbunden. Die weibliche Spiritualität ist auch im Alltag zu finden: Kinder großziehen ist eine spirituelle Höchstleistung.

S: *Stimmt. Das wird nur leider oft übersehen.*

Heiligtum Gebärmutter

G: *In Gozo, auf Malta, gibt es Bilder, auf denen das Heiligtum der Gebärmutter, der erste Erfahrungsraum des Menschen, zu sehen ist. In Form einer Höhle, wie die, in der du dich jetzt befindest. Die zweite Höhle ist das Haus, in dem die Mutter das Kind nährt und beschützt. Die dritte ist rund und befindet sich im Innern der Erde – ein Tempel, in dem man mit der großen göttlichen Mutter eins wird. Früher wurden dort auch Priesterinnen ausgebildet.*

S: *Fühlt sich an wie tiefste Rückverbindung.*

G: *Ja, genau bis hin zu den Wurzeln unserer Ahninnen, den Priesterinnen, den Heilerinnen. Du kannst dich auch rückverbinden: Es gibt nicht nur unsere Blutsverwandtschaft, sondern auch Seelenverwandtschaft. Den Schutz der Ahninnen kannst du einladen, z. B. zum Thema „Dunkelheit“* (Schwärze), *und um deren Beistand und Begleitung bitten. Damit sich dir das Wesentliche enthüllt und du Kraft hast.*

S: *In meinen ersten beiden Dunkelretreats glich die Dunkelheit zeitweise kosmischer Schwärze und Tiefe. Das hat mir Angst gemacht.*

G: *Ja. Wenn du nicht geerdet bist, kann das große Furcht auslösen, weil dich die Dunkelheit wegzuziehen vermag. Aber mit der weiblichen Erdung kann man in ihr sterben, sich auflösen. Wenn wir es nicht erfahren haben, wissen wir nicht, was es ist. Es gibt auch zu viele Informationen über die Schwärze, die in unserem Kopf und in unseren Zellen herumschwirren.*

S: *Richtig. Ich fühle mich jetzt offener, das Schwarze anzuschauen. Dadurch wird mir erst bewusst, dass ich dem zuvor ausgewichen bin. Eine Tür ist aufgegangen zu diesem schwarzen, schimmernden Etwas hin.*

G: *Etwas, ja, genau. Formlos. Interessant ist, dass das Licht immer angenehm für uns ist. Wir streben in das Licht. Aber bevor wir wirklich ins Licht überwechseln, kommt erst mal die Dunkelheit. Als würde auch diese Schwärze in sich wieder Licht tragen.*

S.: *Manchmal blitzt etwas Helles durch, aber meistens ist es eher dunkel und klar. Eine klare Dunkelheit. Ich spüre deutlich den Raum um mich herum.*

G: *Ja, Klarheit spüre ich auch immer mehr.*

S: *Ich habe jetzt eine größere Bereitschaft, mich hineinsinken zu lassen. Gleichzeitig habe ich im Dunkeln immer den Gedanken, dass nichts passiert, obwohl die inneren Erfahrungen sehr eindrucksvoll sind. Das kommt mir sehr bekannt vor.*

G: *Das ist der Verstand, der uns immer austrickst. Das kenne ich auch. Der Verstand kommt hier nicht weiter. Er kann nicht in die Prozesse eindringen, sondern nur diese und jene Bemerkung machen, bspw.: „Hier passiert nichts! Du bist nicht tief genug." Was gar nicht der Wahrheit entspricht.*

Hier ist für dich alles selbstverständlich, obwohl du dich in außergewöhnlichen Seelenräumen befindest. In heiligen Räumen, die auch nicht jedem geöffnet werden. Nicht jeder ist bereit und nicht jeder kann damit umgehen. Du musst dein Leben bereinigt haben, sonst ist das gar nicht möglich.

S: *Das ist auch meine Erfahrung. Die Vergangenheit muss geklärt sein.*

G: *Wenn man zu sehr im Kopf ist und etwas erreichen will, funktioniert es auch nicht. Der Kopf blockiert einfach. Er analysiert ständig und meint, wichtige Erkenntnisse zu haben. Aber es kommt nicht aus der Tiefe. Männern geht es oft so, denn sie sind anders strukturiert als Frauen – stark im Kopf und im Wurzel-Chakra. Frauen dagegen nehmen stärker wahr, was ein Kind, auch ihr inneres Kind, braucht. Sie sind feinfühliger.*

Früher wurde das so interpretiert: Die Frau ist den Göttern näher. Als es noch kein elektrisches Licht gab, hatten alle Frauen in bestimmten Territorien derselben Breiten- und Längengrade zur selben Zeit ihre Blutungen – abhängig vom Mondzyklus.

S: *Unglaublich, wie die Natur das kreiert.*

G: *Es ist vor allem heilsam. Der Kopf begreift das nicht, aber die Göttlichkeit der Natur offenbart sich über das Herz, über die Seele. Die Natur hält alles bereit, was der Mensch braucht. Sie ist heilig – und die größte und beste Apotheke der Welt. „Das ewige Grün", hat Hildegard von Bingen geschrieben. Heilendes Grün.*

Der magische schwarze See

G: *Wie ist es jetzt: Ist es noch ganz schwarz?*

S: *Ja, aber es scheint flüssiger zu werden. Was nimmst du wahr?*

G: *Jetzt kommt eine große weibliche Weichheit. Ich sehe, wie weiches Wasser sanft an den kantigen Felsen herunterfließt und alte gefrorene*

Schichten auftauen. Wie Frühlingswasser; alles wird belebt, wie nach einer langen Winterzeit. Hier und da sind Blumen. Ein ganz großer stiller See, an dessen Ufer du sitzt. Stille Heiterkeit. Ein Staunen und Betrachten, nicht gleich ein Reinspringen. Wie ein Smaragd liegt dieser dunkle See da. Auch Erhabenheit spüre ich in dem See, in dem Raum, wo du dich gerade befindest.

S: *Wie sieht es an der Stelle mit dem Pfropfen aus?*

G: *Der Pfropfen ist nicht mehr da. An seiner Stelle ist jetzt der große See. Das Wasser ist auch nicht eisig kalt. Angenehm weich, weiblich. Still. Große Weite. Staunen.*

S: *Und der See ist schwarz?*

G: *Ja, der ist dunkel. Wie ein Smaragd. Geheimnisvoll.*

S: *Genau. Etwas Magisches hat dieses Schwarze.*

Kraftvolles Wesen mit Kapuze

G: *Ja, etwas ganz Magisches. Wie ein Mysterium, das darin ruht. Du liegst da an einem Platz im einfachen Sein. Dieses Mysterium wird sich dir enthüllen zur rechten Zeit, so, wie es sein soll für dich. Du bist geliebt, du bist angenommen. Du weißt schon lange um die Mysterien von Leben und Tod, nicht nur in diesem Leben. Du bist eingeladen, Einblick zu bekommen. Es sind auch Naturwesen hier. Ein paar Elfen flattern herum, sie halten und beschützen dich. Im Hintergrund sehe ich auch dein Krafttier, als Schutzgeist. Hinter dir stehen Wesen, die früher einen asketischen Weg gegangen sind. Ein männliches Wesen mit einer schwarzen Kapuze begleitet und stärkt dich.*

S: *Ein männliches Wesen mit Kapuze? Das erinnert mich an den Tod.*

G: *Nein, es ist nicht der Tod. Die Wesen tragen Gewänder wie bei einer Einweihung. Eine Initiation in die tieferen Mysterien von Leben und Tod ist das. Aber der Tod an sich ist es nicht. Es ist jemand, der um diese Mysterien weiß. Und du suchst nach diesem Wissen.*

S: *So ist es.*

G: *Eine sehr machtvolle Energie ist das.*

S: (Den schwarzen See vor Augen:) *Ja, das spüre ich auch.*

G: *Da kann das innere Kind nicht mit herumspielen, es kann nicht in dem Teich herumfischen und herumplätschern.*

S: *Nein, das geht nicht. Ich sehe und fühle mich im Moment als eine Person. Das Kind ist in mir – aufgehoben, entspannt, ruhig.*

G: *Genau. Die Priesterin, die Heilerin, dein erwachsenes Selbst. Du sitzt da und bist still, leer. Einfach Stille sehe ich da. Du bist.*

Wenn wir die Angst vor dem Tod überwunden haben, ist eine große Kraft und Macht in uns. Denn die Angst wandelt sich in Liebe und Erkenntnis dessen, worum es hier auf der Erde geht. Es bereitet sich vor, dass du dieses Wissen leibhaftig erfahren darfst.

S: *Ganz in der Tiefe, da, wo es kosmisch schwarz wird, fühle ich noch Angst. Ich habe sehr viel Respekt davor.*

G: *Das ist die Heiligkeit der großen Göttin, die dir da begegnet. Es gibt nur wenige, die eingeweiht werden in diese Energie. Du musst keine Angst haben.*

S: *Okay. Das ist wahrscheinlich wieder der Kopf.*

G: *Das sind alte Programme. Es geschieht nichts, was deine Seele nicht tragen kann. Alle deine Helfer schützen dich. Kannst du sie spüren?*

S: *Ja, aber ich kann sie im Alltag nicht fühlen. Es macht einen großen Unterschied, ob ich das fühlen kann oder nicht.*

G: *Du kannst es trainieren, die Helferenergie zu fühlen, und wenn du dich jeden Tag wirklich bewusst damit verbindest, dann spürst du sie irgendwann auch. Wenn die Angst kommt, entspanne dich! Es stirbt immer nur die Angst, sonst nichts. Alles andere bleibt. Die Liebe wird immer größer.*

Warten, ohne zu warten

12:07 Uhr – Ich bin tief bewegt, fasziniert und begeistert von Gertruds Aussagen. Ich bete und bitte die Götter und Göttinnen um Unterstützung bei der Erforschung des schwarzen Sees. Ich bitte demütig all meine Seelenkräfte darum, dass das Mysterium sich mir enthüllt. Ich bin bereit für meinen nächsten Entwicklungsschritt.

Schade, dass ich die Wesen, von denen Gertrud gesprochen hat, nicht sehen kann. Was braucht es dafür, dass ich es kann? Wie kann ich mich weiter öffnen?

Ich sitze in meiner Höhle. Tiefe Stille umgibt mich, die in die Gruppe und in die Welt strahlt. Ich lausche und fühle in die Stille hinein, sinke immer tiefer. Meine Muskeln im Nacken, im Rücken und in der unteren Lendenwirbelsäule lockern sich. Ich sitze wie ein Adept, warte auf die Einweihung. Dieses Warten ist Teil der Initiation, gehört dazu.

Ich warte, ohne zu warten, bin einfach in der Höhle, wissend, dass das die Vorbereitung ist. Es kann sein, dass ich noch 500 Jahre hier sitze und warte, ohne zu warten. Ich sitze ... BIN ... tiefe Stille.

17:18 Uhr – Physisch fühle ich mich richtig gut. Kein Rückenschmerz. Ich bin tief im Körper zentriert und stabil geerdet, wach konzentriert bei der Gehmeditation. Ich stehe sicher beim Tai-Chi. Ruhige Freude füllt meinen Brustraum.

Ich setze mich wieder zur Meditation.

*

18:49 Uhr – Ich breche die Meditation ab wegen Kopfschmerzen, die im Nacken begonnen haben und jetzt nach oben ziehen. Ich lege mich ins Bett. Es muss wohl nach 18:00 Uhr sein ...

9. Tag

4:00 Uhr – Ein Vogel trällert mit zarter, klarer Stimme sein Lied in die Stille der Frühe. *Nein! Nicht schon morgens! Ich habe doch noch nicht geschlafen.* Ich (Ego) will schlafen, damit ich wach bin und meditieren kann. *Warum kann ich nicht schlafen? Ich war doch so müde.*

Die ganze Nacht hat mein Kopf gearbeitet, keine Ruhe gegeben, einfach nicht abgeschaltet. Immer wieder kamen Gedanken und Erinnerungen an meine Familie, Klienten, Aufstellungen, ein eigenes Dunkelretreat-Center mit drei Dunkelräumen. Die Frage, wie ich das ohne Geld umsetzen kann oder ob ich ein Haus miete. Ob es bereits ein fertiges Haus, das meinen Vorstellungen entspricht, gibt. Ich kann aus dem Gedankenkreislauf nicht aussteigen. Das zu akzeptieren fällt mir schwer. Ich mache mir laut bewusst: *„Ich bin nicht mein Kopf."* Dadurch fühle ich etwas mehr inneren Raum. Gefallen tut es mir trotzdem nicht. Ich akzeptiere es auch nicht wirklich ...

*

6:46 Uhr – Ich erwache aus einem Traum und quäle mich aus dem Bett ... fühle mich völlig zerschlagen. Kopf- und Rückenschmerzen. Alles tut mir weh. Bei der Vorstellung, zu meditieren, graust es mir, weil ich denke, dann tut nur alles noch mehr weh. Ich werde erst einmal etwas trinken. Die Glocken läuten in einer Tour. *Sie erinnern mich an Gott*, denke ich. *„Gott, Gott, Gott ..."*, hallt es in mir nach. Gott ist mir gerade egal. Tief in mir aber nicht.

Tauben gurren wirklich einfallslos!, stelle ich gereizt fest. Gurr gurr gurr … stundenlang. Ich bin auf Kriegsfuß mit ihnen. So ein trostloses Gegurre in immer gleicher Tonlage.

*

8:34 Uhr – Ich meditiere, tauche in die Stille ein. Ansonsten passiert nichts. Viele Gedanken. Ich bete, dass sich mir das Mysterium enthüllt und dass ich Unterstützung und Hilfe bekomme. Mir ist bewusst, dass diese Bitten aus dem Ego kommen. Damit stehe ich mir selbst im Weg.

*

10:57 Uhr – Ich spüre ein Warten auf Gertrud. *Warum?* Es ist ein Erwarten, dass sie kommt, weil sie „früh" gesagt hat und jetzt schon fast Mittag ist, in meiner Empfindung. Ich bin richtig ärgerlich: *Sie trödelt, denkt nur an sich.* Das erinnert mich an meine Mutter. Starker Ärger auf meine Mutter erfasst mich. Ich lasse mich diesen Ärger fühlen; er ist eine Ablenkung vom Schmerz darunter. Schmerz, dass sie sich nicht um mich kümmert, nicht für mich da ist. Es geht immer nur um sie! Ich kümmere mich um mein inneres Kind und fühle ihren nagenden Schmerz. Eine bittere Pille, dass meine kindlichen Bedürfnisse so unerfüllt blieben. Sie hat ihre Ankündigungen selten eingehalten. Oder sie lag lange im Bett, während ich Frühstück machen musste.

Heilung meines inneren Kindes

Gespräch mit Gertrud

Wir besprechen den Traum, der mein Zerrissenheitsgefühl zwischen den Eltern zum Ausdruck bringt. Ich teile meinen Ärger auf meine Mutter und meinen Schmerz mit ihr. Es tut gut, alles auszusprechen. Ich fühle mich verstanden.

Im Gespräch wird mir bewusst, dass ich diesen Herzschmerz mein Leben lang weggekämpft habe. Er ist so groß, dass sich mein Herz und meine Lungen verengten. Ich wollte sogar krank sein, um die

Aufmerksamkeit meiner Mutter zu bekommen. Ich suchte so sehr nach ihrer Liebe! Ich halte mein inneres Kind, während ich Gertruds Mitgefühl genieße. Das Thema „Mutter“ ist ein schwarzes Kapitel in meinem Leben. Als Kind konnte ich meine Mutter, selbst ein Kriegskind, einfach nicht fühlen.

Ich erzähle Getrud, dass ich, wenn ich meine Aufmerksamkeit im Schmerz auf die Gedanken, Gefühle und den Körper lege, eine Enge fühle, die aus der Vergangenheit kommt. Schaue ich auf den Raum zwischen den Gedanken und Gefühlen, reagiert der Körper unmittelbar mit Leichtigkeit und Lebendigkeit!

G: *Was fühlst du jetzt?*

S: *Ich spüre Aufgeregtheit. Darunter bin ich den Tränen nahe.*

G: *Lass es einfach zu, atme ganz sanft hinein, das Gefühl will ja auch anerkannt, zugelassen, gespürt werden. Damit ist auch unheimlich viel Anstrengung verbunden, immer zu gucken, was deine Mutter brauchte. Du hast sie bedient, um selbst zu überleben.*

Ich lasse meinen Tränen freien Lauf.

G: *Kannst du sehen, wie sich die Beziehung zu deiner Mutter auf dein weiteres Leben ausgewirkt hat? Kannst du das Muster, für andere da zu sein, für sie da zu sein, erkennen?*

S: *Ja, das war mein Überlebensmechanismus. Ich habe nicht die Saskia gelebt, die ich bin.*

G: *Es ist übrigens auch eine typisch weibliche Sozialisation, für andere da zu sein.*

S: *Ja, im negativen Sinn, im Überlebenssinn. Nicht im Leben.*

G: *Ja, nicht im positiven Sinn und nicht im erlösten Sinn, anderen zu dienen, sondern ...*

S: *... sie zu bedienen.*

G: *Das ist eine Abhängigkeit. Wenn du etwas für sie tatest, dann bekamst du etwas von ihr und konntest so überleben. Aber was du wirklich gebraucht hast, hat dir gefehlt.*

S: *Genau. Um mich ging es nicht.*

G: *Lass dir Zeit mit dem Mädchen. Nimm es zu dir, in den Arm. Lass die Schmerzen zu.*

S: *Das ist die schwarze Schlacke* (Teer), *die ich gestern gefühlt habe. Jetzt habe ich eine klare Verbindung zwischen dem Schmerz und dem Schwarzen. Eine tieferliegende Schicht, die ich erreiche.*

G: *Ja. Das sind die Zwiebelschichten auf der persönlichen Ebene, die noch mal umarmt und angenommen werden wollen, bevor die größere heilende Kraft der Erde durchkommt. Die Energie der schwarzen Göttin, der Mutter, die dann freiwerden kann für dich.*

Ich fühle den Schmerz im Herzraum, umarme ihn sanft und inniglich.

DDR-Vergangenheit

G: *Es ist heilend, den Schmerz anzuerkennen. Und ich spüre auch eine starke Kraft in dir, die etwas erleben will.*

S: *Das ist das Thema „DDR-Grenze". Ich konnte nicht in ferne Länder reisen, in die ich wollte.*

G: *Oh ja, genau. Doppelte Grenzen waren das dann?*

S: *Doppeltes Gefängnis.*

G: *Wo wolltest du immer hin?*

S: *Ich wollte früher immer nach Kenia und mit den Massai wandern.*

G: *Was verbindest du mit den Massai?*

S: *Sie haben etwas Erdiges, Aufrechtes. Heute zieht es mich nicht mehr dorthin. Ich hatte früher immer Fernweh, wollte von zu Hause weg.*

G: *Fernweh, ja. Aber du hast es ja später auch gelebt und umgesetzt, dein Fernweh, bist nicht das Heimchen am Herd geblieben.*

S: *Stimmt. Aber noch heute fühle ich einen engen Ring um den Brustraum, wenn ich an die Mauer denke. Obwohl ich das Thema schon hoch und runter bearbeitet habe.*

G: *Das war auch die Unterdrückung der Individualität, der Kreativität. Du bist ja von innen heraus, zumal als „Schütze-Frau", ein unwahrscheinlich freiheitliebendes Wesen ... und kreativ ... willst alles ausprobieren und in die Ferne reisen. Gleichzeitig hast du das überwunden. Bewältigung ist immer das Gegenstück in unserer Geschichte. Das eine bedingt das andere. Doch die Erfahrungen gehen nicht spurlos an uns vorüber. Wie hast du das überhaupt erlebt, als Einschränkung oder Kontrolle?*

S: *Da ich es nicht anders kannte, war es normaler Alltag für mich; ich fühlte mich nicht eingeschränkt. Aber wenn ich mit der S-Bahn durch Berlin fuhr und die Hochhäuser auf der anderen Seite sah, tat mir das sehr weh, weil ich dort nicht hinkam. Die Mauer schloss den Rest der Welt, für mich unerreichbar, aus. Ich konnte den Schmerz damals nicht benennen, fühlte nur dieses dumpfe Etwas im Brustraum. Sobald ich aber ausstieg und meiner Wege ging, war alles wieder vergessen und verdrängt. Bis zur nächsten Fahrt.*

Fliehen oder Ausreiseantrag kam nicht infrage. Die Angst verdrängte solche Gedanken sofort. Ein Fluchtversuch hieß ja, das eigene Leben zu riskieren. Bei einem Ausreiseantrag konnte man ein, zwei Jahre in den Knast wandern. Dazu hatte ich nicht den Mut.

G: *Vielleicht warst du auch nur schlau und wusstest, dass es bald vorbei wäre.*

S: *Nein. Das kam völlig überraschend für mich.*

G: *Du warst in Berlin zu der Zeit und hast das nicht geahnt?*

S: *Ich war nicht in Berlin. Im Frühjahr 1989 sind wir von Mecklenburg nach Luckenwalde gezogen. Ich war krankgeschrieben, weil ich mit Zwillingen schwanger war: Risikoschwangerschaft. Dann lag ich drei Monate im Krankenhaus bis zur Geburt Mitte November. Ich habe also die Wende nur am Fernseher im Krankenhaus mitbekommen und konnte das Geschehen nicht wirklich begreifen. Obwohl ich von der Grenzöffnung in Ungarn hörte, kam mir weder der Gedanke noch hatte ich Hoffnung, dass die DDR ihre Grenzen auch öffnen könnte.*

G: *Deine beiden ersten Kinder waren noch klein, du musst viel Power gehabt haben, um das alles zu bewerkstelligen. Hast du dich überfordert gefühlt?*

S: *Ich habe alles verdrängt; was zu tun war, habe ich gemacht, irgendwie hingekriegt.*

Wir reden noch weiter über die spannende Wendezeit, die Geburt der Zwillinge, die ständige Streiterei unter den vier Kindern.

G: *Dieses Kabbeln und Streiten kann auch etwas sehr Positives haben. Meinungsverschiedenheiten konntest du mit deiner Mutter und deinem Vater nicht austragen. Da gab es keine Möglichkeit, dich zu reiben. Vielleicht ist das ein Teil deines Schattens. Deine Kinder haben das gelebt, was dir nicht möglich gewesen war. Außerdem warst du selbst noch so klein, als deine Eltern gestritten haben, bis sie sich scheiden ließen.*

S: *Stimmt.*

G.: *Es ist etwas sehr Lebendiges, sich zu streiten – voller Energie.*

S: *Ich verbinde Streit mit Stress. Obwohl ich immer wieder höre, dass das was Gutes sein soll, kann ich das einfach nicht so fühlen.*

G: *Das glaube ich. Die Programme aus der Kindheit sind abgespeichert in den Zellen. Streit zwischen deinen Eltern war für dich absolut bedrohlich. Du warst klein, konntest es noch nicht kommunizieren. Und deine eigenen Kinder machten dann etwas Positives daraus.*

S: (Spürt.) *Ich kann die Schicht, die ich vorhin erreichte, jetzt gut sehen und hänge nicht mehr so drin. Jetzt kann ich gut damit sein. Hast du noch ein Bild für mich?*

G: (Spürt.) *Getragen-Sein. In den Schmerz hinein entspannen und ihn annehmen. Getragen-Sein auf dem See, der vorher dunkel war. Jetzt ist er ein bisschen heller. Du sitzt auch nicht mehr am Rand, sondern bist im See drin.*

S: (Erstaunt.) *Aha! Schwimme ich oder bin ich im Boot ... oder ...?*

G: *Die Wellen halten dich, tragen dich. Du liegst auf dem Wasser, das schäumt ein bisschen und dreht sich wie Spiralen. Du bist heiter, gelassen. Mal blubbert wieder was Dunkles hoch, dann nimmst du es, guckst es dir an und fühlst es. Aber eigentlich ist es so, als würde sich eine helle Spiralenergie aufbauen. Eine Art Säule. Eine Lichtsäule, die eine Verbindung zu anderen Welten schafft. Das Ängstliche sehe ich da nicht mehr. Ich sehe dich eher heiter, als würde sich etwas Neues vorbereiten. Das ist wie ein Tunnel, ein Lichttunnel, der sich bildet, damit du neue, andere Erfahrungen machst, andere Welten bereist.*

Es geht darum, die Tiefen zu erforschen, um letztlich auch wieder aufzusteigen – also beides. Je tiefer du in die Tiefen hineintauchen kannst, desto höher kannst du fliegen.

S: *Ja, genau. Früher blubberten die emotionalen Blasen hoch und ich bin darin verschwunden. War tieftraurig, wütend, verletzt. Jetzt blubbern sie hoch – die Seifenblase platzt und es ist gut.*

G: *Ja, du bist nicht mehr so mit dem Schmerzkörper identifiziert. Du bist mehr mit deiner Seele in Kontakt, und die ist wiederum mit der Weltenseele verbunden. Etwas Größeres hält und führt und bewegt dich und das kannst du auch spüren.*

S: *Ist schon unglaublich, was man so durchmacht als Kind.*

G: *Manche zerbrechen dran.*

S: *Gut, dass ich nicht daran zerbrochen bin.*

G: *Ja, du bist eine starke Seele und auch – wie Walter Hasselmann es nennt – eine „alte Seele", die schon viele Inkarnationen hinter sich hat und viel Weisheit in sich trägt. Da ist eine Kraft in dir, die nicht nur viel durchgestanden hat, sondern auch schon vieles bereinigt und geheilt hat. Du kommst immer mehr mit dem Teil in dir in Berührung, der unversehrt ist, der lacht, der heiter ist. Dein göttliches Kind ... dein spiritueller Anteil ist eher heiter mitfließend. Dir selbst Anerkennung zu geben, weil du so viel durchgestanden hast, ist auch wichtig. Hier in der Dunkelheit hast du Zeit, in den Spiegel zu schauen und zu sagen: „Mensch, das hast du gut gemacht, Saskia! Du bist dir selbst eine Mutter geworden." Du bist ganz wach, übernimmst Verantwortung.*

S: *Es fühlt sich jetzt ein Stückchen freier an. Ich fühle auch keinen Widerstand.*

G: *So können wir es lassen, oder?*

S: *Ja. Danke dir.*

G: *Danke dir auch.*

*

12:42 Uhr – Ich gehe zu der verzweifelten jugendlichen Saskia und unterstütze sie dabei, all ihren aufgestauten, nie ausgesprochenen Ärger und ihre Bedürfnisse der Mutter gegenüber auszusprechen.

S: *Mutti, du liegst im Bett und ich soll dir Kaffee machen? Das ist doch deine Aufgabe.*

M: *Kannst doch mal 'nen Kaffee machen!*

S: *Nein! Nicht „mal"! Ist dir bewusst, dass ich seit Jahren jeden Tag Kaffee mache? Dass ich den Haushalt erledige, die Wäsche mache und putze? Meinen Bruder zum Kindergarten bringe und ihn abhole? Dass ich mit ihm raus spielen gehe und mich um ihn kümmere? Dass ich den Garten mache, den Rasen mähe, Einkaufen gehe? Die Kohlen aus dem*

Keller hochschleppe und die Asche raustrage? Dass bei all den Arbeiten – neben meinen Hausaufgaben – keine Freizeit, kein Freiraum mehr für mich bleibt? Ist dir das bewusst? Dass ich all das mache, damit du als Lehrerin deine Schulhefte korrigieren und Mittagsschlaf halten kannst? NEIN!!! Ich koche dir keinen Kaffee. Du bist hier die Mutter, nicht ich! Ich will das nicht mehr! Ich bediene dich nicht mehr! Ich bin weder deine Putzfrau noch dein Dienstmädchen oder dein Friseur. Und ich bin auch nicht dein Kaffeekocher!

Jetzt tut sie mir schon fast wieder leid. Aber sie muss mir nicht leidtun: Immer, wenn ich mal was brauche, wenn ich mal was haben will, dann sagt sie: „Ja, gleich, Saskiakind." Und dann findet es nicht statt. Für mich einzustehen und meine Wahrheit auszusprechen, ist richtig!

M: *Aber wer soll denn dann die ganze Arbeit machen? Ich habe doch keine Zeit.*

S: *Das ist nicht mein Job. Ich traue dir zu, dass du eine Lösung für deinen Alltag findest. Mich macht das ärgerlich, wenn du nie Zeit hast für mich. Ich packe jetzt meine Sachen und ziehe aus. Ich brauche Freiheit, Freunde, Reisen, Bogenschießen, Reiten, Pferde, Hunde, Natur, dass jemand für mich da ist. Vor allem brauche ich Liebe, Mutti. Ich kann deine Liebe nicht spüren und das tut echt weh. Sogar um die Märchenbücher, die du für mich gekauft und mir geschenkt hast, musste ich kämpfen, weil du sie für die Erstklässler in deiner Schule haben wolltest. Ich, deine Tochter, darf meine eigenen Bücher nicht haben?*

Ich bin total aufgewühlt und fühle den quälenden Schmerz im Brustraum. Es tut so gut, die Märchenbücher im Arm zu haben. Sie bedeuten mir noch etwas, auch wenn ich kein Kleinkind mehr bin! Ich fühle meine Mutter energetisch nach den Büchern greifen, aber ich halte sie entschlossen fest – sie gehören mir. *Du bekommst sie nicht mehr!* Ich stehe ihr im Flur gegenüber. Sie steht im Türrahmen und guckt mich entgeistert an. Es fühlt sich so gut an, dass die Bücher bei mir sind. Ich fühle mich unterstützt und gestärkt von meinem erwachsenen Ich, dass hinter mir steht und seine Hände wohlwollend auf meine Schultern legt.

Mein Vater taucht unvermittelt auf.

V: *Wo bleibst denn du? Was trödelst du denn so herum?*

(Das sind genau dieselben Sätze, die ich vorhin zu Gertrud bzw. zu meiner Mutter gesagt habe!)

S: *Ich habe einen anderen Rhythmus als du. So, wie jeder Mensch seine eigene Schrittlänge hat. Nur weil du mit deinen langen Beinen und in deiner Hektik und Eile immer voraus bist, heißt das doch nicht, dass alle anderen trödeln. Nur weil du nie ruhig sein und nicht warten kannst, verurteilst du mich. Das ist nicht fair!*

Es tut gut, das alles auszusprechen.

S: *Ich will keine Vorwürfe mehr! Ich lebe meinen Rhythmus, meine Geschwindigkeit, meine Richtung. Ich habe andere Bedürfnisse als du. Ich mag keine Museen und Burgen, dahin komme ich nicht mehr mit. Ich will mit meinen Freunden spielen. Renaissance interessiert mich nicht. Das ist für mich nicht Bildung und Kultur, sondern Stress. Um mich geht es dabei gar nicht.* (Brüchig-weinerliche Stimme:) *Ich fühle mich von euch beiden nicht gesehen!*

Ich spüre die Verzweiflung des Kindes in mir, das jetzt zwischen vier und sechs Jahre alt ist. Auch dessen Hilflosigkeit und Ohnmacht, nichts gegen die Entscheidungen der Eltern tun zu können, kein Mitspracherecht zu haben.

„Ich nehme die Kleine mit zu mir“, höre ich die erwachsene Saskia zu den Eltern sagen. *„Es liegt jetzt in meiner Verantwortung, für ihr Wohl zu sorgen.“*

Ich stehe mit meinen Kinderbüchern im Flur und meine große Saskia packt die Sachen zusammen. Vater und Mutter sind entsetzt und hilflos. Doch meine große Saskia bleibt dabei, mich mitzunehmen. Ich bin erleichtert und zugleich traurig.

Nach-Inkarnation von Seelenenergie

13:51 Uhr – Der Prozess geht bis zu meinem vorgeburtlichen Seelenimpuls, der inkarnieren möchte, zurück. Er inkarniert jetzt nachträglich. *Jetzt komme ich auf der Erde an, für mich selbst – als die, die ich bin, die der Welt etwas geben möchte.* Es ist, als ob eine Portion Seelenenergie in meinen Körper hinein nachrutscht, die vorher zwischen den Welten festhing und nicht zum Zuge kommen konnte. Ich bin jetzt selbst meine Lösung.

Interessanterweise läuten die Kirchenglocken seit meinem Entschluss, nicht mehr die Antwort auf die Probleme der anderen zu sein. Ich werde geboren als der Impuls, der sich ausdrücken möchte in der Welt. Mein Dunkelretreat-Center wird innerlich gerade viel größer. Ein richtig großes Center! *Was möchte ich auf die Erde bringen, wenn ich nur ich bin?* (Tiefes Durchatmen.) *Vielleicht muss erst alle Seelenenergie ankommen, bevor ich das weiß. Es darf sich neu sortieren, dann zeigt es sich …*

Es fühlt sich gut an, lebendig, heiter und fröhlich. Die Energie weiß ja, was sie will. Gott weiß, was er will. Da kommt Licht einfach direkt in mich hinein, ohne dass es zur Mutter hinrutscht. Hier geht es zunächst mal um mich … und dann um die Welt.

Alles ergibt plötzlich einen tiefen Sinn. Es fühlt sich an wie ein Kern, eine Wurzel.

Auflösung des Seelenknotens

Ein wirklich schönes Gefühl. Ein tiefer Seelenknoten, eine vorgeburtliche Verstrickung hat sich gerade gelöst. Es war eine Verdrehung in mir! *Ich* habe es als helfenden Akt angesehen, meine Mutter zu bedienen, als müsste ich sie retten. *Mir* (als Seele) war das nicht klar, dass *ich* durch mein Handeln die göttliche Ordnung verletzte: Kind ist Kind, Eltern sind Eltern. Aber jetzt fängt es an, sich aufzudröseln.

*

15:46 Uhr – Mich zieht es ins Wasser und ich nehme ein Bad. In der Wanne geht der innere Prozess weiter: Ich verlasse mit meinem inneren Kind die elterliche Wohnung. Das ist ein Heilungsprozess auf vorgeburtlicher Ebene. Die innere Verdrehung habe ich schon ins Leben mitgebracht! Das Nichtverständnis der göttlichen Ordnung hat mich ins Leben gezogen. Das Thema fühlt sich an wie im Kern gelöst, sodass jetzt das zum Ausdruck kommen kann, was ich wirklich bin: Liebe. Mein ursprünglicher Impuls ist, zu geben und zu heilen. Ich bin eine Heilerin. Aber die Art und Weise, wie ich das „Heilen-Wollen" als Kind umgesetzt habe, ging auf meine Kosten. Ich konnte keine Grenzen setzen. Das Helfen war negativ besetzt. Ich konnte nicht Nein sagen, ich war eine Retterin statt wirksame Helferin. Jetzt kann ich geben, ohne dass ich mich verausgabe. Das fühlt sich so gut an.

Meine Verstrickung ist also nicht erst in meiner Herkunftsfamilie entstanden. Ich hatte es bisher nur nicht verstanden. Ich war schon verstrickt, bevor ich ins Leben kam! Das ist etwas ganz Profundes, ganz Grundlegendes, Wichtiges. Ich bin mächtig beeindruckt von der Dynamik, der Tragweite und überhaupt von diesem Wunderwerk Mensch. Ich sende meinen Dank an die Götter, an mein höheres Selbst, an mich, an Gertrud, an die Welt für diese so fundamental wichtige Erkenntnis. Vielleicht gibt es noch Wichtigeres, aber aus meiner jetzigen Perspektive ist dies das Kernproblem, welches sich gerade aufdröselt.

Das Verdrehte war in mir! Der Knoten lag in mir selbst. Ich habe es immer meinen Eltern zugeschoben und geglaubt, sie würden alles und mich verdrehen. Nein! Es war schon in mir verdreht. Diese Erkenntnis entlastet meine Eltern total, jegliche Schuldzuweisung ihnen gegenüber entfällt. Die Beziehung zwischen meinen Eltern und mir ist entknotet. Das gibt ihnen und mir die Freiheit zurück. Es tut mir echt leid, dass ich ihnen alles zugeschoben habe ... Ich verstehe fühlend das Wort „Selbst-Erkenntnis" jetzt noch mal neu und tiefer.

Tiefer Frieden breitet sich wie Wasser in mir aus und erfüllt jeden Winkel, jede Zelle ... als komme eine ganz tiefe Seelenwunde zur Ruhe. Das war der Pfropfen und jetzt ist er heraus. Buff! Jippie! Jesses! Ich wollte helfen, verwechselte Hilfe jedoch mit Retten. Ich versuchte andere zu retten, um meine Angst nicht zu fühlen. Ich kannte meine Grenzen nicht, wie sollte ich da welche setzen? Jetzt ist die Verdrehung begradigt und mein Seelenstrahl fließt in gerader Linie direkt in Saskia hinein, ohne irgendwo vorher abzubiegen (zu Mutter oder Vater).

Ich fülle mich mit Licht, fühle mich heiter, froh und höchst lebendig. Ich liege im Bett und lasse alles auf mich wirken. Etwas Fundamentales ist in mir zur Ruhe gekommen; das Thema fühlt sich erlöst an.

*

17:12 Uhr – Mein Kopf tut plötzlich weh. In der Schädeldecke und in Stirnhöhe ca. zehn Zentimeter vor dem Kopf brummt es, als würden Sturm und Gewitter in dem Bereich toben ... Vielleicht sortiert sich gerade alles in meinem Gehirn neu. Das wäre super.

Eine Weile später füllt größte Freude meinen gesamten Brustraum aus. Eben fühlte ich noch das Gewitter im Kopf, jetzt regnet und donnert es in der materiellen Welt. Spannend, wie der Prozess mit dem äußeren Wetter zusammenläuft. Ich fühle mich rundum glücklich und setze mich zur Meditation. Die Teerpappe von gestern hat keine Energie oder Bedeutung mehr. Ich schmeiße das Teil weg. Da, wo es sich zuvor befand, quillt jetzt kristallklares Wasser hervor. Wow! Es strömt zwar noch keine Fontäne, aber da ist Wasser.

Ich habe pures gold-weißes Licht in der Hand. Ich bin das Licht. Ich bin geboren als das, was ich bin, ohne den Knoten. Reine Seelenenergie. Die Worte klingen in meinen Ohren im Vergleich zu dem, was ich fühle, sehr trocken. Ich finde keine treffenderen.

Die große Höhlenkapsel in meinem Herzen fühlt sich momentan auch anders an. Irgendetwas hat sich umgestellt, ohne dass ich sagen kann, was es ist. Es ist ein anderes Gefühl. (Sehr lange Pause.)

18:33 Uhr – Ich fühle mich als Quelle. Ich bin Quelle. Ich weiß, dass ich Quelle bin, auch wenn ich das noch nicht ausstrahle. Ich fühle eine natürliche Grenze zwischen anderen Menschen und mir. Das lässt mich in meiner und sie in ihrer Eigenverantwortung! Wir sind ebenbürtig.

*

22:54 Uhr – Ich wache aus einem gruseligen Traum auf: Ich sitze in meinem Auto und parke in einem Durchgang auf der rechten Seite. Ein zweites Auto kommt und parkt vor mir auf einer anderen Spur. Der Fahrer kann mich in meinem Auto nicht sehen, da es innen dunkel ist. Ich beobachte, wie der Mann im Auto vor mir einen Schal oder ein Band um den Hals einer Frau auf dem Beifahrersitz bindet und sie würgt. Ich bin völlig entsetzt. Angst erfasst mich. Ich drücke den Sicherheitsriegel meiner Autotüren herunter, starte und fahre weg. Plötzlich ist draußen Eiseskälte, minus 20 Grad. Ich fahre auf frischem Schnee. Die Landschaft wirkt einsam. Auf einem leeren Gelände halte ich an, steige aus und verstecke mich hinter Büschen. Ich laufe ein Stück vor und verstecke mich hinter dem nächsten Busch. Der Mann, der die Frau gewürgt hat, kommt mit seinem Auto und hält direkt neben mir. Eine Frau sieht mich, als sie in sein Auto einsteigt, sagt aber nichts. Er fährt los, hält aber nach einem Meter wieder an und fällt in sexueller Absicht über die Frau her. Ich hocke plötzlich in seinem Auto, im Fußraum des Beifahrersitzes, direkt zu den Füßen der Frau. Sie sieht mich. Ich lege meinen Zeigefinger auf die Lippen, damit sie mich nicht verrät. Sie versteht und schweigt. Der Mann vergewaltigt sie. Ich sehe seine in den Sitz gepressten Hoden aus nächster Nähe direkt vor mir. Dann greife ich ein. Die Polizei ist auch plötzlich da, der Mann wird festgenommen, die Frau gerettet. Ein weiterer Mord konnte verhindert werden, erfahre ich. Die andere Frau sei tot, sagt ein Polizist zu mir. Der

Mann habe die beiden Frauen mit dem Angebot, sie nach Hause zu fahren, in sein Auto gelockt.

10. Tag

8:00 Uhr – Ich fühle mich ausgesprochen gut. Abgesehen von dem schrecklichen Traum habe ich gut geschlafen. Ich schätze es auf 5:00 Uhr und setze mich zur Meditation.

Sternen-Liebesstrom

Die Energie meines Sterns fließt sanft und ausgerichtet zu mir, als wäre ich sein bewusstes Ziel. Ich öffne mich gänzlich diesem heilsamen Strom und genieße einfach. Ich fühle mich stabil geerdet, zentriert, ausgerichtet. Mentale Stille und ruhige Fülle. Ich spüre die klare Verbindung nach „oben“. Mein Herz ist erfüllt mit lebendiger funkensprühender Freude. Der Sternen-Liebesstrom fließt zum Steißbein hinunter und weiter in die Erde. Großer weiter Raum umgibt mich.

Ich sitze, mit Himmel und Erde verbunden, in der Höhle. Der Körper sitzt kerzengerade ausgerichtet. Im Wurzel-Chakra, wo das Schwarze war, spüre ich immer noch das Wasser. Durch meine rechte Gehirnhälfte zieht, wie in der Nacht schon, ein wechselnd leiser und starker Schmerz. Es arbeitet nur in der rechten Gehirnhälfte. Dann ist es wieder vorbei.

Ich fühle mich mit den 57 Teilnehmern verbunden und nehme meine natürliche Grenze in neuer Qualität wahr.

Ich schaue nach unten auf das Wasser in der Tiefe und zoome mich näher heran. Aus dem Haus dringen Geräusche zu mir durch. Gertrud steht auf. Es erscheint mir sehr früh; ich würde gerne wissen, wie spät es ist. (Seit meiner Seelen-Erkenntnis über die Verdrehung in mir höre ich den Glockenton der Kirche nicht mehr.) Permanent tauchen jetzt Klienten vor meinem inneren Bildschirm auf. Mir ist nicht klar, wie ich das „mache“, dass sie als Erinnerung auftauchen. *Wie hole ich sie heran? Welchen Profit habe ich davon?* Es ist, als möchte mein Kopf sich ständig mit den Problemen von anderen beschäftigen. Ich fühle, wie die Energie zu den Klienten geht und nicht „nach oben“. Sie bleibt nicht in meiner natürlichen Grenze. Ich fokussiere meine Aufmerksamkeit wieder nach oben, nach unten und auf meine Mitte. In meiner Mitte ist einfach Stille. Ich bin.

Gespräch mit Gertrud

12:00 Uhr – Gertrud tritt ein und aus mir sprudeln die neuen Einsichten heraus, mein neues Verständnis der bisher verwechselten Interpretation meiner Verdrehung.

S: *Ich dachte früher, ich wäre als unbescholtenes Kind zur Welt gekommen und dann durch meine Eltern verdreht worden. Dass es sich nicht so verhält, ist eine erstaunliche Erkenntnis!*

G: *Das glaube ich dir. Der Pfropfen hat sich gelöst. C. G. Jung würde sich freuen.* (Lacht.)

S: *An der Stelle des Pfropfens ist jetzt übrigens Wasser. Ich bin so froh!*

G: *Deine Eltern haben dir bei deinem eigenen Seelenthema geholfen. Wenn du das erkennst, ist das eine Ebene der Meisterschaft. Wow!*

S: *Ich wusste: Das ist „Selbst-Erkenntnis“.*

G: *Das ist ein Moment der Erleuchtung.*

S: *Dann schlief ich ein und hatte einen Traum, der überhaupt nicht zu meiner Seelenerkenntnis passte.*

Ich berichte Gertrud von dem Traum und dem empfundenen Ekel.

G: *Interessant. Ich sehe das als einen Befreiungstraum. Das Männliche, dein Vater, hat dich sehr unterdrückt. Und auch deine Mutter. Wenn eine Frau ein Opfer ist, wird die Weiblichkeit, die Kraft und Kreativität in ihr unterdrückt. Es geht um Freiwerden, sich befreien. Das Männliche hat dich als Mädchen heruntergezogen, statt dich aufzubauen, statt dir zu sagen: „Du bist eine großartige Tochter!" Deine Mutter hat dir auch keine Kraft gegeben. Du musstest aus dir selbst heraus durchkommen. Der Traum ist für mich wie eine Befreiung. Du bist die Beobachterin der Gewaltszenen, gleichzeitig erfährt ein Teil von dir diese Erniedrigungen. Doch die Polizei ist da und der Horror löst sich auf. Er verschwindet aus deinem System.*

S: (Erstaunt:) *Dann würde der Traum ja doch zu dem Prozess von gestern passen.*

G: *Genau. Das Unterdrückte löst sich jetzt. Es kommt an die Oberfläche, und wird somit frei. Die Polizei protokolliert, dass es Unrecht ist. Das Bedrängte und Traurige ist weg, befreit.*

Wenn du als Mädchen Prügel bekommst, denkst du doch, du bist nichts wert. Tausende Jahre ist das Weibliche unterdrückt worden. Frauen waren innerlich nicht wirklich stark verbunden, sondern, wie deine Mutter, hilflos, sodass die Töchter sie versorgen mussten. Das befreit sich jetzt.

S: *Das ergibt Sinn.*

G: *Das Erwürgen betrifft auch das Kehlkopf-Chakra: Du sollst deine Wahrheit nicht aussprechen! Du darfst nicht in deine Kraft kommen. Staat, Religion und Erziehung haben dafür gesorgt, dass wir schweigend hinnehmen. Das tust du jetzt nicht mehr. Unrechtmäßiges – diese Verdrehung – befreit sich in dir. Da ist niemand mehr, der dir sagt: „Das hast du selbst verschuldet, jetzt löffle es aus." Da ist keine Verschuldung mehr. Etwas in dir hat sich tief befreit.*

Ich atme tief durch.

S: *Ich hatte das Gefühl, dass meine große Erkenntnis meine Eltern und mich sehr entlastet.* Auch die *Schuldgefühle, die ich meinen Kindern gegenüber hatte, verschwanden. Plötzlich waren alle frei.*

G: *Wunderbar. Auf einer anderen Ebene hast du erkannt, worum es tatsächlich ging. Dass wir uns auf der Seelenebene alle gegenseitig dienen. Da ist keine Schuld- oder Täter/Opfer-Energie mehr, sondern totale Freiheit, große Liebe und ein großes Verstehen.*

S: *Es fühlte sich an, als fließe mein Seelenstrahl, mein Lichtstrahl, mein Seelenimpuls, wieder direkt zu mir. Vorher gab es eine Art Abbiegung, sodass die Energie immer zu den anderen floss, auf meine Kosten. Jetzt fließt die Energie geradlinig von oben in mich hinein, durch meine Wirbelsäule nach unten bis zur Erde durch. Ich fühle jetzt eine natürliche Grenze auf einer tieferen Ebene. Manchmal geht die Energie wieder zu anderen Menschen hin. Dann fokussiere ich auf den Gedanken: „Es geht jetzt nur um mich“, damit sich die neue Richtung in mir stabilisiert.*

G: *Genau. Du bist Klarheit, Wahrheit, Aufrichtigkeit, Liebe. Und aus dieser Energie heraus ist eine natürliche Grenze da. Und du hast noch viel mehr Energie, viel mehr Liebe, Klarheit und Wahrheit. So kannst du z. B. Klienten noch mal auf eine ganz andere Ebene heben.*

S: *Ja, vielleicht. Hast du noch ein Bild für mich?*

G: (Spürt.) *Es kommen von überall Sterne und es öffnet sich ein Himmel über dir. Ein Leuchten, klar-kühl, aber auch warm, das von Blumen und Pflanzen kommt. Das ist beides. Und eine Weite, so, als würde ein neuer Raum entstehen um dich herum.*

Die Höhlenenergie verändert sich: Weite, Heiterkeit und Schutz sind da. Ein Segen für dich und dein Sein, deine Aufrichtigkeit. Du kommst jetzt auf eine andere Ebene. Ich sehe einen Tempel mit Delfinen und Wasser und Verbundenheit mit einer großen Liebe. Ein Seelentempel, der so viel weiter geworden ist, leuchtend und hell. In den kannst du dich jetzt hinein entspannen.

Freiheit und Gesang. Und wieder Stille. Himmlische Sphären. Die Erdmutter ist auch da, mit all ihrer Schönheit. Es ist beides da: Himmel und Erde.

15:52 Uhr – Nach dem Tai-Chi meditiere ich weiter. Ich fühle mich vollkommen zentriert und bringe die Energie nach unten. Spannungen im Kopf, vor allem in der Stirn, vorderer Gehirnbereich, Vorderlappen. Die Augen sind auch nicht ganz entspannt. Ich komme nicht ins Schauen hinein. Wurzel-Chakra und Sakral-Chakra (2. Chakra) fühlen sich sehr stabil an. Ich genieße dieses tiefe Sitzen und fühle Freude nach oben hin. Meine Sternen-Energie fließt zu mir.

11. Tag

4:04 Uhr – Ich fühle mich klar, als ich erwache. Ein Vogel singt schon. Ich erinnere keinen Traum. Ich werde meditieren.

Meine Seelenaufgabe

4:39 Uhr – Wut auf meinen Vater kraucht in mir hoch. Unglaublich viel aufgestaute Wut, die ich mich nie zu zeigen getraut habe. Wenn ich als Kind oder Jugendliche eine andere Meinung hatte oder mich gegen empfundene Ungerechtigkeiten zu wehren versuchte, fühlte ich meine gesunden Impulse mit Drohungen niedergeschmettert: *„Du bekommst gleich eine geschossen!"* Es ist jetzt vorbei mit „geschossen"! Kommt daher vielleicht meine Angst, erschossen zu werden? Permanent verfolgt mich diese Angst, schon so lange.

Ich spüre, wie stabil und sicher ich vor meinem Vater stehe, und fühle meine natürliche Grenze, ohne dass ich erst eine setzen muss. Ihm die Verantwortung für sein Handeln zu lassen, ist Liebe. Aus kindlicher Not, Hilflosigkeit und Abhängigkeit heraus zu versuchen, meine Wahrheit zu verschweigen, damit er sich gut fühlt, diente dazu, dass es letztendlich MIR besser ging. So habe ich MEINE Angst (vor Schmerz, vor meinen Gefühlen aufgrund seiner Reaktion) vermieden – das kann ich gerade sehr klar sehen und intensiv fühlen. Eine Welle des Mitgefühls für das Kind in mir durchströmt mich, weil es einfach keinen sicheren Hafen hatte.

Ich lebe, um unter anderem genau das zu erkennen, und meine Eltern sind da, um mir genau dabei zu helfen. Dafür bin ich ihnen dankbar. Ich habe Jahre gebraucht, um meine Seelenaufgabe zu verstehen: die Verdrehung in mir zu erkennen und aufzulösen. Jetzt kann ich mich so lassen, wie ich bin.

Weisheit ist fühlbar

5:28 Uhr – Ich fühle mich wie ein gerade gelandeter Engel, der vor seinen Eltern steht. Ich bin ein liebevoller, knuffiger, wohlgenährter, kindlicher Engel und meine Eltern fühlen sich an wie Lernaufgaben, die ich mir ausgesucht habe, um mir eine Lektion zu ermöglichen. Ich fühle mich ihnen nicht mehr nah im Sinne einer Eltern-Kind-Beziehung. Sie sind, wie sie sind.

Ich spüre meinen tiefsten Kern, einen Weisheitskern. Vielleicht darf ich noch hineinwachsen in diesen Weisheitskern? Ich sitze und fühle mich mit der Weisheit in meinem Herzen verbunden – ein sehr geniales Gefühl: Stille, Ruhe und Weisheit. Und meine natürliche Grenze gegenüber meinen Eltern fühle ich auch.

Die Märchenbücher werden zunehmend unwichtiger; noch halte ich sie, aber sie verlieren an Energie. Der Mensch Saskia hält sie, nicht der Engel.

Ich sitze in der geräumigen Höhle, gleich einer Adeptin, und durchlaufe einen Prozess nach dem anderen. Seelenenergie fließt deutlich fühlbar in mich hinein. Zunächst ist es ein feiner zarter Fluss, der dann von Augenblick zu Augenblick intensiver und breiter wird. Es fühlt sich an, als hätte diese Energie bisher nicht in mich hineinfließen können, als würde noch etwas nach-inkarnieren und mich nachträglich auffüllen. Der Strom, der in mich hinein- und durch mich hindurchfließt, fühlt sich an wie ein Kreislauf.

Gespräch mit Gertrud

10:21 Uhr – Ich beschreibe Gertrud den bisherigen Prozess mit dem Vater, dem Engel, der Dankbarkeit meinen Eltern gegenüber und erwähne, dass unser Seelenvertrag jetzt erfüllt und gelöst ist.

G: *Das erinnert mich an einen meiner Lehrer. Als ein Schüler einmal zu ihm sagte, er wäre als Kind von seiner Mutter immer geschlagen worden, antwortete er: „Welches Programm wirst du wohl haben, dass deine Mutter dich schlagen muss?“ Dann wurden die Archetypen des Schülers untersucht: Er hatte Gewalt und andere schwierige Themen aus vergangenen Inkarnationen schon in sein jetziges Leben mitgebracht und war nun entsetzt, das zu erfahren.*

S: *Welches Programm – ja, das muss man erst einmal erkennen.*

G: *Und das gelingt dir nicht per Kopf, sondern nur über die ganz tiefe Erfahrung, die du hier machst. Sich der eigenen Geschichte bewusst zu werden, ist wirklich ein Erleuchtungsmoment.*

Dunkelheit – ein Weg zur Erleuchtung

S: *Es geht um das Thema Heilung. Ich habe immer das Gefühl, ich bringe Licht in die Dunkelheit.*

G: *Ja, allein schon, indem du das in dir erforschst und über dieses Buch deine Erfahrungen nach außen bringst. Außerdem ist die Dunkelheit etwas sehr Weibliches, wie die Höhle und wie das Heilen.*

In der Dunkelheit geht es in den ersten Tagen um die körperliche Ebene, bis in die Nerven, bis in die Ganglienzellen hinein, sodass der ganze Körper sich seiner selbst bewusst wird. Über diesen Weg werden dir deine eigenen Programme und Seelenaufgaben bewusst. Das findest du sonst nirgendwo in einer so kurzen Zeit und einer solchen Dichte. Keine andere Heiltechnik oder Heilmethode wirkt so stark wie die Dunkelheit. Das ist tatsächlich ein Weg zur Erleuchtung. Es gibt

Erleuchtungsmomente, die der Mensch erlebt, nämlich wenn er sich seiner selbst bewusst wird, auch in der Anbindung an etwas Größeres.

S: *Das ist das goldene Ei. Der Pfropfen war das goldene Ei, das ich ausbrüten wollte.*

G: *Genau, das goldene Ei ist das Einheitsbewusstsein, die Verbundenheit mit allem. Dieses Bewusstsein ist in uns Menschen schon angelegt, und es geht jetzt darum, dass es wieder frei wird und du in Kontakt mit dem Größeren kommst.*

S: *Ja, ich sitze in meiner Höhle und bin in Verbindung mit einer hochfrequenten sehr lichtvollen Ebene und mit Menschen, die uralt werden können ... die sich hin- und wegbeamen können.* (Verlegenheitslachen.)

G: *Ja, es ist eine hohe geistige Schwingung. Die alten Meister können eine Art Bindeglied darstellen zu hohen kosmischen Schwingungen. Es geschieht ja auch in der Dunkelheit, dass immer höhere Frequenzen deinen Lichtkörper zu durchströmen beginnen und dass bis in die physische Ebene hinein, sogar bis in die Knochen, Transformation geschieht. Es gibt im Dunkelraum immer wieder tiefe Heilungen bei Menschen, ohne dass gezielt etwas „gemacht" wurde. Es ist ein Erfahren, Fühlen und gleichzeitig ein Ins-Bewusstsein-Bringen des Höheren, und dann lösen sich Krankheiten auf. Durch die hohen Schwingungen, die auf der Zellebene oder der atomaren Ebene einwirken, geschieht Transformation, ohne dass du Programme „eingeben" musst. Du bist so offen, dass die hohen Schwingungen durch dich durchströmen und du alle möglichen Erfahrungen machen kannst.*

S: *Bei der Arbeit mit Klienten ist es ähnlich: Ich begebe mich mit ihnen in die Seelenräume. Wenn sie wieder fühlen, was sie verdrängt haben, und wenn sie die Botschaft ihrer Symptome oder Krankheit verstanden haben, verschwinden diese fast immer.*

G: *Ja, richtig. Du öffnest ihnen den Raum. Und in der Dunkelheit ist es so, dass es eine Intensivierung gibt durch die Frequenzerhöhung. Wenn man länger in der Dunkelheit ist, öffnen sich immer höhere Ebenen. Man ist höher angebunden, tiefer im Kontakt. Das Erleben ist dauerhafter und dichter.*

S.: *Ja, genau ...* (Pause.)

Gertrud gibt mir aus astrologischer Sicht viele Hinweise zu meinen persönlichen Themen und zu dem, worum es in meinem Leben geht.

G.: *Ich sehe dich im Augenblick da, wo du bist, genau richtig. Du kannst nach innen gehen und deine Erfahrungen auf deine Art und Weise nach außen in die Öffentlichkeit bringen. Deine Seele führt dich. Dein Geist ist offen. Der weibliche Weg ist wie ein innerer Ruf. Das Männliche dagegen hat alles im Kopf und muss es dann manifestieren, also auch Energie hineingeben – nach Konzepten laufend. Das Weibliche ist anders: Du wirst gerufen und folgst dem Ruf. Es entfaltet sich, und das fühlt sich ganz anders an. Das heißt nicht, dass man kopflos sein muss. Man kann auch Struktur haben.*

Abschließend schlägt Gertrud ihre schamanische Trommel. Ich sinke in die Klänge, vereine mich mit ihnen, schmelze in der raschen Tonfolge dahin. Es scheint, als ob die Trommel im Kreis geht und einen Wirbel erzeugt. Verschieden große, bunte Wirbel springen unmittelbar vor mir in hoher Geschwindigkeit wild durcheinander, bilden einen nach oben offenen ovalen Ring und ziehen mich in ihren Tanz. Die Zellen meines Körpers antworten dem Sound mit intensiver Vibration. Der Trommelrhythmus wird indianischer und ebenso der Tanz meiner Zellen.

Feine, zarte Bewegungen im Herzen

12:03 Uhr – Eine meiner Seelenaufgaben ist Heilung. Eine andere ist, innere Erfahrungen und Seelenentfaltungsprozesse in die Welt zu bringen. Es ist nicht leicht, so etwas Subtiles wie innere Prozesse zu formulieren, zu sortieren und einzuordnen – also eine Landkarte zu zeichnen.

Ich meditiere und fokussiere mich auf meinen Seelenstrahl. Ich fühle Frieden, Weisheit, Stille und Heiterkeit. Ein Lächeln zaubert sich von innen auf mein Gesicht.

Ich fühle in die Gruppe der 57 Menschen hinein und nehme einige wenige wahr. Die meisten, so erscheint es mir, gehen ihren Alltagstätigkeiten nach. Liebe, Frieden und Licht schwingen in die Gruppe. Es geschieht ohne Absicht, einfach so. Allseits ist Stille.

Ich richte meine Aufmerksamkeit auf die Seelenebene, die Weisheit, die Höhle und auf die hohen Meister. Ich bete und rufe sie an, bitte um Führung und um Erkenntnis.

Der weiße Lichtstrahl geht unendlich weit nach oben. Um meine Frequenz zu erhöhen, müsste ich bis zu seiner Spitze steigen, aber ich komme nicht so weit hoch. Wenn ich frage: *„Bin ich da oben?“*, ist sofort klar: Nein, bin ich gefühlt nicht, ich bin nur ein kleines Stückchen, ungefähr 20 cm, über meinem Kopf. Vielleicht geht es nicht darum, da hoch zu gehen, sondern das Licht aus den höheren Ebenen einfach weiterhin in mich hinein und durch mich durch fließen zu lassen. Ich spüre Bewegung in meinem Herzraum. Ein wahrlich schönes Gefühl, mich auf das Herz zu fokussieren und einfach nur zu sein. Die Bewegungen im Herzen sind so fein, zart und lieblich, dass ich tief beeindruckt bin. Mein Herz fühlt sich weit und offen an. Oder kommen diese feinen Bewegungen vom Herz-Chakra? Keine Ahnung. Auf jeden Fall kommen sie aus dem Herzraum.

16:20 Uhr – Ich war eingeschlafen und wache aus einem Traum auf: Wir sind draußen am See, vielleicht an der Ostsee. Einer meiner Söhne kommt auf einem Pferd geritten und ruft uns zu: *„Es werden viele Fragen zu beantworten sein.“* Ich verstehe das erst nicht, kann aber auch nicht nachfragen, da eine Räuberbande kommt – wie Alibaba und die 40 Räuber. Eine große Gruppe arabischer Ölscheiche bringt wunderbaren Käse, Fladenbrot, arabischen Kaffee und Zucker. Sie decken unsere

Tische damit und bestätigen: *„Ja, es werden viele Fragen zu beantworten sein."* Alles schmeckt unglaublich lecker, dann wache ich auf.

Was der Traum mir sagen möchte, weiß ich nicht. Ich war sehr tief eingeschlafen und bin immer noch benebelt, nicht wirklich wach. Ich schlürfe meine Brühe (aus der Thermoskanne), die einfach göttlich schmeckt.

*

18:21 Uhr – Ich bin lustlos und müde. Draußen arbeitet Gertrud oder der Gärtner. Es klingt, als ob Gehölze im Garten abgesägt und gehäckselt werden. Es ist eine große Herausforderung, bei diesem Lärm der Stille zu lauschen.

*

21:15 Uhr – Ich träume, dass ich in einer riesigen Halle bin – oder ist es ein Kino? Drei oder vier Etagen, meine Mutter und ich sind ganz oben. Der Saal leert sich – während ich dasitze und meditiere – bis auf eine einzelne Frau. Meine Mutter trödelt sich nicht aus, sie schleppt immer alles mit: Nachthemd und Bettzeug. Sie will einem Mann und einer Frau ihren Segen geben, weil sie ihr leidtun, aber für mich klingt es unecht. Ich frage sie, ob sie glaube, dass die Leute ihren Segen brauchen. Voller Überzeugung bejaht sie, auf ihrer Bettdecke herumklopfend. Sie legt ihr Bettzeug zusammen, das wir dann einpacken. Jetzt will sie losgehen, um ihren Segen an die beiden zu verteilen. Ich glaube, dass sie das Paar nicht mehr erreicht, weil sie so getrödelt hat. Es sind doch schon längst alle Leute weg.

Auf einmal hören wir beide ein Geräusch, als ob wir eingeschlossen wurden. Ich werfe meiner Mutter vor, dass wir jetzt eingeschlossen sind, weil sie so lange gebraucht hat. Sie ist genauso erschrocken darüber wie ich. Irgendwann klopft es unten an der Tür. Ich renne eine Stufe tiefer und gucke von ganz oben schräg hinunter in Richtung Eingang. Ein Lichtstrahl leuchtet genau dorthin. Plötzlich sehe ich die

Eingangstür sehr nah vor mir, als wäre sie herangezoomt. Eine weißhaarige Frau steht vor der Tür und klopft. Offensichtlich will sie hereinkommen. Es ist mitten in der Nacht. Ich überlege, ob ich sie frage, was sie will. Ich spüre leichte Angst und denke: *Nein, lieber nicht. Wer weiß, wer sie ist und was sie will.*

12. Tag

5:29 Uhr – Die Vögel zwitschern, es muss also früh am Morgen sein. Ich bin seit Stunden wach, aber nicht ausgeschlafen. Jetzt raffe ich mich zur Meditation auf.

Bauch und Brustraum fühlen sich gepresst an. Ich musste die ganze Nacht hindurch aufstoßen. Mir fällt ein Yogi ein, den ich 2013 auf der Maha Kumbha Mela in Indien kennengelernt habe und der mir empfahl, auf das Dritte Auge zu meditieren und nicht mit der Aufmerksamkeit nach unten in den Bauch zu gehen. Die Atmung ist schnell und oberflächlich, Nacken und Kopf sind frei. Die Kiefer verspannt, die Augen tränen, wie schon öfter in der Dunkelheit. Ich höre ständig Glockenläuten in meinem Kopf, die ganze Nacht schon: Bim, bim, bim, dung, dung, dung. ... Dong, dong, dong, dong – mit meinem Herzschlag zusammen. Ich nehme es als Erinnerung an Gott. Ich kann mich gut im Kreuzbein fühlen. Draußen höre ich Krähen aus Leibeskräften schreien, als würden sie in einen großen Raum hineinkrähen.

Bong! Erschrocken fahre ich zusammen. Etwas ist gegen die Scheibe geflogen. Ich fühle Unruhe, die jedoch nichts mit dem lauten Knall zu tun hat. Als ob etwas verhindern möchte, dass ich tiefer sinke. Ich mache mir bewusst, dass ich nicht die Unruhe bin, sofort wird es weiter und leichter. Ich lausche dem Raunen der Stille, dem Ungeformten und wende mich liebevoll dem zu, was in mir auftaucht. Ich kann gut mit der Unruhe sein, mit dem engen und angespannten Teil, der sich gegen etwas wehrt. Ich bin ein weit größerer Raum als dieser Teil. Diese Erkenntnis entspannt mich.

Ich sitze in der Höhle. Die Gruppenteilnehmer scheinen, bis auf ein, zwei Leute, die ich fühle, noch zu schlafen. Wer die Wachen sind, kann ich nicht sagen.

Meine Gedanken schweifen ab zu einem Urlaub in Portugal, bei dem ich im Alter von Mitte 40 beim Schnorcheln fast ertrunken bin. Ich verbinde mich mit der Saskia von damals, die nackte Todesangst hat. Das beruhigt sie, sodass sie sich entspannt. Diese Situation beschäftigt mich sehr lange. Der Zustand wechselt zwischen einem Rausgehen ins Weite und durch körperliche Phänomene wieder in den Körper hineingezogen zu werden. Ich fühle einen kleinen, runden, sehr dicht scheinenden Klumpen im Brustraum. Er verfestigt sich zu einem unförmigen Gebilde von der Größe eines Kindes, dessen Alter wechselt: sechs, sieben, acht, zehn. 15. Ich gehe wieder aus dem Körper raus. Ständiger Wechsel zwischen Drinnen- und Draußen-Sein. Von außen auf mich schauend ist es viel ruhiger, weiter, lockerer und weicher. *„Druck oder Enge im Brustraum, was möchtest du mir sagen oder zeigen?“* Im physischen Draußen grummelt es, als wollte es anfangen zu donnern. Ich bekomme Kopfschmerzen – vor der Stirn, im Vorderkopf, in der rechten Gehirnhälfte. Der Nacken verspannt sich. Am liebsten würde ich abbrechen, doch ich bleibe sitzen und tauche tiefer in den Körper ein. Etwas erweitert sich, der Brustraum wird lockerer, die Kopfschmerzen nehmen etwas ab, aber der Nacken bleibt noch verspannt. Ich bemerke den Teil in mir, der sich in Abenteuer stürzen und einzigartige Erfahrungen machen möchte – (starkes Aufstoßen) –, der sich nicht mehr mit Spannungen abgeben will – (Aufstoßen) –, um sie auf ihre Herkunft zu untersuchen oder ihnen zu lauschen. Ich erkenne es und lasse es wieder los. Das ist nicht die bedingungslose Liebe, die wie die Sonne einfach scheint und ist, egal was gerade auftaucht. Ich setze mich anders hin, sodass ich mich, mein rechtes Bein aufgestellt und die

Wärmflasche im Rücken, an der Wand anlehnen kann. Dadurch fließt die Atmung tiefer, die Spannungen lassen nach. Bin ich ihnen jetzt aus dem Weg gegangen? Vielleicht.

*

6:43 Uhr – Ich beende die Meditation und lege mich ins Bett. *Es hat keinen Zweck!* Etwas später entfacht der Gedanke an die Höhle, die jetzt eher wie ein Tempel erscheint, ein Freudenfeuer in meinem Herzen, sodass ich mich wieder auf mein Meditationskissen setze.

Im geräumigen Tempelinnenraum bemerke ich, dass ich jetzt höher sitze als vorher – als gäbe es, ähnlich einer Maisonette-Wohnung, eine zweite Etage, die mit der ersten in offener Verbindung steht. Himalaya-Luft weht mir um die Nase. In der oberen Etage ist es luftiger. Die Wände haben sich noch mehr aufgelöst und dadurch wirkt alles viel offener; die Zimmerdecke hat sich gänzlich aufgelöst, sodass ich mehr mit der Luft und der Umgebung verbunden bin. Mit dem Oberkörper und Kopf sitze ich wie unter freiem Himmel – über mir, in einiger Entfernung, „schwebt" das Tempeldach.

Die Prüfung

Plötzlich sitze ich vor meiner wunderbaren, mir schon sehr vertrauten Klause, die ich in meinen beiden früheren Dunkelaufenthalten (2003/2005) kennengelernt habe und in späteren Meditationen immer wieder mal kontaktieren konnte. Bei meinem letzten Besuch dieses prachtvollen Ortes vor zwei Jahren befand ich mich in gefühlten 4.775 Meter Höhe. Jetzt bin ich auf 6.235 Metern. Die Klause liegt geschätzte

500 Meter links oberhalb des Tempels oder noch höher. Um mich herum glitzern bizarr die schneebedeckten Gipfel der Achttausender in der Sonne. Die Luft ist außergewöhnlich klar und rein. Weiter unterhalb erscheinen in der Weite der zauberhaften Landschaft vereinzelte dunkelgrüne Farbtupfer niedriger gelegener Bergkuppen – ein herrlicher Anblick. Ich atme die frische Bergluft, atme pure Reinheit ein. Ich bin allein hier oben. Hunderte Kilometer weit kein Mensch. Erhabene Stimmung. Mir ist, als ob ich hier schon Ewigkeiten säße und auf die Meister warte. Ich weiß, dass sie da sind. Ich fühle sie. Es ist wie eine Prüfung, die noch zu bestehen ist. Ich weiß aber nicht genau, worin ich geprüft werde: Hier zu sitzen und zu warten? Dranzubleiben? Meinen Pfad nicht zu verlassen? Letzteres wohl eher. Es geht darum, mich immer wieder auf meinen Pfad einzustimmen und nicht wegzugehen – bisher war ich immer nur kurz hier oben. Aha! Ich erkenne, dass die Prüfung darin besteht, dauerhaft mit der höheren Ebene verbunden und energetisch da zu bleiben, also nicht immer wieder abzustürzen in die Welt unten. Die Meister haben alle Zeit der Welt, zu warten, bis die Adeptin gelernt hat, auf der höheren Ebene zu Hause zu sein. Erst wenn ich hier ganz verwurzelt bin, können sie mit mir in Kontakt treten. Mir ist, als hätte ich all die Jahre meines Lebens vergessen, wo mein wahres Zuhause ist. Doch „hätte" stimmt nicht, denn ich habe es ja definitiv vergessen. Jetzt erinnere ich es wieder und das beflügelt mich. Gänsehaut überzieht meinen Körper. Tai-Chi wird mir helfen, mich hier zu verankern...

Die Welt und die Gruppe sind in der Klarheit, Reinheit und Frische der Bergluft eingebettet. Frieden und Stille sind in mir und um mich herum. Das ist meine Richtung, mein Rhythmus, meine Geschwindigkeit und meine Wahrheit und letztlich meine Verbindung zu meiner Seele. Ich bin in einer sehr feinen, zarten, reinen, hellen Atmosphäre. Ihre Ausstrahlung ist so subtil, so dünn, dass ich kaum noch von Energie sprechen kann. *„Gefährten! Wo seid ihr?“* Hier oben ist heiliger Raum. Heilige Luft. Heilige Atmosphäre. Heilige Umgebung. Heilige Erde. Heiliger Berg. Heiliger Grund, auf dem ich sitze. Dies ist mein Platz, mein Zuhause. Hier bin ich einfach.

In dieser Höhe ist mein Körper kaum noch wahrnehmbar. Das Herz ist gleich einer Blüte weit geöffnet, ebenso das Kehlkopf-Chakra. Ich gebe mich dieser makellosen Sphäre hin.

*

9:44 Uhr – Nach einem langen Bad in den heißen Quellen des Himalaya liege ich auf einer weichen Fellunterlage auf dem Boden der Klause und schwitze unglaublich nach. Ich spüre in die klare Luft hinein. Die sehr dünne Höhenluft ist gewöhnungsbedürftig. Langsam lässt das Nachschwitzen nach. Ich bin müde.

Die alte Weise

Gespräch mit Gertrud

10.32 Uhr – Ich berichte Gertrud von meinem Traum im Kinosaal. Über eine Analyse kommen wir dahin, dass sich im Traum verschüttete Themen mit der Mutter, der Weiblichkeit und dem Vater zeigen. Kindheitserinnerungen und tiefere Erkenntnisse über die Dynamiken in meiner Herkunftsfamilie machen mich betroffen und rühren mich zu Tränen.

G: *Im Traum kommt diese alte Frau an der Tür vor. Oft ist eine alte Weißhaarige eine alte Weise. Aber du siehst sie als verwirrt, sagst du?*

S: *Das waren zumindest meine Gedanken. Ich schaue noch mal. Ich stehe jetzt vor der verschlossenen Tür und kann sie gut fühlen; sie hat eine starke Ausstrahlung.*

G: *Genau. Und hast du das Gefühl, sie ist verwirrt?*

S: *Nein.*

G: *Und wirst du diese Tür öffnen?*

S: *Wir sind eingeschlossen, weil meine Mutter so getrödelt hat.*

G: *Interessant: Deine Mutter hat sich verspätet, aber diese Dame steht trotzdem da. Auch, wenn die Tür verschlossen ist, kannst du sie spüren. Auf der Zeit-Raum-Ebene gibt es noch etwas Persönliches, das eingeschlossen ist mit deiner Mutter. Wenn du dir erlaubst zu fühlen, dann ist auch noch etwas Größeres dahinter, das mit weiblicher Weisheit zu tun hat und das du für dich einladen kannst. Du kannst sie erstmal erspüren, auch bei geschlossener Tür.*

S: *Ich kann sie durch die geschlossene Tür hindurch sehen. Zugleich sehe ich meine Mutter in der obersten Etage ihre Schlafsachen zusammenpacken. Meine Aufmerksamkeit ist nicht mehr bei meiner Mutter, sondern bei der Frau. Ich fühle sie sehr stark.*

G: *Schön. Und sie spürt dich. Wie ist das?*

S: *Ich kann sie echt schwer deuten.*

G: *Freundlich? Offen? Präsent?*

S: *Ja, präsent und sehr hell ist sie. Sie hat eine große Aura.*

G: *Es ist ein Hinweis: Hinter dem Persönlichen gibt es noch etwas anderes – Großes, Kosmisches, Universelles –, das dich anschaut.*

S: *Ja, hinter dem Eingeschlossenen ist das größere Ganze.*

G: *Das Eingeschlossene hat mit Gefühlen, Zeit und Raum zu tun, aber darüber hinaus gibt es etwas, das da steht und auf dich wartet und dich wahrnimmt. Etwas, das auf dich schaut, ohne etwas zu wollen.*

S: *Ja, die Alte will nichts von mir, stimmt.*

G: *Siehst du, deine Mutter wollte immer was von dir, aber die alte Dame nicht. Im Germanischen ist das Frau Holle, die große kosmische Mutter.*

S: *Sie steht einfach mit offenem Blick und in ihrer Präsenz da draußen. Und ich stehe drinnen* (lacht) *mit meinem offenen Blick und meiner Präsenz. Wir schauen uns einfach an – durch die geschlossene Tür.*

G: *Aufregend. Bewegt sich etwas hin und her zwischen euch?*

S: *Irgendwie ja. Ich bin vorsichtig, weil ich nicht weiß, wer sie ist, aber auch neugierig, weil mich ihre enorme Ausstrahlung beeindruckt. Ich stehe ungefähr drei Meter von der Tür entfernt und kann mich nicht entschließen, näher heranzugehen. Sie steht direkt vor der Tür.*

(Lange Pause.) Da ich für den Prozess mit der alten Frau mehr Zeit brauche, berichte ich Gertrud jetzt von den Veränderungen in der Höhle.

G: *Toll! Der Himmel öffnet sich dir. Und die Himmelsmutter, so spüre ich das, steht da vor der Tür. Du bist dem Himmel nahe. Das Geistig-Seelische öffnet sich und das Persönliche zieht sich zurück.*

S: (Erstaunt:) *Hm, obwohl gestern nicht viel los war und ich mich ziemlich versumpft fühlte, ist scheinbar innerlich doch etwas passiert, sonst wäre mein Höhengefühl heute Morgen nicht verändert gewesen.*

G: *So ist es! Während es sich anfühlte, als tue sich nichts, wurde deine Höhle nach oben hin ausgebaut. Du warst in eine Art Ruhezustand versetzt, und gleichzeitig baute sich alles um, und das hast du noch nicht mal selbst gemacht.*

S: *Stimmt, es geschah von allein.*

G: *Da sind kosmische Kräfte am Werk für dich.*

S: (Skeptisch:) *Ich würde das eher so interpretieren: Die inneren Bilder spiegeln meinen Seelenzustand – wo ich gerade stehe – wider. Sie sind der Ausdruck meiner Bemühungen und Veränderungen, also auch der Vergrößerung der Höhle.*

G: *Oder so formuliert: Die Seele ist ja verbunden mit den kosmischen hochschwingenden Ebenen. Sie ist nicht getrennt, wie unser Verstand, sondern tatsächlich verbunden. Das ist das große Wunder ... Ich staune, was da alles passiert. Was die Menschen Magie nennen, ist nichts anderes, als in Resonanz zu sein mit dem Feld, wo du jetzt bist – den Achttausendern.*

S: *Die Achttausender sind mehr um mich herum. Ich selbst bin auf etwas mehr als 6.200 Meter Höhe.*

G: *Schon, aber mit den Achttausendern gehst du in Resonanz.*

S: *Das stimmt. Ich spüre auch, dass hier in der Nähe die alten Meister wohnen.*

G: *Diese Meister schwingen so hoch, dass sie Millionen von Ungereimtheiten auf dieser Erde ausgleichen. Sie geben ständig ihre Schwingungen in das kollektive Feld hinein. Es gibt einen kinesiologischen Test für diese Schwingungen, den ein US-amerikanischer erleuchteter Heiler entwickelt hat. Er hat auch ein Buch über die verschiedenen Bewusstseinsebenen geschrieben und sagt, dass Frieden eine der höchsten Schwingungen ist.*

S: (Bestätigend:) *Der Frieden ist da oben wirklich stark fühlbar ... und auch das Reine.*

G: *Es gibt auch einen ganz starken Verstand, aber der schwingt immer noch niedriger als die universelle Liebe. Es geht nicht um Glück für uns – oder andere menschliche Vibrationen. Das sind einfach nur Momentaufnahmen. Das Gros der Menschheit bleibt einfach in der Unbewusstheit, während die wenigen, die sich mit den Meistern verbinden und in ihrer seelischen Entwicklung weitergehen, einen Bewusstseinswandel für alle hervorbringen können – wie ein Tropfen, der eine große Bewegung machen kann für das Ganze.*

S: (Berührt:) *Ja.*

G: *Das Reine in deinem Bild sagt: Alles ist göttlich. Wenn wir uns dessen bewusst sind und so in unseren Alltag oder bspw. in die Natur schauen, sehen wir, dass alles Göttlichkeit ist. Die Pflanzen, Tiere – alles strahlt uns aus einer Reinheit entgegen, wenn wir auf dieser Bewusstseinsebene sind. Du kannst mit der Reinheit in Resonanz sein, weil sie auch in dir ist ...*

Gleichzeitig ist da diese weise Frau vor der Tür, also auch der weibliche Anteil, kosmisch gesehen. Warte ab, wie sich dir das zeigt oder enthüllt. Das Trödeln deiner Mutter hat dich natürlich beeinflusst, aber du hast nicht mitgetrödelt, sondern bringst schon mehr Struktur mit. Du kannst Sachen auf den Punkt bringen und transpersonale Erfahrungen beschreiben. Das können viele nicht, es ist eine besondere Fähigkeit, die du hast. Viele Schamanen und Schamaninnen machen alle möglichen Rituale, und es passiert innerlich viel. Sie können aber nicht beschreiben, was passiert. Aber du kannst das.

Es gibt eine besondere Stellung der Kommunikation in deinem Horoskop: Saturn steht in der Drei – und die Drei ist das Haus der Kommunikation, die Hüterin der Struktur. Du kannst alles wunderbar auf den Punkt und in Struktur bringen. Deine Mutter hingegen verliert und verzettelt sich. Saturn ist genervt: „Wie kann man das nur nicht in Gang kriegen?“ Deine Mutter hat diese Fähigkeit zur Struktur nicht, und bei ihr geht es wahrscheinlich um etwas ganz anderes im Leben. Vielleicht hat sie dir auf ihre Art und Weise gedient, damit du deine Struktur, die in dir schon angelegt ist, schon früh zum Einsatz hast bringen können. Natürlich ist dadurch auch dein inneres Kind zu kurz gekommen. Aber ich habe bei dir das Gefühl, dass viel Ausgleich da ist, z. B. durch Abenteuer. Du bist nicht nur streng und arbeitsam, da ist auch etwas Spielerisches, oder nicht?

S: *Ja. Ich habe als Kind schon die Dinge präzise auf den Punkt gebracht. Es war für mich die größte Freude, wenn der Gummipfeil aus meiner kleinen Spielzeugpistole an einer bestimmten Stelle auf der*

Fensterscheibe kleben blieb oder die Kugel in den Würfel oder die Murmel ins Loch ging.

Meine Mutter hat das Klackgeräusch wahnsinnig gemacht, wenn die kleine Eisenkugel in den Würfel schoss. Ich dagegen konnte das mit Freude den ganzen Tag machen, ohne dass mich das Geräusch gestört hätte.

G: *Ihr seid sehr unterschiedlich. Du bist genau ausgerichtet auf ein spirituelles Ziel. Der Schütze ist immer auf das Höchste, auf das Größte ausgerichtet.*

Ich fühle mich total verstanden, und das tut mir wahnsinnig gut. Ich frage Getrud, ob sie zum Abschluss noch ein Bild für mich hat.

G: *Ich sehe die Frau, die hinter der Tür steht, und du dehnst dich aus und wirst weit. Ein Teil von dir schaut in die Berge, ein anderer Teil öffnet sich weit im Herzen, vielleicht, um zu empfangen von der kosmischen Mutter, um über dein Herz-Chakra eine Begegnung zu haben. Und der erste Teil ist ganz stark ausgerichtet auf die Berge, auf das Leuchten, auf die Stille, auf die Reinheit. Dein Herz ist so weit geöffnet, dass du eine Begegnung zulassen kannst. Du bist staunend bereit, mal zu schauen, was kommt.*

S: *Gestern habe ich die feinen Vibrationen meines Herzens gefühlt.*

G: *So spüre ich das auch … und die kosmische, weibliche Gestalt steht in Resonanz mit deiner Herzenergie – etwas ist vorbereitet auf eine Erfahrung, eine Begegnung, die über das Herz-Chakra läuft. Und dein Geist ist gleichzeitig sehr ausgerichtet auf den Geist der erhabenen Berge und großen Meister, die verbunden sind mit der großen Stille und Reinheit. Es ist beides da, das spüre ich bei dir.*

*

12:04 Uhr – Ich stehe etwa drei Meter vor der alten Frau – die geschlossene Tür ist immer noch zwischen uns – und spüre ihre Präsenz. Wir schauen uns an … ich bin vorsichtig, denn die Frau ist mir nicht geheuer. Sie erinnert mich sehr an einen Traum aus meinem ersten Dunkelretreat: Ich konnte den Lichtschalter nicht betätigen und war vor Angst zu Tode erstarrt. In der damaligen Auswertung kristallisierte sich heraus, dass ich meiner Kraft und Göttlichkeit nicht begegnen wollte. Ich beschließe, stehen zu bleiben und abzuwarten, ob sich etwas bewegt, bis klarer wird, was hier los ist. Ich bin bereit, meine Angst zu fühlen. Ja, ich habe Angst und ich habe keine Ahnung, wovor. Die Frau tut mir wahrscheinlich nichts, das fühle ich, aber ich fürchte mich vor geisteskranken Menschen, vor unlogischem Handeln, vor Wahnsinn. *Die Frau könnte verrückt sein und mir etwas antun*, denke ich. Aha! Da ist wieder dieses Thema, nur dieses Mal ist es kein Mann, wie es damals, in unzähligen Kindheitsträumen, immer ein Mann war, vor dem ich Angst hatte, weil ich glaubte, er würde mir etwas antun. Jetzt ist es eine Frau. Im Moment bin ich froh, dass die Tür zwischen uns ist. *„Wer bist du?“*, frage ich sie per Gedankenkraft – laut zu sprechen traue ich mich nicht. Ich stehe wie angewurzelt an meinem Platz, fühle mich wie in einer Aufstellung. Ich erhalte keine Antwort.

*

16:56 Uhr – Seit Stunden bin ich nun mit der Frau im Blickkontakt. Unsere Energiefelder fingen irgendwann an, sich zu verbinden. Zwischendurch dachte ich, sie wäre mein Vater, ich habe den Gedanken jedoch wieder verworfen. Die Frau vor der Tür ist eindeutig eine Frau. Eine alte Frau. Ihr Energiefeld fühlt sich neutral an – was ich überhaupt nicht deuten kann – und weder lichtvoll noch nicht lichtvoll, aber dafür unverändert präsent. Draußen donnert es plötzlich, es regnet. *„Wer bist du?“*, frage ich nochmals gedanklich, bekomme jedoch erneut keine Antwort. Ich fokussiere also weiter auf sie. Es kostet mich einige Anstrengung, sie nicht immer wieder zu verlieren und vor der Tür stehen zu bleiben.

*

18:24 Uhr – Ich bin mit der Frau keinen Schritt weitergekommen, wir stehen uns noch gegenüber. Zwischendurch schien es, als ob sie gehen würde. Ich bat sie, zu bleiben. Sie blieb. Wir schauen uns einfach an. Ich spüre ihre Präsenz. Ich kann immer noch nichts mit ihr anfangen oder ihre Energie deuten, als wäre sie völlig neutral. Trotzdem hat sie eine große Präsenz, die ich stark fühlen kann.

13. Tag

Gestank aus der Unterwelt

1:01 Uhr – Im Traum bin ich mit meinem Mann und unseren Kindern unterwegs in Berlin. Wir kommen vom Baden und wollen nach Hause. Wir haben einen Beutel mit stinkendem Inhalt dabei. Wir sind in der S-Bahn. Einer unserer Söhne, ca. sechs Jahre alt, nimmt die Tüte, packt sie aus und dreht sie um, sodass der Inhalt in der S-Bahn liegt und unglaublichen Gestank verbreitet. Er schmiert sich damit komplett ein, alle Sachen, die Haare, das Gesicht. Er lacht ständig. Es scheint ihm Spaß zu machen, während ich mit Brechreiz kämpfe. Am Ende kippt er sich den Inhalt über die Jacke. Er ist voller grauer, stinkender Masse, leckt sich die Finger ab und steckt zusätzlich einiges davon in den Mund, um es zu essen. Während ich die ekelerregende Masse zusammenschiebe und wieder in die Tüte fülle, mache ich mir Gedanken über den perversen Geschmack meines Sohnes. Der Gestank ist so furchtbar, dass sich mein Magen hebt – als würde er heftig protestieren – und entschlossen einen ungefähr handtellergroßen dicken Brocken nach oben in die Speiseröhre drückt, der einen Sekundenbruchteil später aus meinem Mund herausschießt. Das Stück Scheiße fliegt in hohem Bogen in meine Handtasche, um die S-Bahn nicht zu beschmutzen. Unter ständigem Würgereiz versuche ich, die Masse von dem Jungen wieder abzubekommen. Dann kratze ich das Stück aus meiner Tasche, doch ein Rest bleibt darin kleben. Ich nehme die Tüte, steige bei der nächsten S-Bahn-Station Adlershof schnell aus und schmeiße alles in die Mülltonne. Mein Mann signalisiert mir, dass sie auch ausgestiegen sind, weil alles so furchtbar stinkt. Dann bin ich aufgewacht.

Ich kann damit nichts anfangen und würge immer noch, den Geruch in der Nase. Mein Magen rollt heftig hoch und runter, sobald ich nur daran denke. Ich erinnere den früheren Traum von der Vergewaltigung und erkenne: Menschen haben eine tierische Ader. Die Hoden des Mannes sahen von hinten aus wie bei Pavianen und anderen Tieren. Wir unterscheiden uns in der Fortpflanzung überhaupt nicht von den Tieren – höchstens im Vollzug, der mir teilweise liebevoller erscheint als in der Tierwelt.

Warum habe ich solche Träume? Im Gegensatz zum Licht kommt hier Unterweltskacke zum Vorschein. Dennoch spüre ich ein Befreiungsgefühl, dass sie hochgekommen ist. Auch das verstehe ich nicht, obwohl es sich gut anfühlt. Ich wende mich wieder meinem Seelenkern zu. Hier ist es nach wie vor lichtvoll, er ist vom Gestank nicht betroffen und fühlt sich tief friedlich an.

*

2:07 Uhr – Auf dem Rückweg von der Toilette bin ich mit meiner rechten Hüfte gegen das vordere Waschbecken gelaufen. Da ich mich aber sehr langsam und vorsichtig bewegt habe, war es kein starker Stoß. Dennoch tat es unglaublich weh und es könnte ein blauer Fleck werden. Das passt auch nicht zusammen: der große Schmerz und das relativ geringfügige Anstoßen.

Die Herausforderung ist, auch dem Gestank der Unterwelt mit dem Licht und der Liebe des Herzens zu begegnen und ihn zu umarmen. Dennoch: Das Brechen hatte etwas Bereinigendes; aus der Tiefe hat sich ein uralter Kotzbrocken freigesetzt.

*

6:56 Uhr – Es tauchen verschiedene schmerzhafte Erinnerungen aus meiner Jugend auf, die ich längst verdrängt hatte. Das waren schwarze Zeiten für mich, die perfekt zum Unterweltsgestank passen.

Ich sitze in meiner geräumigen Höhle (Tempel) im Obergeschoß. Über eine kräftige, tief in den Boden reichende Wurzel fühle ich mich stabil mit der Erde verbunden. Mein Draht „nach oben" reicht sehr hoch.

Ich stimme mich auf die Gruppe ein, fühle ein paar Vereinzelte auf ihr Anliegen ausgerichtet. Die Wachheit der Teilnehmer, die ich zu Beginn meines Retreats noch gespürt habe, nehme ich nicht mehr wahr. Es scheint mir, als hätte ein Großteil der Teilnehmer sein Anliegen aus den Augen verloren. Ich lasse die Gruppe wieder los und konzentriere mich auf die Atmung – und dann auf die alte Frau vor der Tür.

Als Putzfrau verkleidet

Die Energie über meinem Kopf fühlt sich dicht und diesig an. Es zieht mich zu der alten Frau. Es ist morgens. Ein Lagerarbeiter in blauer Latzhose erscheint im Kino, schließt die Tür auf und öffnet sie sperrangelweit. Als er mich sieht, fragt er mich, was ich hier im Gebäude mache. *„Meine Mutter und ich wurden gestern Abend eingeschlossen"*, antworte ich. „Okay", sagt er und geht weiter. Die Barriere zwischen mir und der Frau ist jetzt weg. Mein Herz schlägt schneller. Sie geht durch die Tür, wendet sich von ihr aus gesehen nach rechts und geht schlurfenden Schrittes den halbdunklen Gang entlang. Ich frage mich, ob sie die Putzfrau ist, denn sie sieht so aus. Sie bleibt stehen, dreht sich um und schaut zu mir. Der Abstand zwischen uns beträgt drei, vier Meter. Offenen Herzens spreche ich sie an: *„Ich konnte Sie durch die Tür gut fühlen, Sie haben eine starke Ausstrahlung."* Es scheint ihr zu gefallen, was ich sage, doch sie scheint auch unschlüssig, ob sie stehen bleiben oder weitergehen soll. *„Wer sind Sie? Und warum stehen Sie die halbe Nacht vor der Tür?"*, will ich wissen. Halb im Umdrehen antwortet sie beiläufig: *„Ich wollte nur nach dem Rechten sehen."* Sie schlurft weiter.

Ich bleibe stehen, fühle keinen Impuls mehr, sie etwas zu fragen oder ihr zu folgen. Sie scheint keine Bedeutung mehr zu haben.

Mit kleinen Schritten schlappt sie in ihren Gartenlatschen weiter und entfernt sich langsam. Plötzlich drängt sich mir der Gedanke auf, dass sie sich, sobald sie aus meinem Gesichtsfeld verschwindet, in etwas anderes verwandeln würde. Das lässt mein Interesse an ihr wieder wach werden. Ich folge ihr und hole sie schnell ein. In einigen Schritten Abstand laufe ich hinter ihr her. Ich spüre, dass sie mich bemerkt, sie geht aber weiter, als wäre ich nicht da. Der dämmrige Gang, in dem wir uns befinden, ist sehr lang und ungefähr anderthalb Meter breit. Die grauen, rissigen Betonwände links und rechts schaffen eine triste Atmosphäre. Am Ende des Gangs sehe ich eine Glastür. Einige Meter davor hält sie an, dreht sich um und schaut mich an. Ich stammele, wie um mich dafür zu entschuldigen, dass ich ihr gefolgt bin: *„Ich fühlte mich angezogen und möchte wissen, wer Sie sind. Irgendetwas ist mit Ihnen. Ich möchte es herausfinden. Mir kommt es vor, als ob Sie jemand anders sein könnten, als Sie vorgeben."*

Von ihr kommt nichts außer einem *„Aha"* zu meiner Erklärung. Ich versuche es noch ausführlicher, in der Hoffnung, doch noch in ein Gespräch mit ihr zu kommen: *„Ich habe so lange vor der Tür gestanden und auf Sie geschaut, weil ich wissen wollte, wer Sie sind und was Sie mitten in der Nacht hierherführte. Sie sagten, Sie wollten nach dem Rechten sehen, hatten aber keinen Schlüssel. Daraus schließe ich, dass es etwas gibt, dass Sie etwas verschwiegen haben. Wenn Sie nach dem Rechten hätten schauen wollen, hätten Sie doch einen Schlüssel gehabt, oder?"* Sie schaut mich nur an, ohne zu antworten. *„Wer sind Sie?"*, versuche ich es weiter. *„Vielleicht können Sie mir ja sagen, ob ich noch nicht reif genug bin, zu erfahren, wer Sie sind."*

Sie guckt, als würde sie überlegen, was sie darauf antworten soll. Aber die Antwort kommt nicht. Ich stehe mit offenem Herzen und wachem Blick vor ihr. Sie ebenso vor mir. Wenn sie jetzt weiterginge, würde ich ihr folgen. Mir scheint, als wüsste sie das, deswegen bleibt sie auch stehen. Als ob sie nicht möchte, dass ich ihr hinterhergehe, denn dann könnte ich ja erfahren, wer sie ist.

Eine echte Beziehung

„Gertrud sagte, Sie seien eine weise Frau", versuche ich erneut, mit ihr ins Gespräch zu kommen.

Ein verschmitztes Lächeln blitzt für einen Moment in ihren Augen auf.

„Ich habe ein Aufleuchten in Ihren Augen gesehen. Ist es so, dass Sie eine weise Frau sind?", frage ich direkter nach.

„Vielleicht", antwortet sie ausweichend, aber freundlich.

„Ich sehne mich nach der Verbindung zu einer weisen Frau, nach Führung durch eine weise Frau. Sind Sie vielleicht meine Geistführerin? Oder Herzensführerin? Wenn Sie gehen wollen, können Sie das tun. Ich werde Ihnen nicht folgen, wenn Sie das nicht möchten, obwohl ich das sehr gerne tun würde. Doch es ist mir wichtiger, Ihren Wunsch zu achten."

Ohne Umschweife duzt sie mich, als sie mit einem warmen, gütigen Klang in der Stimme antwortet: *„Du suchst Führung. Vertraue deiner eigenen Führung. Sie ist sehr stark."*

„Die kann ich aber weder fühlen noch sehen", entgegne ich. *Wie kann ich einer Führung vertrauen, die ich weder fühlen noch sehen kann? Wenn ich keinerlei Verbindung spüre? Ich kann nur glauben, was ich sehen und fühlen kann. Ich brauche eine Führung, die eine Realität für mich hat. Etwas, worauf ich mich nicht beziehen kann, hat keine Realität."*

„Würdest du sagen, dass Gott nicht existiert?", fragt sie zurück.

Ich bin irritiert. *„Gott wird existieren. Es gibt eine höhere Kraft."*

„Siehst du, dann weißt du ja schon, dass sie da ist. Darauf kannst du dich beziehen“, meint die Alte mitfühlend.

„Diese Kraft ist so unsichtbar. Ich wünsche mir ein sichtbares Gegenüber, ein Du-Gespräch mit Gott, so wie jetzt mit dir.“

„Hast du das schon versucht?“, fragt sie mich.

„Ja.“ Es fällt mir schwer, mich weiter zu offenbaren. Eine tief sitzende Scham legt sich wie ein Eisenring um meinen Hals und erschwert mir das Sprechen. Als würde ich den Verrat begehen, ein lange gehütetes, essenzielles Geheimnis preiszugeben. Mein Herzraum sendet starke Hitzewellen in alle Richtungen aus. *„Ich bitte immer wieder um Führung, um Antworten und darum, dass ER oder SIE sich mir zeigt. Das geschieht jedoch nicht. Mir hilft es sehr, wenn ich nicht nur ein Wunschbild, sondern ein echtes Gegenüber habe. So wie damals die Lichtfrau, die mir erschienen ist. Sie war so real!* (Flüsternd:) *Leider ist sie nie wiedergekommen. Es wäre traumhaft, wenn ich wieder Kontakt mit ihr haben könnte. Ich brauche einen Austausch, jemanden, mit dem ich reden kann, so wie mit dir jetzt.“*

„Vertraue dir selbst!“, sagt die Frau, die mich in ihrer Einfachheit und Weisheit immer mehr beeindruckt. *„Erwarte nichts von Gott, dann wird dir alles gegeben. Tue die Dinge, die du tun kannst, selbst. So, wie du es dir von deiner Mutter gewünscht hast. Sei selbst erwachsen. Verhalte dich Gott gegenüber nicht wie ein Kind. Solange du von Gott noch etwas möchtest, bist du ein Kind, das will, dass Gott an deiner Stelle handelt.“*

Obwohl ich sofort weiß, dass jedes einzelne Wort stimmt, lasse ich ihre Botschaft erst in mir nachklingen, bevor ich nach einer Weile antworte: *„Ja, danke. Können wir in Kontakt bleiben?“*

„Ich werde jetzt gehen“, sagt sie ruhig. *„Ich habe dich immer im Auge, auch wenn wir keinen Kontakt haben oder wenn du glaubst, dass du keinen Kontakt hast.“*

Ich lasse nicht locker: *„Wie kann ich dich kontaktieren, geht das?“*

„Ja. Du musst nur an mich denken.“

Ungläubig hake ich nach: *„Und dann bist du da? Das wäre wundervoll!“* Tränen schießen mir in die Augen. Spontan wird mir tief bewusst, dass für mich nie jemand auf diese Weise da war. *„Jetzt verstehe ich, was du mit kindlich meinst. Es ist natürlich das Kind in mir, das gerade weint, weil die Mutter emotional nicht da war. Vielen, vielen Dank“*, schluchze ich vor mich hin. *„Und ich verstehe auch, warum du gehen musst. Weil es meine Aufgabe ist, mich um dieses kleine Kind in mir zu kümmern.“* Unter Tränen spreche ich weiter: *„Aber danke für dein Angebot. Ich werde es nicht missbrauchen.“* Die Tränen strömen über mein Gesicht. *„Es tut so gut, dass du da bist.“*

Die Alte steht immer noch da. Ihr sanfter Blick ruht auf mir. Mir wird deutlich bewusst, wie klein ich damals war, und spüre, wie sehr ich eine Hand gebraucht hätte, die mich hält und mir Führung gibt ... wie sehr ich Schutz gebraucht hätte. Das Bedürfnis nach Sicherheit ist riesengroß. Ich fühle mich eher wie zwölf als erwachsen, mit einem Kind an der Hand. Es ist mein kleiner Bruder. Ich schaue als bedürftige Zwölfjährige auf die weise Frau. Ja, so ist es – ich bin noch klein.

Ich verneige mich vor ihr: *„Ich spüre deine Präsenz jetzt noch viel mehr als vorher. Es ist so schön, in deiner Gegenwart zu sein. Die Angst vor dir ist verschwunden. Ich dachte, du wärst ein bisschen verrückt, als du mitten in der Nacht vor der Tür standest. Vielen, vielen Dank. Wie darf ich dich denn nennen, hast du einen Namen? Wie kann ich dich rufen, wenn ich dich brauche?“*

„Ich bin immer da“, sagt sie warm und mitfühlend. *„Immer. Du brauchst nur an mich zu denken.“*

Ihre Worte fließen wie kostbares Wasser in mich hinein und sinken in das Zentrum meines Herzens. *„Ich werde dich ‚weise Frau‘ nennen. Ich kann es noch gar nicht richtig fassen, was das bedeutet. Aber ich bin* *unbeschreiblich froh. Du bist sehr, sehr wertvoll für mich.“* Wieder muss ich weinen, denn ich bin so berührt. *„Du bist total wichtig für mich. So eine Beziehung ist wichtig für mich, eine wahre Beziehung auf der Herzebene.“* Tiefes Weinen schüttelt mich. *„Eine Beziehung, bei der jemand mitfühlend auf mich eingeht, wenn ich Fragen habe. Das hatte ich nie. Danke, dass du das sein möchtest oder bist.“*

In diesem Moment spüre ich dort, wo ich vorher einfach nur ein weites Energiefeld wahrgenommen habe, die ganze Güte der weisen Frau. Ich fühle die Würde, die sie ausstrahlt, und habe das Bedürfnis, mich noch mehr bei ihr zu bedanken: *„Deine Liebe konnte ich vorher nicht wahrnehmen. Jetzt fühle ich sie, weil ich mein Herz weit geöffnet habe. Bisher war mein Herz verschlossen, weil es so wehtat, keine sichere Beziehung zu haben.“*

Sie bestätigt meine Aussage mit einem liebevollen, ermunternden Nicken.

„Vielen Dank, dass du da bist. Ich fühlte keine emotional warme Beziehung zu meinen Eltern und hatte die Verbindung zu meiner göttlichen Mutter, meinem göttlichen Vater verloren. Wie wichtig mir das ist, weiß ich erst jetzt. Zu meinem spirituellen Lehrer habe ich manchmal eine Beziehung, aber er entzieht sich auch immer wieder.“

„Er muss sich dir entziehen, damit du aufwachst. Aber wenn du ihn brauchst, ist er für dich da. Er war immer da für dich. Er kann dich aber nicht wie ein Kleinkind behandeln. Das ist nicht seine Aufgabe. Du kannst davon ausgehen, dass alles, was geschieht, zu deinen Gunsten geschieht, auch wenn du etwas nicht verstehst.“

Ich nehme mein inneres Kind zu mir und halte es im Arm – das ältere Kind, das jüngere Kind, das Baby, den Fötus, den Seelenimpuls. Ich sehe warm-goldenes Licht um mich herum. *„Vielen, vielen Dank, weise Frau. Um dieses Baby kümmere ich mich, das ist meine Verantwortung.“*

Ihr Lächeln bestätigt meine Worte.

*

Ich stehe noch immer in dem weißlich-golden leuchtenden kraftvollen Präsenzfeld der weisen Alten. Das Leuchten nehme ich erst jetzt wahr, aber vielleicht war es schon die ganze Zeit da. Ich spüre ihre unvorstellbare Güte und außerordentliche Liebe. Lächelnd steht sie vor mir und lässt mich in ihr Energiefeld eintauchen. Das, was ich badend in mich aufnehme, fließt sofort weiter, hin zu meinem inneren Baby. Dann zu den 57 aus der Gruppe, zu Gertrud, zu diesem Haus und letztlich in die ganze Welt. Ich bade in purer Liebe und Dankbarkeit.

Etwas bedrückt mein Herz noch. Ich weiß nicht, was es ist. Ich lasse es so sein, lasse es sinken und verdauen, nehme das Schwere mit in meinen Arm. Der Fluss der Liebe und Dankbarkeit fließt weiter zu meiner Mutter und meinem Vater.

Meine Mutter hat mich im Gang entdeckt und kommt langsam auf mich zu. Ich stehe in der Präsenz der weisen Frau und beachte sie nicht. *„Ach Saskia, hier bist du!“*, ruft sie. *„Was stehst du denn hier herum?“* Ich bin erstaunt über diese Frage. Sie kann offensichtlich die weise Frau nicht sehen. *„Es tut mir gut, hier zu stehen. Kannst du die Liebe fühlen, die gerade hier ist?“* Die weise Frau geht nicht weg, nur weil meine Mutter gekommen ist. Sie bleibt stehen. Nach einer langen Pause flüstere ich ihr zu: *„Danke, dass du immer noch da bist. Die Beziehung zu dir tut mir so gut.“*

„Das ist die Beziehung in dir, zu dir selbst“, antwortet sie.

Diesen Satz muss ich erst mal verdauen und dann, wenn ich wieder denken kann, darüber nachdenken. Im Moment bade ich nur, ohne Gehirn und Verstand, und genieße einfach dieses Wunder, diese Beziehung, die ich mir so sehnlichst gewünscht habe. Ich weiß, dass meine Mutter sich solch eine Liebe und Beziehung auch schon immer wünscht. Jedes Wesen wünscht sich eine innige Beziehung. Ich bin tief berührt. Mir kommen wieder die Tränen, weil mir jetzt klar wird, dass ich so viele Jahre keine emotionalen Antworten erhalten habe. In diesem Moment wird mir bewusst, wie sehr mir das gefehlt hat. Gleichzeitig scheint die Strahlkraft des Lichtes zuzunehmen, als ob die weise Frau mich in noch mehr Licht einhüllt. Oder ich mich selbst? Ich weiß es nicht. Auf jeden Fall ist mehr warmes, sonnen-goldenes Licht um mich herum. Es ist eine Mischung aus strahlendem Weiß, Gold, Wärme, Liebe ... und Antwort.

„Danke, danke, danke!“, flüstere ich.

„Danke dir selbst“, sagt die weise Frau. *„Du sitzt hier im Dunkeln. Du bezahlst all das Geld, du investierst die Zeit, du bringst den Mut auf, dich dem Schlamm, dem Dreck, dem Gestank in dir selbst zu stellen.“*

Die Erinnerung an den Gestank ist schlimm. Ich bade noch immer im Licht der Frau – es ist dem Licht meines Wesenskerns gleich – und lasse ihre Worte in mir nachschwingen. *„Danke, dass du so lange da bist.“*

„Danke dir“, wiederholt sie in bescheidenem, lieblichem Ton.

„Heißt das, du bist da, weil ich das möchte? Weil ich du bin und du ich bist?“, frage ich ungläubig nach.

„Finde es heraus“, lächelt sie mir mit zukunftsweisendem Blick zu.

Das Ei ist gelegt

10:26 Uhr – Unglaublich! Weil ich es möchte, ist sie da! Tiefes Durchatmen. Zufriedenheit und Dankbarkeit füllen meine Lungen. Weißes, helles Licht strömt in mein Herz. Ich lasse es weiter in meinen Körper fließen, in jede Zelle. Die Verbindung zu der Frau und das Licht sind überraschenderweise auch dann zu fühlen, wenn ich mich bewege.

Ich fühle mich reich beschenkt. Das war das Ei, das gelegt werden wollte! Mehr brauche ich nicht mehr in diesem Retreat. Ich lasse das Licht weiterhin in jede Zelle meines Körpers fließen. Die Zellen saugen es auf wie ein trockener Schwamm und reagieren stark darauf. Ich fühle, dass das Licht ihnen guttut. Prickeln und Kribbeln überall.

Ich wende mich erneut an die weise Frau: „*Wenn du ich bist, dann sind wir ja allzeit miteinander verbunden und ich könnte immer dieses Licht fühlen. Das wäre zu schön, um wahr zu sein.*“

Sie lässt meine Aussage wortlos stehen. Ich spüre, dass ich sie gehen lassen muss. Das Licht verliert an Kraft und es verdunkelt sich deutlich um mich herum, doch ich kann die Frau noch gut fühlen. Meine Mutter sitzt neben mir und spürt in sich hinein. Mir ist wohlig warm. Der Kopf ist heiß, er kocht fast. Ich atme sehr lange und tief aus, spüre der Wärme in meinem Herzen nach. Alles in mir strömt. Ich schwitze. Ich bin so dankbar für diese Erfahrung.

Ich habe etwas Sorge, dass ich in meinem Alltag die Frau nicht mehr fühlen werde können. Zugleich habe ich ein tiefes Vertrauen in ihre Aussage, dass ich sie jederzeit rufen kann. Ich muss nur mein Herz öffnen. Seit mir vor 18 Jahren die Lichtfrau erschienen ist, suche ich nach diesem Tor. Ich sitze vor dem Eingang der Klause und fühle mich um ein Vielfaches transparenter, luftiger, durchlässiger und erneut ein Stückchen höher – vielleicht 6.500 oder 6.600 oder sogar 6.800 Höhenmeter.

Gespräch mit Gertrud

Ich gebe Gertrud ein Update. Zu dem Ekel-Traum meint sie, es sei schwierig zuzuhören, ohne zu würgen. Ich muss lachen.

G.: *Vermutlich sind es tiefe Schichten, die vielleicht in Verbindung mit dem mütterlichen Prinzip stehen. Es ist so viel Ekel in dir, der zu den Ausscheidungen führt, weil dir sprichwörtlich alles stinkt. Die stinkende Masse steht wahrscheinlich für all das, was du emotional geschluckt hast. Gut, dass das jetzt herauskommt.*

Zu dem Traum im Kino fragt Gertrud, ob ich als Kind in meinem Zimmer eingeschlossen war. Ich verneine, mit der Einschränkung, zur Strafe jedoch auch oft nicht hinausgedurft zu haben. Sie meint, ich sei demnach innerlich sehr wohl eingeschlossen gewesen. Ihre Bemerkung macht mich nachdenklich.

G: *Vermutlich konntest du als Kind auch nicht deine Wut ausdrücken. Wer weiß, ob du überhaupt eine Trotzphase hattest oder die Pubertät gelebt hast. Es fühlt sich so an, als durfte das gar nicht sein, sondern dass du immer funktionieren musstest.*

S: *Ich und Trotzphase? Niemals! Ich war immer lieb, und die Pubertät begrenzte sich auf einen einzigen saftigen Wutausbruch meiner Mutter gegenüber, als ich 15 war. Mit 16 verließ ich mein Elternhaus. Solange ich zu Hause war, war ich Kompensationsmeisterin und ein Multitasking-Talent.*

G: *Dieser Traum ist ein großer Befreiungstraum, sodass jetzt der Zugang zu dieser weisen Frau möglich ist – oder zu einer größeren, weiblichen Energie, die nicht mehr persönlich ist, die einfach in der Liebe präsent ist.*

Abstieg in den Hades

S: *Seltsam war auch, wie ich mich vom Äußeren der weisen Frau habe irritieren lassen. Sie sah eher aus wie eine Putzfrau.*

G: *Ja, eine weise Frau kann ganz schlicht auftreten.*

S: *Auch ihr Leuchten hatte ich anfangs nicht wahrgenommen.*

G: *Weil die Offenheit in dir noch nicht da war. Unsere Verletzungen durch unsere Mütter, die Schattenanteile in uns, trennen uns ja auch von der kosmischen Mutter oder von der weisen Frau in uns selbst. Im kosmischen Sinne müssen wir in den Hades, die Unterwelt, absteigen und unsere Schattenanteile bearbeiten. Dann können wir wieder in das große Ganze, das Kosmisch-Mütterliche, zurückkommen und wieder aufgenommen werden in die große Einheit.*

In der Dunkelheit findet immer wieder dieser Abstieg statt. Alle verletzten Anteile in uns – was wir von den Müttern und kollektiv aus der mütterlichen Reihe in uns tragen – müssen geheilt werden. Dir hat eine Menge gefehlt. Jetzt kommst du langsam zu einem Leuchten, einer Weite, also in die Schwingung des Seins.

S: *Die Verbindung zum Göttlichen hatte ich schon vorher, aber ich erhielt nie eine Antwort. Hier spielt es sicher eine Rolle, dass meine DDR-Sozialisierung mir Gott nicht nahegebracht hat. Ich fühlte zwar immer eine tiefe Sehnsucht nach Antworten auf meine Fragen, aber die kamen nie. Darin spiegelte sich die Beziehungslosigkeit in meiner Familie, aber auch die Beziehungslosigkeit zu Gott. Das Traurige ist, dass man diese Effekte für normal hält und die Beziehungslosigkeit im Funktionieren gar nicht spürt.*

G: *Ich denke, dass die Menschen in der DDR generell funktionieren mussten und ihre Gedanken kaum äußern konnten, oder?*

S: *Ja, schon. Mehr oder weniger. Kam auf das Thema an.*

G: *Und das wurde dann mit nach Hause getragen.*

S: *Ich habe das nie so empfunden, als ich noch drinsteckte. Ich kannte es nicht anders.*

G.: *Genau. Man arrangiert sich damit, aber nun kommen dir die weiblichen Mysterien durch die weise Frau näher.*

S: *Ja. Die Lösung des Pfropfens war grundlegend wichtig und ermöglichte das Nachfolgende.*

Göttliche Liebe und höchste Güte

S: *Ich finde es erstaunlich, dass meine bisherigen Erfahrungen noch getoppt werden können. Ich fühle göttliche Liebe, Anmut, Sanftmut, Liebenswürdigkeit.*

Die weise Frau hat eine so unglaubliche Herzensgüte. Friedvolles, Liebevolles floss in mich hinein, zu meinen Eltern, zu dir und diesem Haus, zur ganzen Welt. Überall floss diese Liebe hin.

G: *Oh, wie schön! Das ist nichts Persönliches, sondern eine große, universelle Liebe. Wenn du damit verbunden bist, dann ist sie auch in dir. Dann fließt sie durch dich zu allem, zu allen Wesen der Schöpfung hin. Die Weiblichkeit ist dieses große Netz, das alles miteinander verwebt und überall hinfließt. Sie ist alles in einem und alle Teile gleichermaßen.*

Es fühlt sich ganz sanft an, als würdet ihr beide – so mein Bild von dir und der Frau – in einer Landschaft sitzen, dahinter die Berge, das Wasser, und ihr lauscht dem Wasserfall. Alles verbindet sich – das Weibliche mit dem Männlichen: Die Berge sind ja eher männlich, also das Nach-oben-Hinausragen oder Hineinragen in die ewige Stille und Herrlichkeit Gottes sozusagen. Du sitzt mit der weisen Alten in dieser Landschaft, ihr seid miteinander verbunden, sodass du sie noch mehr in dich aufnimmst, um letztendlich in etwas noch Größeres einzutauchen, und es über sie möglich wird, dir die weiblichen Mysterien zu erschließen. Du landest wieder im kosmischen Schoß.

S: *Das erinnert mich an einen Punkt in meinem zweiten Dunkelretreat: Ich schwamm als einzelner Tropfen in einem Fluss und später floss ich in ein riesengroßes Meer hinein. Da war totale Stille und ich fühlte mich als Teil eines riesigen Ozeans. Ich hatte das Gefühl, dass dieser sich in seiner Gesamtheit auch bewegt. Daraus schloss ich, dass dieser Ozean wiederum in etwas noch Größeres eingebunden ist.*

G: *Genau, aus dem kosmisch-weiblichen Schoß bringen wir auf dieser Erde alle möglichen Formen hervor und dies und das zum Ausdruck.*

Und zu diesem Schoß geht alles wieder zurück. Er ist einfach das Ewige, so heißt es in den alten Schöpfungsgeschichten oder Kosmologien der Verehrung der großen Mutter. Sie ist ewige Dunkelheit, ewige Stille – das große Nichts.

Die All-Mutter – das sehende Auge

S: *Eine andere, frühere Erfahrung von mir könnte auch in die Richtung gehen: Ich hatte das Gefühl, überall Augen zu haben und überall zur selben Zeit zu sein. Als wäre ich alle Augen gleichzeitig und gleichzeitig an jedem physischen und nichtphysischen Ort. Ich bin alles und vollkommen – nichts kann weggenommen oder hinzugefügt werden – der Pool aller Möglichkeiten.*

G: *Ja. Wenn du in die All-Verbundenheit eintrittst, kannst du diese Erfahrung machen, denn die All-Mutter wird auch als das „sehende Auge" bezeichnet. Das Auge ist überall. Aber nicht so, wie der Gott, der straft und dich kontrolliert, sondern all-sehend, alles durchschauend. Die allmächtige Mutter wird über die Augen verehrt. Auf der griechischen Insel Kos malt man diese Augen zum Beispiel auf die Fischerboote. Die Göttin ist mit den Fischern, sie sieht und schützt sie.*

S.: *Sie glauben tief daran.*

G.: *Daran, dass es etwas gibt, das größer ist als wir, das uns alle hält und das wir auch nähren. Es geht nicht nur um das Individuelle, Persönliche.*

S: *Wir nähren das auch?*

G.: *Ja, wir nähren das Allmächtige. Du tust es zum Beispiel, indem du diese Erfahrung machst. Alles ist wechselseitig. Das große Nichts können wir wahrscheinlich nicht nähren. Aber alles andere schon.*

S: *Es ist schön, so eingebettet zu sein! Wer hätte das gedacht?* (Lachen beide.)

G: *Das geht weit über den Kopf, über das Denken hinaus. Das ist eine tiefe mystische Erfahrung.*

S: *Ich fand deine Aussage, die Berge seien männlich, interessant. In meiner Klause bin ich umgeben von schroffen, hohen Bergen. Die Luft dort ist sehr klar. Jetzt, wo du das Weibliche dazu bringst, das berührt mich.*

G: *Ja, das ist wie eine Vereinigung von Männlich und Weiblich. Die Höhle, in der du sitzt, ist weiblich wie das Becken der großen Göttin oder Mutter. Und die Berge, die in den Himmel hineinragen, sind sehr männlich. Jetzt sehe ich auch Wasser, das darüber fließt – das Weiche umfließt das Feste. Da sind auch Polaritäten, die in dir zusammenkommen: Himmel und Erde – männlich und weiblich.*

S: *Dieses Flüssige ist bezaubernd schön!*

G: *Genau, wie ein Aufweichen.*

S: *Meine Kernenergie ist ganz sanft, etwas Feines, Graziles, so wie mein Körper. In dieser Zartheit steckt Kraft.*

G: *In den Zellen, in deinen Atomen findet in der Dunkelheit auch eine Umstrukturierung statt. So können diese Informationen mehr verankert werden. Von der kosmischen Liebe und Güte wird alles weiter, dein Herz wird immer größer.*

S: *Das ist auch mein tiefster Wunsch.*

G: *Die Liebe ist letztendlich der Weg, der dich weiterführt und den es zu vertiefen lohnt. Ein C.-G.-Jung-Lehrer von mir hat die universelle Liebe immer als den Klebstoff des Universums bezeichnet, als das, was alles zusammenhält. Er interpretierte es als etwas Haltendes, Verbundenes, Verbindendes.*

Nach einer sehr langen, lebendig prickelnden Pause merke ich an, dass der Dunkelraum ein angenehmer und schöner Brutkasten sei.

S: *Ich bin gespannt, wie es weitergeht. Selbst wenn es nicht weitergeht, ist es ein Vertiefen dessen, was ist. Allein das ist unglaublich wertvoll.*

G: *Auch Phasen von Stille und Integration gehören dazu. Die Verbindung zu den hohen kosmischen Schwingungen wird immer stärker, weil deine Chakren sich weit öffnen nach oben und nach unten. So wirst du sozusagen zu einer Leiter für diese hochschwingende Energie zwischen dem Oben und dem Unten. Durch dich fließt das alles durch, weil die Themen jetzt zu dieser Zeit für dich auch wichtig sind. Ebenso gibt es Einblicke in die Mysterien, die vielleicht jetzt für dich bedeutsam sind. Außerdem werden persönliche Themen aktiviert, die manchmal mit hochschwemmen und gleichzeitig die Tore zum Überpersönlichen öffnen. Sei einfach entspannt, hege keine Erwartungen – das ist die beste Voraussetzung. Samtig fühlt sich das an, weich und weiblich.*

S: *Ich danke dir, Gertrud.*

Ich spüre noch lange die Weichheit. Als ich das erste Mal Oma geworden bin, fühlte ich mich auch so.

*

13:27 Uhr – Ich fühle mich weiterhin sanft, weich, zart, offen, still ... und bin hoch oben in der Klause, auf 6.800 Höhenmetern. Ich fühle mich auch vergeistigt, transparent, durchlässig. Der andere Ort, die Höhle (Tempel), zu der ich jetzt wechsle – und dazu reicht ein Gedanke –, ist nach wie vor nach oben hin offen (ohne Zimmerdecke). Ich sitze jetzt quasi auf der Dachterrasse meiner Höhle. (Lachen.) Ich bin von tiefer Dankbarkeit, Liebe und Frieden durchtränkt und all das fließt in die Gruppe und in die Welt.

Erhabenheit erfasst mich. Hier oben spielen Entfernungen keine Rolle. Die Qualität meines Herzens füllt mein gesamtes Energiefeld aus. Demütig lade ich die nächsthöhere Stufe des Erwachens ein, lade die strahlende Wirklichkeit ein, sich durch mich zu verwirklichen. Ich bitte um Unterstützung und Heilung der Ebenen in mir, die noch der Reifung bedürfen. *Amen.*

*

15:14 Uhr – Obwohl ich wach und sehr klar bin, fällt es mir schwer, mit Tai-Chi zu beginnen. Sobald ich mich aber dazu aufraffe, tut es mit gut. Merkwürdig, dass mich der Anfang so viel Überwindung kostet.

Ohne zu meditieren, bin ich in einem tiefen Meditationszustand. Der Atem fließt leicht in den Beckenboden hinunter. Der Körper ist locker. Ich fühle Sanftheit, Offenheit, Verbundenheit, Ruhe, Stille. Meine Aufmerksamkeit ruht auf den sanften Bewegungen der feinstofflichen Hände weit über meinem Kopf, die die lichtvolle Realität auf Informationen scannen. Sie fungieren wie kosmische Antennen, sind ständig auf Empfang. Es fühlt sich subtiler und klarer an als sonst, wie dünnere Luft.

Ich kontaktiere die weise Frau und weiß zugleich, dass sie, ihre Energie, in mir selbst ist. Ich fühle die Liebe und Güte in mir.

Inmitten der Herzschwingungen

16:19 Uhr – Ich lausche den feinen Schwingungen meines Herzens und bin tief beeindruckt von den zarten, kreisförmigen Wellenbewegungen, die zu beobachten reine Freude ist. Ich bin mittendrin, umgeben von emotionaler Wärme und Liebe. Die feinen Strahlen umschwingen mich lieblich. Ich fühle mich geborgen. Der Raum über meinem Kopf ist sehr subtil, sehr klar – viel dünner als Luft. Die Herzschwingungen strahlen tiefen Frieden aus. Noch nie habe ich mein Herz so tief gefühlt. Wahrscheinlich fühle ich mehr das Herz-Chakra.

19:14 Uhr – Ich habe Kopfschmerzen und gehe schlafen.

14. Tag

8:02 Uhr – Seit etwa drei Uhr bin ich wach, oder habe ich überhaupt geschlafen? Ich weiß es nicht. In der Klause auf 6.800 Höhenmetern klingt das Glockengeläut, als würde sich die Kirche weit unten im Tal befinden. Die groben, fast hart klingenden Glockentöne schwingen nicht in die höheren Sphären hinein. Wenn ich die Töne als Erinnerung an Gott nehme, beflügeln sie mich lediglich wie ein sachtes Anstupsen. Die feineren Wellenausläufer der Glockentöne kommen bei mir als verdünnter Aufguss an und schwingen ein Stück über mir aus. Ich nehme die Töne deutlich als Schwingung wahr.

Ich wechsle mit meiner Aufmerksamkeit in die Höhle (Tempel) und bin beeindruckt von ihrer weiteren Veränderung. Die Seitenwände des unteren Raumes haben sich aufgelöst, sodass ich nach allen Seiten Ausblick habe. Der Innenraum ist dadurch lichter geworden. In ihm befinden sich mehrere schlicht verzierte Säulen, auf denen die obere Etage ruht.

Die Glockentonwelle nimmt an Intensität zu und klingt jetzt wie ein Weckruf. Er scheint die Menschen im Dorf erinnern zu wollen: *„Leute, kommt in die Kirche. Denkt dran, es gibt noch mehr als nur Materie.“* Ich lausche ihm sehr lange.

Gespräch mit Gertrud

10:44 Uhr – Gertrud nimmt beim Betreten meines Raumes eine tiefe Stille wahr. Ich bestätige ihre Empfindung und erwähne, dass ich gestern mehrere Stunden mit dem Fühlen der Herzschwingungen zugebracht habe.

G: *Was hast du gefühlt, wenn du dich darauf eingestellt hast?*

S: *Die Herzgegend fühlte sich an wie ein sich bewegender Kreis. Ich fühlte mich vollkommen geborgen und genoss diese feinen Bewegungen.*

G: *Der Kreis hat sich bewegt, oder vibrierte er?*

S: *Es wirkte wie eine langsam hin- und herschwingende zarte Bewegung.*

G: *Bei den Indern wird dies etwa so beschrieben: Es gibt eine Drehung der Chakren – Lichträder. Vielleicht hast du das erfahren.*

S: *Gefühlt habe ich es als rund, aber es war keine kreisende Drehbewegung, nur diese fließende Bewegung in sich selbst.*

G: *Und hast du auch Farben gesehen?*

S: *Nein.*

G: *Ich spüre, dass du immer mehr darin aufgenommen bist.*

Ich bestätige diesen Eindruck und berichte von der Auflösung der Seitenwände in der Höhle, wodurch es wesentlich heller geworden ist.

G: *Das ist eine Öffnung zum Kosmos. Wie ist es für dich, da drin zu sein? Wirkt sich das aus auf dein Herz, auf deinen Atem? Ist das mehr Ausdehnung? Oder Empfangen? Oder Rausschauen-Können?*

S: *Obwohl es ringsum offen ist, zieht es nicht. Es geht absolut kein Wind; große Stille ist da. Ein Gefühl von Vertiefung. Und am anderen Ort, in der Klause, oben auf 6.800 Metern, bin ich sehr luftig und durchlässig.*

G: *Sehr geistig.*

Im Schwingungsbereich der Vögel

Die Suche nach Worten für mein Empfinden fällt mir schwer. Zu den Schwingungen der Glockentöne meint Gertrud, dass man, wenn man selbst in einem veränderten Bewusstseinszustand ist, auch die Schwingungen und Töne von außen ganz anders wahrnimmt. Ich fühle mich sofort an das Phänomen der Vögel erinnert, in deren Schwingungsbereich ich offensichtlich gestern eingetaucht bin.

S: *Im Unterschied zu Menschen fühlt sich der Schwingungsbereich der Vögel leicht und unbekümmert an. Die Vögel sind einfach und zwitschern vor sich hin.*

G: *Gestern kamen plötzlich Hunderte Stare, drehten Spiralen über dem Haus und fraßen den Kirschbaum halb leer. Zwischendurch drehten sie immer wieder diese rauschenden Spiralen über dem Haus, kehrten zum Baum zurück und die ganze Zeit unterhielten sie sich lauthals. Das war ein richtig starkes Feld.*

S: (Erstaunt:) *Ach, das waren Stare! Ich dachte, es seien Krähen.*

G: *Zwischendurch haben auch Elstern „geschimpft“ und natürlich auch jede Menge Spatzen. Da war richtig was los in der Luft, vor allem über dem Haus. Wie war das für dich?*

S: *Ich habe sie als ein stark bewegtes, großflächig kreisendes und zusammenhängendes Energiefeld wahrgenommen. Ich fragte mich, was da draußen los sei. Ich hatte ein klares Mengengefühl; das Haus schien umringt von sehr vielen Vögeln.*

Mir fiel auch auf, dass manche Vögel immer dieselben Töne und andere wiederum richtige Lieder zwitschern.

G: *Du scheinst ganz mit den Vögeln verbunden zu sein.*

Die zwei Seiten der Mutter

S: *Ja. Ansonsten tauchen viele klare Bilder an vergangene Ereignisse, quer durch mein Leben, auf. Die Situationen erscheinen sehr lebendig vor mir und berühren mich tief. Bin ich zu sehr im Verstand?*

G: *Nein, das ist ganz natürlich und wird nicht von Gedanken ausgelöst. Es ist mehr eine geistige Ebene, die das hochbringt, damit du dir dein Leben noch einmal anschaust und herausfindest, was vielleicht noch befriedet werden möchte. Du sollst noch mehr in Frieden kommen. Du siehst die ganze Dichte deines Lebens, also die Ereignisse und die Fülle und das Leben an sich. Damit du verstehst, dass es keine Zufälligkeiten gibt.*

S: *Genau, so fühlt es sich auch an. Dadurch, dass alles hochkommt, bekomme ich einen Überblick und sehe die Lebenszusammenhänge.*

G: *Wenn man das mal so betrachtet, ist es unglaublich, wie sich alles gefügt hat.*

S: *Ja, das stimmt. Und ich habe es überlebt. Nicht nur im übertragenen Sinn, also innerlich. Eine der Erinnerungen betrifft tatsächlich eine lebensgefährliche Urlaubserfahrung. Vor ein paar Jahren war ich in Portugal beim Schnorcheln. Dort zog mich die Strömung aufs Meer hinaus, hinter die Bojen. Ich hatte plötzlich das Gefühl, als ob das Wasser nach mir greift und mich nach unten ziehen möchte. Ich bin fast ertrunken! Niemand war in Rufnähe. In meiner Todesangst ruderte ich mit meinen Flossen und all meiner Kraft auf die nächstgelegene Boje zu, um mich festhalten zu können. Sie war meine Rettung. Ich ruhte mich aus und versuchte, mich zu beruhigen. Vor dem Sog nach unten hatte ich große Angst.*

G: *Klar, das Wasser hat eine unwahrscheinliche Macht.*

S: *An Land bin ich dann erschöpft zusammengebrochen. Ich stand unter Schock.*

G: *Kein Wunder, das ist ja ein Todeserlebnis. Wie deutest du das für dich?*

S: *Puh! Ich habe das bislang nicht gedeutet.*

G: *Ich habe auch gerade die Luft angehalten. Der große Ozean, das Meer, die große Mutter, ist sowohl zerstörerisch als auch Leben gebend. Du kannst dich entspannen in ihr, aber sie hat auch ihre gefährlichen Seiten.*

S: *Wie deutest du das? Hast du eine Assoziation dazu?*

G: *Es ist immer noch dein Thema mit der Mutter, würde ich sagen.*

S: *Das Nach-mir-Greifen, der Sog. Ja, das ergibt Sinn.*

G: *Du hast sie nicht immer beschützend erlebt, sondern auch als saugend.*

S: *Als vereinnahmend.*

G: *Genau. Und wenn du dich einfach so in ihr Gewässer hineingibst, kannst du damit rechnen, dass du ausgesaugt wirst. Du musstest dich immer fragen: „Wo bleibe ich?"*

S: *Das ergibt Sinn.*

G: *Die Mutter hat eine verschlingende Seite. Durch Anpassung und Aufpassen hast du dir natürlich eine Menge Struktur aufgebaut. Das Wasser hat dich noch mal freigegeben, oder du dich selbst durch deine Wachheit.*

S: (Laut auflachen:) *Ich habe mich selbst freigegeben?*

G: *Genau, aus deiner Kraft heraus. Es ging ja um Leben und Tod. Das kollektive, mütterliche Unbewusste kann auch heißen: Es geht um Transformation. Wenn du im Alten bleibst, zieht es dich weg. Die Botschaft könnte auch sein: Aus deiner eigenen Kraft hast du dich aus dem Sog befreit und Kräfte entzündet, von denen du gar nicht wusstest, dass du sie überhaupt hast.*

(Kurze Pause.) *Die Indianer sagen, wir Menschen sind wie Teebeutel. Wenn man uns in das heiße Wasser wirft, entfalten wir unsere volle Kraft.*

S: *Stimmt! Erst wenn es uns richtig dreckig geht, sind wir bereit, uns zu verändern.*

G: *Wobei sich das nicht ständig wiederholen muss. Wir werden ja mit der Zeit sensibler und wacher. Aber solange der Mensch in etwas gefangen ist, z. B. in gesellschaftlichen, kulturellen und religiösen Regelwerken, werden wir immer wieder mit diesem Muster konfrontiert. Wenn die Seele nicht weiterkommt in der Entwicklung, dann muss etwas Dramatisches, z. B. ein Unfall, passieren. Wenn wir wacher und bewusster sind, müssen solch drastische Ereignisse nicht mehr stattfinden.*

Meine Kernschwingung

Ich reflektiere kurz die Dynamik: Unbewusstes und Verdrängtes kann aufwühlende Ereignisse in mein Leben ziehen, damit mir etwas bewusst wird und ich mich weiterentwickeln kann. Ich bitte Gertrud um ein inneres Bild.

G: *Viel Leichtigkeit sehe ich. Die Rollläden hast du jetzt hochgezogen. Du sitzt da, schaust raus und bist von energetischen Lichtspiralen umgeben. Weibliche Energie oder androgyn, ich weiß es nicht. Auf jeden Fall hat sie eine hohe spirituelle Qualität.*

S: (Spontan ausrufend:) *Das ist meine Kernschwingung – eine feine, spiralige Energie!*

G: *Sie tanzt, umtanzt dich und das bist du selbst. Sie dehnt sich da aus, wo du bist.*

„Super", murmle ich vor mich hin, während ich im Kontakt mit den tanzenden Lichtspiralen bin.

G: *Deine Kernschwingung geht Verbindungen ein zu all den Schwingungen, die auf dieser Ebene sind. Das ist deine Seelenheimat, dein Zuhause, hier bist du angekommen. Die Spiralen sind leicht, heiter – ganz aus deiner Seelenessenz heraus.*

S: *Und mein Körper passt vom Aussehen her genau zu meiner Kernschwingung.*

G: *Ja. Die Geist-Seelen-Energie spiegelt sich auch über den Körper wider, also darin, wie der Körper geformt ist.*

Das berührt mich sehr und mein Herz geht auf. Ich habe den ganz, ganz starken Wunsch, meine Kernschwingung noch mehr fühlen und noch mehr wahrnehmen zu können. Ich will mich hinein entspannen. Plötzlich verspüre ich den Impuls, Gertrud von meinem Transformationsexperiment zu erzählen.

Das Transformationsexperiment

S: *Hier im Dunkelraum nahm ich die ersten zwei Tage die Gruppe sehr wach wahr. Danach nahm die Teilnehmerpräsenz gefühlt ab, als hätten ein paar Leute ihr Anliegen vergessen. Das ist aber nur mein Gefühl. Ich weiß nicht, ob es wirklich so ist. Von den wenigen, die ich kenne, gibt es ein paar, die mir, seitdem ich hier bin, weitgehend präsent erscheinen. Das sind Menschen, die generell sehr wach sind.*

G: *Und die sind auch jetzt hier?*

S: *Ja. Ich kann sie fast immer fühlen. Ich habe die Teilnehmer gebeten, mir am Ende des Experimentes eine Rückmeldung zu geben, wie sie in ihrem inneren Prozess weitergekommen sind.*

G: *Auf jeden Fall ist es ein interessantes Experiment. Vielleicht wird sich zeigen, wer wirklich auf dieser Ebene von hoher geistiger Schwingung mitgehen kann. Das können nicht alle.*

S: *Nein, aber alle sind in diesen Frieden und diese Liebe eingebunden.*

G: *Letztendlich ist das ja von einer höheren Ebene aus genau das, was die Transformation bewirkt. Nur, dass du es jetzt untersuchst und dir anhörst, was die Einzelnen dazu mitzuteilen haben. Aber an sich ist das immer ein großer kollektiver Beitrag. Ich spüre auch, dass es keinerlei unangenehme Auswirkungen für dich hat.*

S: *Richtig. Ich bin da sehr klar: Zunächst geht es um meine Heilung. Und jeder Teilnehmer steht für sich und seine spirituelle Entfaltung in eigener Verantwortung.*

G: *Es bringt ja auch nichts, wenn sich Menschen emotional andocken und ihre innere Arbeit nicht machen wollen und du das für sie erledigen sollst. Das ist ja auch nicht Sinn und Zweck der Sache.*

S: *Ich habe das Gefühl, dass die Gruppe frei ist von mir und ich frei bin von der Gruppe – zwar verbunden, aber frei.*

G: *Ich spüre auch keine Abhängigkeit oder Behinderung. Wenn du davon sprichst, sehe ich nur eine Einzige auf der Stufe, auf der du bist und ein paar andere, die dahin schauen.*

S: *Ich sehe zwei, eine Frau und einen Mann ...*

Der blaue Tod

Ich fühle und sehe strahlend weißes Licht, direkt vor mir und um mich herum. Gertrud meint, sie würde tanzendes, spiralig strahlend weißes Licht sehen mit ein paar Goldfäden dazwischen. Weiter oben fühle und sehe ich durchsichtiges Licht, ohne Farbe. Gertrud erwähnt Farben, über die sie einiges gelesen hat, bspw. dass höhere geistige Ebenen in Violett, Hellblau oder Dunkelblau erscheinen können. Es gebe Schamanen, die „blue death“ dazu sagen – blauer Tod, weil die Energie sich als blau darstellt, wenn das Ego stirbt.

Wir tauschen uns über meine Erfahrungen mit tiefblauem Licht in 1996 und meine Begegnung mit der Lichtfrau in 1998 aus.

G: *Das Leichte, Lichtvolle ist deine Essenz. Je tiefer du kommst, desto mehr siehst du: Es ist alles da, wir sind kosmische Wesen. Wir sind von der Essenz her Licht und Geist. Wir müssen uns gar nicht aus dem Körper rausbewegen. Indem die Lichtfrau dir erschienen ist, hat dein himmlischer Anteil sich noch mehr in deinem Körper verankert, hier auf der Erde.*

S: *Ja. Viele scheinen das aus Büchern zu wissen, aber das zu erfahren, ist noch mal etwas anderes.*

G: *Komplett anders. Was man erlebt hat, ist als inneres Wissen da. Das andere ist nur intellektuelles Wissen, das immer hin und her wankt, je nachdem, wie man sich fühlt.*

S: *15 Jahre lang konnte ich mit der Lichtfrau gar nichts anfangen. Ich ahnte nur, dass das mein höheres Selbst ist.*

Lachend meint Gertrud, dass das oft so sei. Solche Erfahrungen bräuchten oft zig Jahre, bis man sie integriert oder versteht. Der Verstand könne keine Antwort darauf geben. Da müsse man immer wieder reinspüren und irgendwann komme dann der Aha-Effekt!

S: (Lacht:) *Ja, genau so ist das.*

G: *Geht es deinem Kreislauf gut?*

S: *Ja, auch meine Orientierung ist sehr klar.*

G: *Das spüre ich auch und dass eine sehr gute Erdung da ist, eine starke Verbindung zur weiblichen Kraft, zur Mutter Erde.*

S: *Meine Theorie ist, wenn ein Mensch innerlich sehr klar ist, dann tauchen Symptome wie Schwindel, Orientierungslosigkeit usw. in der Dunkelheit nicht mehr auf. Was meinst du dazu?*

G: *Davon gehe ich auch aus. Während der seelischen Entschlackung kann ein desolater körperlicher Zustand auftreten. Krankheiten oder Gifte, die noch im System sind, können sich zeigen und Symptome verursachen.*

S: *Diese Startschwierigkeiten weisen scheinbar auf nicht integrierte Energie hin. Aber wenn sie integriert ist, hören die Symptome auf.*

G: *Genau. Dann schwingen wir einfach aus der Essenz heraus, rein und klar.*

Wir kommen spontan auf die Archetypen zu sprechen.

G: *Du bist auch auf der höheren Ebene, auf der du jetzt bist, immer noch mit den Archetypen verbunden. Hier und da sind noch Symbole und Bilder, die auch irgendwann aufhören. Du transzendierst immer mehr. Die Schwingungen werden höher. Die Stille, das Sein nehmen zu. Die Reinigungsphase ist beendet – aber es kann immer mal wieder etwas auftauchen. Heilung ist ja kein linearer Prozess.*

*

12:30 Uhr – Ich sitze auf meinem Meditationsplatz. Die Atmung fließt leicht in den Bauch hinunter. Gedanken an Sauerkrautsaft und Gemüsesuppe ploppen auf; ich lasse sie ziehen. Atemzug. Jucken an einer Stelle. Frosch im Hals. Portugal taucht noch einmal auf. Ein schreckliches Gefühl geht damit einher. Druck auf den Ohren, als würde ich im Flugzeug sitzen. Ich beobachte die ruhigen, regelmäßigen, langen, tiefen Atemzüge, realisiere die Spannungen im Nacken, wende mich ihnen sanft und liebevoll zu, als wären sie ein Baby. Sie lösen sich auf. Ich gewahre die feinen Wellenbewegungen meiner Seele, meiner Kernschwingung. Tiefe Stille und Ruhe. Ich lasse mich immer wieder in die Atemwelle hineingleiten, fühle die liebliche Energie meines Herzens.

*

16:30 Uhr – Nach dem gestrigen Traum von der stinkenden Masse aus der Unterwelt folgt heute mein Körper nach: Ich habe die letzten Stunden auf der Toilette verbracht. Nachdem sich riesige Mengen – *woher nur? Ich faste seit zwei Wochen!* – aus dem Darm entleert haben, fühle ich mich physisch rein, wie von innen gewaschen, und emotional erleichtert. Zugleich bin ich müde, schlapp, kraftlos und liege mit aufgesprungenen Lippen im Bett.

Verschiedene Körperstellen tun weh, auch Bereiche, die schon Jahrzehnte nicht mehr schmerzten. Ich höre eine Mücke summen. Da sie immer im gleichen Abstand bleibt, kann es auch eine Illusion sein. *Mein*

Gott! Morgen bin ich schon zwei Wochen hier drin! Es fühlt sich an wie höchstens fünf Tage.

15. Tag

2:13 Uhr – Die Kirchenuhr hat gerade zwei geschlagen. Ich bin müde und zugleich wach. Ich bin einfach.

*

6:38 Uhr – Die Dachterrasse meiner Höhle erscheint mir jetzt etwas kleiner. Ihre Ausläufer wölben sich nach oben und erinnern mich an einen chinesischen Tempel. Der Ausblick ist noch freier geworden, als würde ich durch größere Fenster schauen. Innen ist es viele Nuancen heller.

Ich wechsle in die höher gelegene Klause. Hier ist die Luft und alles ringsum außergewöhnlich klar. Nachdem mir bewusst wird, dass ich etwas erreichen will, lasse ich das Erreichen-Wollen los und bin einfach. Nach einiger Zeit taucht Portugal nochmals auf, mit all der Angst, zu ertrinken, die ich deutlich fühle. Ich spreche mit der Saskia von damals, sage ihr, dass alles gut ausgeht, und begleite sie von Boje zu Boje bis an den Strand. Zugleich bin ich die jüngere Saskia, richte meinen Blick auf die Kraft in den Beinen und darauf, dass die Flossen mich schnell vorwärtstragen. Die Flossen tragen mich! Ich kann tauchen oder schwimmen, das Wasser trägt mich durch meinen Antrieb. Gefühlte Stunden bin ich an dem Thema dran, bis die Todesangst sich allmählich auflöst.

Gespräch mit Gertrud

10:42 Uhr – Gertrud fragt mich erneut, ob ich keinen Schwindel fühle. Sie macht sich Sorgen, weil ich schon so lange faste. Ich verneine, denn ich fühle mich weit offen und sehr gereinigt. Das Fasten tut mir richtig gut. Ich berichte ihr von den Veränderungen in der Höhle und dass ich alles als einen Vertiefungsprozess empfinde. Der größere Ausblick richte sich nicht auf die Berge, sondern auf irgendetwas Helles.

G: *Helles Licht? Dein Geist-Seelen-Licht?*

S: *Ich weiß nicht.*

G: *Und da ist es still?*

S: *Ja. Parallel dazu bin ich auch in der Klause.*

G: *Du wechselst immer wieder zwischen Höhle und Klause?*

Ich bestätige.

G: *Nimmst du dich eher außerhalb des Körpers wahr?*

S: *Nein. Ich fühle eine tiefe, wohlige Verbindung mit dem Körper.*

G: *Ich spüre ganz stark deine Präsenz. Das Hier und Jetzt. In solchen Welten – wenn wir dort ankommen – können wir uns ausruhen. Im Alltag ist es oft sehr anstrengend, das Hin und Her, die eigene Geschichte, das Aufarbeiten. Diese Phase der Stille ist jetzt für dich so etwas wie einfach-Sein. Da muss nicht immer was passieren.*

S: *Ich genieße das Vertiefen.*

G: *Stille ist auch eine ganz große Heilkraft.*

Das achte Chakra

S: *Allerdings sinke ich immer schnell wieder tiefer. Mir fällt es nicht leicht, so weit oben zu bleiben.*

G: *Welchem Chakra würdest du das zuordnen?*

S: *Es liegt oberhalb des Kronen-Chakras.*

G: *Achtes Chakra!*

S: *Keine Ahnung.*

G: *Die Schamanen arbeiten mit dem achten Chakra. Das siebte ist laut Schamanen ca. zehn Zentimeter oberhalb des Scheitelpunktes. Das achte wird vor allem von den Inka-Schamanen als leuchtende Sonne gesehen. Im achten Chakra werden wir eins mit dem Hier, eins mit allem. Wir werden aufgenommen in die Einheit. Im siebten Chakra, sagen sie, haben wir alles in uns und umkehrt, im achten sind wir in allem. Wenn wir sterben, gehen wir ins achte Chakra zurück – das sei der Punkt, wohin sich die Seelenenergie, Geist-Seelen-Energie, zurückziehe, um eins mit allem zu sein.*

S: *Beim Meditieren sinke ich nach unten und spüre dann in das Herz-Chakra hinein.*

G: *Die Verbindung nach unten ist gut. Passiert es einfach von allein, ohne dass du es steuerst?*

S: *Genau. Wenn ich bewusst nach oben steuere, ist das anstrengend. Ich habe früher immer nur nach unten meditiert.*

G: *Manchmal ist es anstrengend, so hohe Schwingungen zu halten.*

S: *Ja. Vielleicht bin ich auch noch nicht so weit.*

G: *Ich würde es erst mal bei der Beobachtung lassen. „Nach unten" heißt in die unteren Chakren?*

S: *Ich richte meine Aufmerksamkeit auf den Unterbauch, auf die Atmung, und dann sinke ich fühlbar, wie in einem Fahrstuhl, nach unten und lande meistens auf Herzhöhe. Parallel dazu findet eine Öffnung oder Weitung statt, der ich nachspüre.*

G: *Im Herzen?*

S: *Im Herzen und um mich herum.*

G: *Also die ganze Energie? Körperlich dehnt es sich aus?*

S: *Als ob ich dann mehr das Umfeld spüre und weniger den Körper, vor allem, wenn ich sehr tief bin. Ich fühle dann unendliche Weite, bis dahin, dass ich Weite bin. Stille und Weite und starke Lebendigkeit ...*

Neptun – Ozean und Weite

In einem langen Gespräch mit Gertrud verarbeite ich nochmals die Todesangst meiner Portugal-Erfahrung.

Sie findet es interessant, dass die Todesangst aufgetaucht ist, seitdem ich mehr transzendiere und in die Stille komme. Im Ozeanischen, dem ewig Unbegrenzten, könne man auch weggezogen werden, meint sie, weshalb also die bedrohlichen Erlebnisse beim damaligen Schnorcheln im Meer noch einmal hochkommen könnten, je mehr ich mich auflöse im Ganzen. Der Überlebensmechanismus würde eingeschaltet, Adrenalin pur. Ich sei auch eher der Retter-Typ, denn der Opfer-Typ gehe unter.

S: *Vielleicht. Ich hatte schon als Kind Angst zu sterben. Vielleicht hat diese Angst meinen Selbsterhaltungstrieb umso wirksamer aktiviert.*

G: *Astrologisch gesehen: Neptun steht in deinem Horoskop im ersten Haus. Neptun ist der große Ozean, das ewig Weite, Unbegrenzte. Das erste Haus ist dein Persönlichkeitshaus. Neptun im ersten Haus heißt, dass man innerlich oft in einem Nirgendwo herumschwimmt und ein Gefühl hat, keine Grenzen zu haben. Und mit dem Aszendenten Skorpion wirst du immer an die Grenzen geführt. Die ersten Grenzen sind Geburt und Tod. Das Erleben der Todesgrenze hilft dir, ins Leben zurückzufinden. Schwierige Konstellationen haben dich auf deinen Weg geführt.*

Ich fühle mich tief gesehen.

G: *Das Haltlose spiegelt die nebulöse Erfahrung in deiner Kindheit, keine sicheren Grenzen zu haben. Und auf der anderen Seite ist da die große*

Fähigkeit der Feinfühligkeit und deine Tiefe. Das Neptunische nimmt dich immer wieder in die All-Liebe hinein, in die große Verbundenheit. Gleichzeitig machst du auf der persönlichen Ebene immer wieder Grenzerfahrungen: Wo beginne ich? Wo höre ich auf? Wo fängt das andere an? Manchmal ist es schwierig, das einschätzen zu können. Gehört das zu mir? Zu dem anderen, zum Kollektiv? Gerade das Kollektive wird auch sehr stark wahrgenommen.

S: *Stimmt genau. Ich habe in den letzten 16 Jahren viel gelernt und erkannt: Wer bin ich? Wer bin ich nicht? Wie setze ich erwachsen Grenzen? Welche Gefühle und Bedürfnisse habe ich und wie drücke ich diese aus?*

G: *Du hast eine Begabung, subtile Dinge und deine Innenwelt sowie energetische Wahrnehmungen usw. differenziert beschreiben zu können und auch in einer verständlichen Form zu vermitteln.*

S: *Das habe ich mir in intensiven 13 Jahren Therapie erarbeitet. Das Schreiben und die Videos spielen auch eine Rolle. Ich gebe alles weiter, was ich erfahren, gelernt und erkannt habe.*

Wir kommen auf den Begriff Dunkelretreat zu sprechen. Gertrud erzählt mir, dass Dunkelaufenthalte eine alte Tradition hätten, z. B. in Tibet. Die Retreat-Erfahrung in der Dunkelheit sei, wie die Kogi-Indianer auch sagen, etwas Urweibliches. Das Göttliche fange durch Mutter Erde an, zum Menschen zu sprechen und Weisheit mit ihm zu teilen, wenn dieser in das Dunkelreich eintrete und sich seelisch reinige. Im Buddhismus sei die Erfahrung der Dunkelpraxis aber nur für Mönche bestimmt – im Zuge einer bestimmten Ausbildungszeit im Kloster.

S: *Ich habe eine sehr tiefe Sehnsucht danach – naiv ausgedrückt –, dass das Göttliche zu mir spricht oder ich über bspw. einen Engel tiefe Weisheiten über größere Zusammenhänge erfahre.*

G: *Du kannst deinen Geist darauf ausrichten und den Wunsch wieder loslassen. Göttliche Einsichten sind Gnade, das können wir nicht wirklich steuern. Aber die Stille ist auch göttlich.*

S: *Ja. Und die Reinheit.*

G: *Richtig. Gib die Vorstellung davon, wie sich das Mysterium dir offenbart, ganz auf. Sei einfach offen für Formen, die anders sind als laute Stimmen oder visuelle Erscheinungen. Manchmal liegt die Vermittlung einfach im Stillsein.*

S: *Ja, stimmt.*

Still sitzen wir eine Weile zusammen, dann frage ich Gertrud, ob sie zum Abschluss noch ein Bild für mich hat. Sie fühlt sich in mich ein.

G: *Wieder Weichheit, Weite, Heiterkeit, Stille. Ich sehe dich am Wasserlauf sitzen – spielerisch, wie ein Kind. Du bist verbunden mit den Elementen. Es fehlt dir an nichts. Du bist eins mit der Schönheit und den Kräften der Natur, des Himmels und der Erde. Das Himmelswasser fließt an deinem Körper vorbei. Du bewegst deine Beine im Wasser hin und her, planschst vergnügt mit den Füßen. Da ist kein Wollen, nur einfaches Sein, großes Staunen und tiefe Freude im Herzen. Das Göttliche enthüllt sich auf seine Art und Weise und in seiner Sprache – über die Sinne.*

Lieblich zarte Energie

12:27 Uhr – Während ich meine Gemüsebrühe trinke, spüre ich eine liebliche Energie. Sie erinnert mich an das Weibliche, Feine im Gespräch mit Gertrud. Es geht darum, zu fühlen, was ist, statt darum, etwas haben zu wollen.

Ich sitze auf meinem Meditationskissen. Ich frage den Druck im oberen Drittel des Sternums, was er mir sagen möchte. Der Gedanke erscheint, mir das Okay meines Vaters für das Cover meines Buches einzuholen. Ich spüre, dass ich es nur ihm zuliebe machen würde, und das fühlt sich hart an. *„Nein!“*, sage ich klar und deutlich. *„Wenn es mir gefällt, brauche ich seine Bestätigung nicht.“* Ich lasse den Gedanken los und stimme mich wieder auf das Weiche ein.

In der Klause fühle ich, dass ich jetzt etwas niedriger bin. Auf 6.235 Metern genieße ich den Klang der Stille, das Sein. Atmen ... Sein ...

*

20:56 Uhr – Nach geschätzten zwei Stunden beende ich meine Meditation. (Real waren es 8,5 Stunden) Himmlische Stille und tiefer Frieden sind in mir und um mich herum. Ich gehe schlafen.

16. Tag

3:37 Uhr – Es liegen nur noch zehn Tage vor mir. Ich habe das Gefühl, dass das Retreat gleich zu Ende ist und ich keine Zeit mehr habe. Ich fühle Torschlusspanik und beschließe, die restliche Zeit gut zu nutzen. Damit ist schon klar: Ich will etwas erreichen! Aber da ist noch etwas anderes, außer diesem Wollen. Etwas möchte noch geboren werden. Die Bewegung geht von innen nach außen und unterscheidet sich deutlich vom Haben- oder Erreichen-Wollen, das etwas von außen nach innen holen und einen inneren Mangel auffüllen möchte. Was möchte durch mich in die Welt kommen? Ein Haus mit drei Dunkelräumen ploppt immer wieder hoch.

Ich meditiere. Im Oberbauch fühle ich etwas Spannung, ebenso in der linken Schulter. Wie geht es in meinem Leben weiter? Diese Frage bewegt mich. Eine Veränderung steht an, das fühle ich deutlich. Ich weiß nicht, wie und was. Ich drehe mich wie ein Hund, der seinen Schwanz fangen möchte, im Kreis. Ich gebe die Frage wiederholt nach oben ab: *Was möchte durch mich geboren werden, durch mich in die Welt kommen?*

Das Leben-Tod-Rad

Gedanken über das Altern und Sterben tauchen auf. Es heißt, dass mit dem Leben der Tod vorprogrammiert ist. *Ist das wirklich so?* Ich halte es für möglich, dass das eine tief verankerte Vorstellung ist, sozusagen ein Glaubenssatz, der nicht infrage gestellt wird. Unsterblichkeit ist attraktiv, doch was sagt mein Inneres, mein Herz dazu? Lebt nur die Seele nach dem Tod weiter oder kann auch der physische Körper ewig leben? Mein Herz sagt Ja zur Ewigkeit, ich fühle, dass mein Körper länger leben kann, so wie die verborgenen Meister im Himalaya. Heftiger Widerspruch meldet sich im Verstand. Eine Stimme protestiert, dass dies gegen alle Erfahrung spricht. Alles, was entstanden ist, vergeht auch wieder, angefangen bei der einfachen Blume bis zu den Sternen. Ohne Geburt kein Tod und umgekehrt.

Materie folgt dem Geist – das ist ein kosmisches Gesetz. Da wir uns nur zu einem kleinen Bruchteil unserer Gedanken bewusst sind, erscheint es mir, dass die Vorstellungswelt und die damit verbundenen unbewussten Überzeugungen den Menschen wie ein blindes Huhn durch sein physisches Leben leiten ... und so auch die Überzeugung, sterben zu müssen.

Mir wird klar: Der Alterungsprozess ist ein tief in unserem Unterbewusstsein verankertes Programm. Es wirkt bis in die feinste Zellebene des Körpers hinein. Aber es gibt vermutlich einige wenige Menschen, die sich das Unterbewusstsein so weit erschlossen haben und mental frei genug sind, um weit älter als die derzeit möglich erscheinenden 115 Jahre zu werden. Es sind Meister des Bewusstseins. Aber für die meisten Menschen dürfte es als reine Utopie gelten, 160, 200, 300, 500 oder 900 Jahre alt werden zu können. Ihr Programm sagt, dass es utopisch ist ...

*

Ist das gerade ein Egotrip, um der Angst vor dem Tod aus dem Weg zu gehen? Ich stelle mir diese Frage ernsthaft, doch mein Herz sagt, dass es wirklich zu meinem Seelenauftrag gehört, dieses Thema tiefer zu erforschen. Meinem Gefühl nach kommt es aus der tiefsten Tiefe. Als kleines Mädchen, vier- bis siebenjährig etwa, konnte ich mir nie vorstellen, so vollkommen tot zu sein, dass ich von der Beerdigung – wie auch immer diese vollzogen wird – nichts spüre. Ich hatte immer Angst, nicht wirklich tot zu sein, sodass ich noch weiter fühlen würde, bspw. wie mein Körper verbrannt oder in der Erde verbuddelt und von den Würmern aufgefressen wird. Woher kamen diese Vorstellungen, die mich abends im Bett so oft gequält haben?

Ich sehe die Menschheit in einem Rad von Leben und Tod. Die Masse der Menschen befindet sich darin und stirbt, wird geboren, stirbt, wird geboren – eine Endlosschleife. Im Moment des Schauens bin ich außerhalb davon, *mit* meinem Körper. Das Leben-Tod-Rad ist hypermagnetisch, daher braucht es eine gewisse Kraft, um herauszutreten, eine De-Identifikation mit dem Mentalen, Emotionalen und Physischen. Der Schlüssel dafür liegt im reinen Bewusstsein, wo ich jenseits meiner mentalen, emotionalen und physischen Prozesse tiefer erkennen kann, wer ich bin.

Die Entfaltung der Meisterin

Die Gruppe schläft noch.

Das geschwungene Dach der Höhle, die mir emotional mehr und mehr zu einem heiligen Tempel wird, schließt seine vier Ecken nach oben hin noch weiter, sodass diese eine konkave Kuppel bilden. Mein Ausblick ist dadurch noch freier. Vor mir und um mich herum schwebt hell-weißes lebendiges Licht. Als würde ich von feinstem hellem Nebel umgeben sein. Die Energie der Meister fließt zu mir ... in mich hinein. Es geht darum, die eigene Meisterschaft zu gebären: *Ich brüte mich selbst aus, entfalte die innewohnende Meisterin. Ja! Sie ist in mir, nicht irgendwo außen.*

Höchste Lebendigkeit strömt durch meinen Körper. Ich vertraue meiner inneren Führung, einer Kraft, die mich offensichtlich schon mein ganzes Leben lang leitet. Eine Kraft, die alles umsetzt – still und heimlich an meinem Bewusstsein vorbei. Ich fühle mich größer werden. Ein erstaunliches Gefühl, mein eigenes Wachstum wie in einem Zeitraffer zu erfahren.

Ich entfalte mich zu der Meisterin, wie ein Kind zum Erwachsenen wird. Das ist meine Richtung, mein Lebensweg, meine Wahrheit. Das steht in meinen Märchenbüchern. Bei dem Gedanken huscht ein freudiges Lachen durch meinen ganzen Körper. *„Es gibt keine Märchen, es gibt nur Realität."* Holgers Satz während meines ersten Dunkelretreats berührt mich jetzt sehr. Es stimmt: Das sind „Märchenbücher", die ich noch schreibe.

Nebel und Schwärze

Tiefer Frieden ist in mir und um mich herum spürbar. Die Kuppel des Tempels ist, bis auf ein kleines Loch, nach oben hin geschlossen. Es erinnert mich an eine Rose, die erst beginnt, sich zu öffnen.

Erschaffen ist ein Anfang. Ohne mich zu drehen, erfasse ich ringsum die freie Sicht. Von vorn, noch weit weg, sehe ich Nebel zügig heranschweben. Nach einiger Zeit dringt er, sein Tempo deutlich verlangsamend, in den Tempel ein. Innerlich gänzlich ruhig, beobachte ich die

Ausbreitung des Nebels. Er gleicht einem lebendigen Wesen, das mich bedachtsam, so, als sei ich sein Ziel, komplett einhüllt. Ich atme den Nebel ein, spüre, wie er meine Lungen und den gesamten Körper ausfüllt. Er fühlt sich feucht an.

Von außen schauend, sehe ich eine dicke große Nebelwolke, die den Tempel einhüllt und den Innenraum ausfüllt. Saskia sitzt mittendrin und glaubt, um sie herum sei nichts als Nebel. Doch es ist nur eine Nebelwolke. *Wer bin ich – hier, von wo aus ich den Tempel, Saskia darin und die höher gelegene Klause deutlich sehen kann? Wer bin ich?* Ich bin körperlos, reines Bewusst-Sein.

Ich lehne mit ausgestreckten Beinen an einer der Tempelsäulen und atme den Nebel, wissend, dass es nur eine Wolke ist.

*

5:49 Uhr – Ich schaue ... bin Sein, Vollständigkeit, Gesamtheit aller Möglichkeiten. Es gibt noch etwas Größeres, worin die Seelenebene enthalten ist. (Sehr lange Pause.) Ich erschaue etwas vollkommen Schwarzes. Auf der Schau-Ebene ist kein Nebel, keine Energie, sondern einfach Sein. Die Klause und der Tempel haben energetischen Charakter, wobei die Klause viel subtilerer Natur ist. Ich würde beides der Seelenebene zuordnen, wobei die Klause übergeht in beginnende feinere Sein-Ebenen. Auch die Sein-Ebene hat verschiedene Dichte-Graduierungen.

Ich switche zwischen Tempel-, Klausen- und Schau-Ebene langsam hin und her. Atme im Tempel den Nebel und in der höher gelegenen Klause sehr dünne, klare, reine Luft, während ich aus der Schau-Ebene heraus zeitgleich auf mich – sowohl im Tempelinnenraum als auch vor dem Eingang der Klause sitzend – blicke.

Zeitschrumpfung

7:20 Uhr – Die noch verbleibenden zehn Tage fühlen sich jetzt an, als würden sie schon morgen beendet sein. Alles in mir ist in Aufbruchsstimmung, dabei ist es noch über eine Woche. Mein Verstand knabbert an dem befremdlichen Gefühl, will es verstehen, vergeblich.

Ich fühle mich heute hyperklar und sehr wach. Dem Irdischen sehr nah, als könnte ich morgen rausgehen, nahtlos in die normale Alltagswelt eintauchen und ohne Jetlag wieder in ihr ankommen. Zugleich fühle ich mich fern des Irdischen auf den anderen Ebenen: im Tempel, vor der Klause und aus der Unendlichkeit auf Tempel und Klause schauend.

In tiefen Zügen atme ich den Nebel ein und beobachte, wie er sich im Körper verteilt. Gänsehaut überläuft mich.

Ich habe das Gefühl, dass die Gruppe wieder aktiver ist und die Teilnehmer ihre Meditation aufs Neue mehr in den Blick genommen haben. Die Gruppe erscheint mir vollzähliger und mehr präsent.

Ruf der Körperzellen

Der Nebel scheint eine Funktion zu haben. Ich atme ihn ein und lasse ihn durch die Haut und in meinem Körper wirken. Das tut richtig gut. Mir wird plötzlich der Unterschied zum Tempel bewusst: Dort ist der Nebel viel dicker. Es ist dieselbe Substanz, aber in einer anderen Dichte. Stofflicher im Tempel und durchlässiger, subtiler, durchsichtiger in der Klause.

Ich fühle mich klar durcheinander – das klingt so paradox, dass ich lachen muss. Ich erde mich, fühle in die Stabilität meiner Basis hinein und bin voll ausgerichtet auf meine Kernenergie: *Was möchte durch mich geboren werden?* Jede Zelle in mir schreit begeistert: *„Erwachen! Erwachen!"* Die Körperzellen wirken, jede für sich und doch gemeinsam im Chor rufend, wie eine sehr lebenslustige, fröhliche Kindergartengruppe. Anmutig lausche ich dem Klang ihrer Stimmen.

Ich füttere den Körper mit dem lebendigen Nebel. Die Zellen saugen die Substanz ein und verstoffwechseln sie. Tiefer Frieden breitet sich im Raum aus, überträgt sich auf das Haus, auf Gertrud, auf die Gruppe, auf die Welt.

Ich atme immer noch den Nebel, der sich jetzt langsam lichtet, sodass ich die Hand vor den Augen und zunehmend auch die Umgebung wieder sehen kann. Das Gebirge und der Tempel muten im halbdurchsichtigen Nebel sehr mystisch an. Im Hintergrund zeichnen sich die gigantischen Berge schemenhaft ab. Eine märchenhafte Stimmung. Ich lasse den Nebel weiter in meinen Körper einziehen, in alle Organe, insbesondere in die Nieren.

Ich habe Durst und gehe etwas trinken. Meine Beine tun sehr weh. Es fühlt sich an, als hätte ich sehr lange in Meditation gesessen.

Gespräch mit Gertrud

10:09 Uhr – Ich berichte Gertrud von meinem verschobenen Zeitgefühl. Sie meint, man falle in der Dunkelheit irgendwann aus der Zeit. Wahrscheinlich wäre es noch krasser, wenn die Kirchenuhr gar nicht läuten würde. Ich erzähle ihr weiterhin von den gleichzeitigen Wahrnehmungen auf den verschiedenen Ebenen.

S: *Ich stelle mir die Frage, wer ich bin, wenn ich mich von außen im Tempel sitzen sehe.*

G: *Das ist reinstes Bewusstsein – es erschaut das Ganze.*

S: *Und es ist nicht beteiligt, sondern nur schauend, nicht beeinflusst.*

G: *Es ist auch nicht energetisch, sondern rein geistig. Im Indischen wird das Brahman zugeordnet oder dem ewig Stillen, das keinen Einfluss nimmt, nur beobachtet.*

S: *Ich bin immer gewechselt zwischen der Schauebene, der Klause und dem tiefer gelegenen Tempel. Nach einer Weile lichtete sich der Nebel und die Umgebung tauchte mystisch aus dem Nebel auf.*

G: *Ja, es vergeistigt sich mehr. Nebelig ist mehr die Seelenenergie. Schön, dass du das in die Organe hineinatmest und deine Seele in jeder Zelle, in jedem Atom vibriert. So kommst du automatisch auf eine andere Ebene, alles wird klarer.*

Noch ein Ei?

S: *Heute Morgen hatte ich – angesichts der noch verbleibenden zehn Tage – ganz stark das Gefühl, dass noch etwas ausgebrütet werden will. Es fühlt sich an, als würde ich noch ein Ei legen wollen.* (Lacht.)

G: (Lacht:) *Ist ja auch lustig, und wenn du schon beim Brüten bist: Die Seele an sich wird ja auch als Ei dargestellt.*

S: *Ach so?*

G: *Ja. Als Ei und umschlungen von der Schlange, das Symbol der Erde, verbunden mit der Erdenseele. Das sind uralte Symbole.*

Transformation des Todes

S: *Mein Seelenauftrag hat sehr viel mit Heilung zu tun und damit, den Tod zu transformieren, d. h. neues Bewusstsein auf die Erde zu bringen, was den Tod angeht. Auch Deepak Chopra z. B. sagt, dass es keinen Tod gibt. So habe ich ihn jedenfalls verstanden.*

G: *Die Naturvölker lehren das auch: Es gibt keinen Tod, es gibt, wie Galsan Tschinag sagt, nur ein Hinüberleben auf die andere Seite.*

S: *Das macht nach meinen Erfahrungen in meinen beiden vorigen Dunkelretreats vollkommen Sinn. Es scheint mein Auftrag zu sein, diese Sichtweise in die westliche Welt – für die der Tod ein fester Bestandteil des Lebens ist – zu tragen. Wir machen ja letztlich auch die Erfahrung des Sterbens, der Körper verfällt ja.*

G: *Das sind große Mysterien: Geburt, Leben und Tod und das, was nach dem Tod passiert. Das Christentum, das uns über 2.000 Jahre hier in Europa geprägt hat, beinhaltet: Wenn du gut gelebt hast, kommst du in den Himmel, sonst ins Fegefeuer oder in die Hölle. Diese Zeit ist aber jetzt vorbei. Deswegen fühlen sich viele spirituelle Menschen davon angesprochen, das Todesmysterium zu erforschen.*

S: *Für mich geht es auch darum, dass der Körper transformiert wird und viel älter werden kann als 80, 90 oder 100 Jahre.*

G: *Das sehe ich auch so.*

S: *Möglich sind 200, 300, 900 Jahre oder noch mehr.*

G: *Wenn man möchte. Vielleicht will man manchmal eine Zwischenphase von Ruhe haben. Oder aber man kann das auch im Körper erreichen ...*

S: *Ja. Es braucht ein Gleichgewicht zwischen körperlichem Aufbau, also Schöpfung, und Abbau. Wie beim Kind: Das baut überwiegend auf, der Erwachsene baut ab einem bestimmten Zeitpunkt immer mehr ab, bis hin zum Tod. Wenn da ein Gleichgewicht zwischen beidem wäre, könnte sich der Körper immer wieder erneuern.*

G: *Ja, wenn die geistige Energie wirklich in jeder Zelle und jedem Atom, also auch im physischen Bereich, wirksam ist. Das setzt voraus, dass wir diese hohe Schwingung wirklich in den Körper bringen können. Bei den meisten Menschen düst ja das Bewusstsein außerhalb des Körpers herum. Sie haben ihre Seelenanteile, ihr Bewusstsein gar nicht im Körper.*

S: *In den Körper bringen. Im Körper voll präsent sein.*

G: *Und das ist Erleuchtung.*

S: *Das Nur-im-Außen-Sein ist ein Ausblenden der anderen Anteile.*

G: *Genau. Wir schweben irgendwo.*

S: *Es ist ein Mechanismus, um zu überleben. Wir gestalten das Leben aus dem Nicht-Integrierten heraus, leben die nicht-integrierte Variante des Menschen und versuchen, das veräußerlichte Nicht-Integrierte zu verbessern, statt es einfach zu integrieren.*

Seelenauftrag und Innere Führung

S: *Vor ein paar Tagen sagtest du, ich hätte meinen Seelenauftrag erfüllt. Das klingt in mir immer wieder nach. Magst du dazu mehr sagen? Wie meintest du das?*

G: *„Seelenauftrag erfüllt" bedeutet nicht, dass du fertig bist. Das heißt, dass du dran bist, ein Bewusstsein davon hast und es in deinem Alltag umsetzen kannst. Du bist damit in Verbindung. Du kannst dich auf deine Art und Weise führen lassen von deiner eigenen, dir innewohnenden Weisheit oder göttlichen Intelligenz: Welche Menschen du wann triffst, was du in einem Retreat erforschst …*

S: *Dennoch kann ich diese Führung oft nicht fühlen. Wenn ich auf mein Leben schaue, stelle ich nur immer fest, dass es so sein muss. Ich würde sie gerne immer fühlen.*

Intuition und inneres Wissen

G: *Vielleicht ist es eine falsche Vorstellung, dass du glaubst, diese Verbindung fühlen zu müssen. Sie ist im Augenblick da, als innere Wegweisung oder als „Zufall" dessen, was sich ereignet, oder wenn du deinen inneren Impulsen folgst, ohne sie vom Verstand her erklären zu können. Das ist das Besondere, das in uns Menschen angelegt ist. Du folgst ja deiner Intuition.*

S: *Zumindest, wenn ich es erkenne. Ich muss ihr ja folgen, wie ich im Rückblick erkenne, aber oft unbewusst. Ich würde das gern bewusst tun.*

G: *Ach, so meinst du das. Was ist denn für dich der Unterschied zwischen bewusst und unbewusst? Hast du ein Beispiel dafür?*

S: *Nein, gerade nicht. Ich möchte die reine Intuition mehr von den bloßen persönlichen oder kollektiven Gedanken unterscheiden können. Das fällt mir echt schwer.*

G: *Ja, das ist wahrscheinlich überhaupt eine große Herausforderung für dich – mit deinem neptunischen Anteil im ersten Haus. Du wirst oft überschwemmt von kollektiven Energien, sodass du nicht genau weißt, ob etwas zu dir oder zu den anderen gehört. Es ist immer wieder notwendig, dass du ganz tief hinabtauchst, sodass du den Unterschied spürst.*

Ich gebe dir ein kurzes Beispiel, wie man der Intuition folgt: Ich war einmal auf Gozo (Malta) und wollte unbedingt einen Archäologie-Professor kennenlernen, der auch ein Heiler ist. Er hat dort einen Tempel mit ausgegraben. Ich wollte ihn treffen, wusste aber nicht, wie ich an ihn rankommen könnte. Meine innere Stimme sagte mir immer wieder, ich sollte in einen bestimmten Laden gehen, aber mein Verstand sagte, das wäre doch Quatsch! Dieser Impuls war wie ein fortlaufender Schubser von innen: „Geh doch jetzt in diesen Laden!" Also ging ich hin und schaute mich um, eigentlich gab es dort nur Plunder. Doch dann sah ich ein Plakat an der Wand, das Ausgrabungen mit genau diesem Professor ankündigte. Alle Zeiten und Plätze waren dort vermerkt. Ich fragte die Verkäuferin, ob sie den Professor kenne. Sie sagte prompt: „Ja, er ist gerade in der Nähe. Wenn Sie schnell hinlaufen, dann können Sie ihn noch erwischen." So ist das mit der Intuition. Ist das jetzt bewusst oder ist es unbewusst?

S: *Unbewusst, denn du wusstest ja nicht, was du in dem Laden sollst.*

G: *Genau. Das ist die Intuition. Wir können ihr nur folgen, aber das ganze Geheimnis enthüllt sie uns nicht. Außer, wenn du komplett hellsichtig bist und schon alles im Voraus siehst. Selbst dann weißt du auch nicht alles – das Leben will auch gelebt werden. Sonst bräuchte man nicht mehr zu leben. Das ist für mich auch das Spannende. Ihr zu folgen ist auch ein Geheimnis. Es ist ein Mysterium damit verbunden, was sich dann daraus ergibt. Oder?*

S: *Ja. Auf jeden Fall.*

G: *Und wie wäre es aus deiner Sicht, wenn es bewusst wäre?*

S: *In deinem Beispiel mit dem Laden wüsste ich dann, dass ich dort einen Hinweis auf den Heiler finde.*

G: *Genau, aber dann ist es ja keine Intuition mehr.*

S: *Sondern inneres Wissen.*

G: *Klares inneres Wissen. Wo kommt das her?*

S: *Aus höheren Bewusstseinsbereichen.*

G: *Ja. Eine geistige Führung, die dir sagt: „Geh da hin!"*

Gnade ergießt sich

S: *Eine andere Frage habe ich noch: Du sprachst gestern davon, dass göttliche Einsichten Gnade sind, die wir nicht wirklich steuern können. Wie würdest du Gnade definieren?*

G: *Gnade ist eine Ausschüttung aus göttlicher Quelle, die dich befreit von alten Verstrickungen aus vergangenen und diesem Leben, sodass eine Spontanheilung oder Spontanerkenntnis möglich wird – etwas, wofür du selbst nichts direkt getan hast. Vielleicht hast du längerfristig etwas dafür getan im Vorfeld, indem du dich immer wieder auf das Göttliche ausgerichtet und deine Übungen gemacht hast. Aber du kannst Gnade nicht erzwingen. Sie kommt aus der göttlichen Quelle, du kannst sie nicht mit deinem Willen bewirken.*

S: *Ja, würde ich auch so sehen.*

G: *Dass an besonderen Plätzen, an Wallfahrtsorten, wo Menschen beten, tatsächlich Wunderheilungen entstehen, ist auch eine Gnade. Bei dem einen passiert was, bei dem anderen nicht.*

S: *Ja, man kann etwas tun und gleichzeitig doch nicht.*

G: *Du kannst nur deinen Geist und dein Herz darauf ausgerichtet halten.*

S: *Und die eigenen Schatten zu heilen und zu integrieren, fördert auch die Chancen auf Gnade.*

G: *Ich habe einmal einen Bericht gelesen über einen Drogenfreak. Er nahm sie, weil er sein Leben langweilig fand. Dann gab es diesen Moment größter Gnade und er wurde erleuchtet. Er ist ein großer spiritueller Lehrer geworden. Danach hat er nie wieder Drogen genommen. Es gibt viele Beispiele, dass sich Gnade über Menschen einfach ergießt, scheinbar grundlos. So oder so, erzwingen kannst du es nicht.*

S: *Wenn bei dem einen Gnade geschieht und bei dem anderen nicht, ist sie vielleicht auch abhängig von der geistigen Entwicklungsstufe, die der Mensch jeweils hat?*

G: *Offensichtlich.*

S: *Da gibt es bestimmt einen Unterschied. Es wird immer gesagt, jeder könne erwachen.*

G: *Klar, kann jeder seine Erleuchtung, seine Bewusstwerdung oder sein Erwachen haben. Das passiert ja auch ganz häufig, aber manche können es eben nicht. Ich glaube, es hat mit dem Geist-Seelen-Entwicklungsstand eines Menschen zu tun. Manchmal machen auch alte Seelen grässliche, schwere Dinge durch, fürchterliche Süchte oder andere schreckliche Krisen. Wenn ein hoher Bewusstseinszustand da ist, wird die alte Seele diese transformieren können.*

S: *So sehe ich das auch. Aber als Erfahrung kann es die Hölle sein.*

G: *Bis der Mensch durch die Themen weitgehend durch ist, ja.*

S: *Bis er all seine Dämonen überwunden hat.*

(Pause.)

S: *Seit dem Eindruck, dass morgen zehn Tage um sind, fühle ich mich anders. Irgendetwas ist passiert, das ist mir noch nicht klar.*

G: *Das ist vielleicht einfach ein Programm, ein leichtes irdisches Rütteln. Vielleicht hast du einen sehr starken Forscheranteil, der etwas mehr Zeit braucht, noch mal tiefer hier oder da einzutauchen. Was möchtest du noch ausbrüten?*

S: (Lacht:) *Ein Ei.*

G: *Solche Dinge sind nicht an Zeit gebunden.*

S: *Dieses Gefühl, dass da noch etwas ist, motiviert unglaublich.*

G: *Gleichzeitig bist du auch gefordert, denn du kannst nichts tun, kannst dich nur darauf ausrichten und entspannt bleiben.*

S: *Ausrichtung, verstehe.*

Während das Gesagte in mir nachklingt, erinnere ich mich an eine Erfahrung, die ich während meiner Ausbildung im Familienstellen gemacht habe und die für mich die Hölle war. Ich erzähle Gertrud davon. Nach einem langen, verschiedene Stufen durchlaufenden Prozess hatte ich mich plötzlich gefühlt, als bestünde ich aus Millionen kleinen Einzelteilchen, die durch ein Kraftfeld zusammengehalten wurden. Ich hatte große Angst, auseinanderzudriften, und dass ich mich nicht wieder vollständig zusammensetzen könnte.

G: *Interessant. Das ist auch eine Todeserfahrung. Beim Sterben zerfallen wir auch in tausend Einzelteilchen.*

S: *Damals habe ich mich sehr dagegen gewehrt.*

G: *Das glaube ich. Das löst große Angst aus.*

S: *Ich konnte fühlen, ob die Teile vollständig sind oder nicht. Da war eine Art Substanz oder Kraft, die alle Teilchen zusammenhielt.*

G: *Da gibt es etwas, das alles hält. Du bist gehalten in einem göttlichen Urstoff. Nichts geht verloren.*

Ich frage Gertrud nach einem Bild für mich. Sie nimmt meine Energie hell strahlend wahr – besonders oberhalb meines Scheitel-Chakras. Sie reiche nach oben in den Himmel hinein, damit sich die Verbindung zum Geistigen ganz stark aufbauen könne. Der Wind bewehe mich, es gebe nichts zu tun. Ich fühle die stille Glückseligkeit im Tempel.

*

15:54 Uhr – Die Atmung fließt tief hinunter. Ich pendele mich in der Mitte der Wirbelsäule ein. Der Kopf fühlt sich zugezogen an. Die 57er-Gruppe fühlt sich an, als wäre ein Drittel noch aktiv dabei. Fünf Menschen kann ich stark fühlen. Ich sitze im Tempel, atme den Nebel ein, der jetzt eher halb durchsichtig ist, und lasse ihn in meinen Körper fließen.

20:39 Uhr – Ich gehe schlafen.

17. Tag

Reichtum und Zeit

2:40 Uhr – Ich träumte, das Dunkelretreat in ein Computerspiel umzusetzen, und fragte mich nach dem Motiv. Ich antwortete: *„Weil ich Geld machen und richtig reich sein will.“* Aus dem Schlaf kommend kann ich diesen Teil, der reich sein will, leicht greifen. Sonst schiebe ich ihn eher weg. Es gibt eine Seite in mir, die genügsam und mit dem Einfachsten zufrieden ist. Die keinen Luxus und keine Reisen braucht, wie meine Mutter. Mein Vater mag Luxus und Reisen. Ich auch. Ich kombiniere beide Eltern.

Ein Vögelchen unterbricht mit klarer Stimme die Stille der Nacht.

Ich sitze vor dem Geldthema. Es erscheint mir unüberschaubar groß. *Wo soll ich anfangen, um es in Harmonie zu bringen?* Der Teil, der reich sein will, verursacht Unruhe. Es tut gut, das einmal zu benennen.

*

Ich bemerke, wie ich nach der Kirchenuhr horche, um herauszufinden, wie spät es ist, um entweder schlafen oder aufstehen und meditieren zu können. Dabei brauche ich mich doch nicht nach der Uhr zu richten! Entweder ich stehe jetzt auf oder ich schlafe weiter. Ich brauche keine bestimmte Zeit, die mir die Erlaubnis oder das Verbot erteilt, aufzustehen. Ich fühle mich in einer Pattsituation – kann weder das eine noch das andere. Eine namen- und gesichtslose Kraft hält mich im Bett, ohne dass ich schlafen kann.

Ich erkenne das Zeitprogramm aus meiner Kindheit, wo ich zu einer bestimmten, von meinen Eltern festgelegten Zeit ins Bett sollte, auch wenn ich nicht müde war (Mittagsschlaf). Irgendwann, wieder nach ihrer Vorgabe, durfte ich aufstehen. Die Kirchenuhr steht also stellvertretend für die Eltern, nach denen sich mein inneres Kind richtet. Dieses Programm schränkt, solange ich ihm Bedeutung gebe, meine freie, spontane, lebendig kreative Kraft ein, die zeitungebunden aktiv sein möchte.

Darüber sehe ich deutlich, dass Zeit ein künstliches, von Menschen erschaffenes Gebilde ist. Die Tierwelt dagegen richtet sich nach natürlichen Rhythmen wie Tag und Nacht. Die Vögel kommen bspw. zur Ruhe, wenn ein bestimmter Dunkelheitsgrad erreicht ist, und beginnen ihren Gesang, sobald das erste zarte Morgenlicht die Nacht ablöst. Andere Tiere sind nachtaktiv und schlafen am Tage.

Ohne Zeitstrukturen lässt sich das Leben, wie wir es – vor allem in der westlichen Welt – eingerichtet haben, nicht leben. Wir brauchen diese Strukturen. Ein Zug kann nicht nur „in etwa“ zur Morgen- und Abenddämmerung fahren. Oder doch? Wir berücksichtigen weder die

Naturrhythmen in unserem Zeitplan noch folgen wir unserem individuellen Rhythmus.

Mit der Zeitstruktur und deren Kontrolle schaffen wir Menschen uns enorm viel Stress, etwas in einer bestimmten Frist erledigen zu müssen. Das gesamte Leben ist von der Schwangerschaft über die Geburt bis hin zum Tod in den Rahmen von künstlichen Zeitprogrammen gegossen. Der uns innewohnende natürliche Rhythmus kommt also erst gar nicht zum Tragen und unsere Lebenskraft kann nicht ungehindert frei fließen – von Anfang an.

*

Mir fällt auf, dass die Vögel doch noch ruhig sind.

Mein Blick schwenkt zu dem Teil hin, der reich sein will. Er gleicht einem geldgierigen Ungeheuer. Nein, es fühlt sich eher nach Geld-verdienen-Müssen an. Der Motor dafür ist eine tiefe Existenzangst. Ich verbinde mich mit dem Kind in mir, halte es wiegend an meinem Herzen. Der kleine Körper entspannt sich langsam in meinen Armen.

Ein weiterer einengender Glaubenssatz taucht auf: „Sei mit dem zufrieden, was du hast." Den kenne ich von meiner Mutter und ihrer Mutter. Die Ich-bin-zufrieden-Seite und die Ich-will-reich-sein-Seite sind nicht im Gleichgewicht. Meine Nase schließt sich seit einiger Zeit immer mehr, was mich jetzt nicht wundert. *Ich habe die Nase voll!* Früher bin ich der Angst aus dem Weg gegangen, jetzt ist sie mir ein Wegweiser zur Heilung. Da, wo die Angst ist, geht es für mich lang. Liebevoll halte ich die Kleine.

*

4:06 Uhr – Ich bin richtig wach und kann jetzt, nach diesem inneren Prozess, aufstehen.

Ich spüre das energetische Gleichgewicht zwischen links und rechts. Meine Organe wirken frisch und erholt, bis auf die Nieren, die sich bewusst in meinen Blick bringen. Sie müssen auch eine Menge ausscheiden. Mitfühlend wende ich mich ihnen zu.

Bilder von einer indischen Hochzeit, an der ich einmal teilgenommen habe, tauchen auf. Die festlich gekleidete Braut, der bunt bemalte Elefant mit dem stolzen Bräutigam auf seinem Rücken – ein riesiger Energiehaufen, lebendige Kraft. Die laute Musik, hunderte lachende Menschen, das anfeuernde Gejohle der Männer bei unserem Frauentanz, die Rituale des Priesters. Das ganze Fest war eine ausgelassene Freude.

Ich sitze im Tempel. Die Gruppe sehe ich noch schlafen. Ich habe das Gefühl, bei vielen arbeitet es innerlich auf eine intensive Weise. Das Tempeldach hat sich fast geschlossen, alle vier Ecken sind schwungvoll nach oben gerichtet, wie die Blütenblätter einer geöffneten Blüte. Mein Gefühl ist, dass es so bleiben wird. Ich lasse vom Tempel wieder los, konzentriere mich auf das Hier und Jetzt, auf die Atmung. Genau in dem Moment macht mein Herz einen kleinen Stolperer.

*

5:41 Uhr – Gertruds Hinweis taucht auf: Neptun stehe in meinem Persönlichkeits-Haus. Deshalb sei es schwer für mich, zu unterscheiden, was mich persönlich betrifft und was nicht. Ich müsse die Themen meiner Eltern nicht harmonisieren. Es tut immer wieder gut, mich daran zu erinnern. Ich kann eine eigene Position zu allem finden, diese vertreten, dazu stehen und meinen Weg gehen.

Ich atme mich hoch auf die Klause, doch dann beende ich die Meditation, denn es zieht mich wieder ins Bett.

*

8:10 Uhr – Vor etwa einer Stunde weckte mich ein Traum. Jetzt fühle ich mich frisch genug, um wieder zu meditieren. Ich fühle die Qualitäten meiner Kernenergie. *Das ist meine Richtung! Das bin ich!* Wieder öffnet sich mein Herz. Ich sitze im Tempel, die Märchenbücher sind vor dem Herzen und dem Bauch. Die linke Ecke des Tempeldaches, das linke Blütenblatt, erscheint jetzt größer und länger. Es legt sich über die anderen drei und schwingt in entgegengesetzter Richtung weiter nach oben. An seinem Ende scheint eine neue Öffnung zu entstehen. Der Kopf ist vollkommen still, frei von Gedanken. *Ich fühle mich angekommen. Das ist mein Platz!*

Gespräch mit Gertrud

10:22 Uhr – Ich beschreibe Gertrud die Veränderung am Tempel.

G: *Am Dach gibt es Rundungen und wieder eine neue Öffnung. Das passt auch zu den bisherigen Reinigungsprozessen in den unteren Chakren. Nach oben öffnet sich eine nächste Ebene wie ein Blütenkelch, der empfängt.*

S: *Ja. Es scheint mir, als ob aus der neuen Öffnung noch eine zweite Blüte zu wachsen beginnt. Im Tempel fühle ich immer tiefe Stille ... ein Ankommen und Geerdetsein. Da sein. Ich bin.*

G: *Große Reinheit, tiefe Ruhe und Gelassenheit – all das spüre ich heute sehr stark. Nicht mehr das Greifen nach irgendetwas, sondern Bereitsein. Mir fällt die Lotusblüte ein, die sich in ihrer ganzen Schönheit öffnet und einfach strahlt. Da hinein entspannst du dich heute.*

S: *Wenn es mir möglich ist. Manchmal ist es schwierig, weil starke, sehr klare, sehr deutliche, plastische und bewegte Bilder kommen, bspw. aus meinem Leben – als ob es gerade stattfindet.*

G: *Das ist gut. Das sind Themen, die sich auf diese Art und Weise klären. Auch in den Zellen und Atomen des Körpers, wo das alles gespeichert ist, findet Reinigung statt, damit reines Bewusstsein immer mehr in deinen Körper kommen kann und Platz für Neues geschaffen wird – Platz für deinen Kern sozusagen.*

S: *Oh ja, mein Kern! Da schmelze ich fast weg, dieses Kerngefühl ist echt schön.*

Nach einer langen Pause beschreibt Gertrud mir ein Bild, das sie auf meine Nachfrage hin für mich empfangen hat.

G: *Ich sehe dich weiterhin am Wasser, an diesem Felsen. Das Wasser ist reines Himmelswasser. Es wirkt etwas aufgeschäumt, während es herunterfließt. Du tastest dich am Felsen entlang, staunst und schaust nach oben, als würde oberhalb der Berge irgendetwas sein, das sich ankündigt. Du lässt dich innerlich führen, vielleicht auch noch mehr ins Innere des Berges zu schauen. Vielleicht willst du nach oben steigen, oder es zeigt sich dir schon, oder ein Teil von dir ist schon oben. Als ob es eine Ebene weitergeht und du auf eine weitere Plattform kommst. Diese Plattform kann auch ein Teil von dir sein oder geistige Helfer – einer oder mehrere. Es ist eine ganz lichtvolle Plattform, auf die du eingeladen bist und die bereitet ist für dich. Die Energie, die sich ankündigt, hat etwas Majestätisches, Erhabenes. Als erwarte dich dort etwas von Weisheit Erfülltes. Es vollzieht sich natürlich, ohne dass du dich anstrengen musst.*

S: *Es geschieht einfach, meinst du?*

G: *Es ist ja schon da. Es enthüllt sich dir noch klarer. Ich könnte es ja nicht sehen, wenn es nicht schon da wäre.*

S: (Lacht:) *Jetzt geht es noch darum, dass ich es auch sehe und fühle.*

G: *Auf deine Art und Weise wirst du es erfahren. Vielleicht über andere Bilder. Es ist ja da und du bist nicht mehr auf der Bewusstseinsebene von Erwartungen. Es enthüllt sich dir. Es kann sich durch dich vollziehen, als wäre es eine natürliche Folge dessen, was du bis jetzt erfahren hast. Es hat nichts mit dem Verstand zu tun.*

S: *Das berührt mein Herz. Wenn ich mich einspüre in das, was du eben gesagt hast, dann erinnert es mich an die Klause, die noch viel höher liegt als der Tempel.*

G: *Es scheint aber eine neue Erfahrung zu sein, noch lichtvoller, weiser und voller Liebe.*

S: *Vielleicht über die Klause hinausgehend – so fühlt es sich jetzt an.*

Transparentes Heilwasser

12:13 Uhr – Ich trinke Brühe, sie strömt wie das den Berg herunterfließende, transparente Wasser in meinen Körper hinein. Der gesamte Brustraum wird schlagartig warm. Ich sitze im Tempel, spüre hinein in die von oben kommende Lichtenergie. Liebliche Stille fließt zur Gruppe. Zentriertheit. Frieden. Mehrere Gesichter von Gruppenteilnehmern tauchen klar vor mir auf …

Das transparente heilsame Wasser bewegt sich ruhig durch meinen Körper und reinigt neben diesem auch mein Energiesystem, das durchlässiger, reiner wirkt. Ich fühle mich sanft in feinere Ebenen hochgehoben, hin zu dem Lichtwesen oder Helfer, von dem Gertrud sprach. Das transparente Wasser fließt in die Gruppe, zu Gertrud, strömt in die Menschheit, über die Erde, ins Universum. Es fließt einfach überall hin: zu den Ahnen, in die Generationen vor mir und tut allen gut, wie ich wahrnehme.

Das Heilwasser steht allen zur Verfügung. Es kommt nicht von mir, sondern ergießt sich aus höheren, ganz feinen Ebenen, die die Welt erschaffen, in die Welt hinein …

Es ist sehr hell, wie im direkten Sonnenlicht. Ich sitze unter dem Wasserfall. Alles in mir saugt das Wasser auf! Es fühlt sich paradiesisch an.

*

Füße wie Hände

18:47 Uhr – Ich sitze in Meditation seit … keine Ahnung. Mein linker Fuß ruht auf dem rechten Oberschenkel. Beide Füße fühlen sich wie Hände an und sind mir innerlich auch nah wie meine Hände. Abgefahren. (Lacht.) Ansonsten habe ich ziemlich viele Spannungen im Rücken,

Bauch und Nacken. Ich fühle das transparente Wasser und das Wesen aus Liebe auf der höheren Plattform.

*

19:02 Uhr – Ein Kopfschmerz setzt ein. Ich stoppe das Sitzen und lege mich ins Bett.

18. Tag

2:44 Uhr – Ich bin gefühlt seit einer Stunde wach. Horror-Erinnerungen steigen auf. In einer Episode bin ich ca. sechs, sieben oder acht Jahre alt und habe eine ziemlich große Murmel verschluckt, die mir im Hals stecken bleibt, sodass ich keine Luft mehr bekomme. Ich habe Todesangst und stehe vor der Wahl, das Ding runterzuschlucken oder rauszuwürgen. Ich entscheide mich im Bruchteil einer Sekunde für das Rauswürgen, Kopf und Oberkörper intuitiv weit nach unten gesenkt. Meine Hände sind schweißnass. Puhh! Das ist ähnlich furchtbar wie der Sog im Meer beim Schnorcheln in Portugal. Mir fällt ein anderes Ereignis ein: Im Veterinärmedizinstudium verschluckte ich mich einmal beim Verkosten von in Essig und Öl eingelegten Schnecken – eine Rarität zu DDR-Zeiten! Ich bekam eine schwere Lungenentzündung mit hohem Fieber und brauchte Wochen, um mich davon zu erholen.

Ich bin sehr wach, bleibe aber liegen, weil es so kalt ist.

*

6:39 Uhr – Ich sitze auf meinem Meditationskissen. Mein Körper ist locker, bis auf ein paar Spannungen. Ich fühle mich offen und tauche freudig in die Stille des Tempels ein. Zwei der großen Blütenblätter, die sich aus dem Tempeldach geformt haben, zeigen jetzt schwungvoll nach oben, sodass es mehr und mehr aussieht wie ein Kelch, aus dessen Innerem die zweite Blüte schon bis zur Hälfte hochgewachsen ist. Ich verfolge meine Atmung. Ein Mantra von Deepak Chopra taucht auf:

„Om ritam namah“ – „Meine Taten und Wünsche werden von kosmischer Intelligenz unterstützt.“

*

Bei geöffnetem Fenster lausche ich in die Stille hinein, die von Vogelgezwitscher durchwirkt ist. Die Vogelstimmen tauchen in der Stille ab. Stille durchzieht die gesamte Welt.

Es geschieht nur ich selbst

8:01 Uhr – Gertrud hat das Haus verlassen. Ich lausche der tiefen Stille. Gedanken steigen auf: *Was, wenn jemand kommt und mir etwas antun will?* Ich erkenne sie klar als kindliche Fantasie. Die Antwort darauf erstaunt mich: *„Es geschieht nur du selbst.“* Langsam wiederhole ich den Satz, lasse ihn in mir nachwirken. Er bringt mich zu meinem Kern zurück. Es geschieht nur ich selbst. Ich spüre meine Kernenergie. Es geschieht nur ich selbst ...

Meinem Gefühl nach stagniert der Prozess, aber vielleicht geht es einfach darum, anzunehmen, wie es gerade ist. Ich möchte schlafen mich ausruhen. Widerstand regt sich. Ich mag diesen Teil nicht. *Welcher Teil mag ihn nicht?* Der Teil, der etwas erreichen will, der es anders haben will, als es gerade ist. Okay, ich sitze mit dem, wie es ist.

Heute fliegen auffallend viele Flugzeuge. Alle zwei Minuten startet oder landet eins. Das ist echt laut und eine große Herausforderung, dennoch in der Stille zu bleiben. Mir wird deutlich klar: Die Stille ist *in mir*. Wenn ich Stille bin, dann ist völlig egal, ob draußen Lärm ist. Der Lärm wiederum hilft, mich zu fokussieren, die Stille wahrzunehmen, in die Stille zu gehen, Stille zu sein.

*

9:53 Uhr – Ich beende die Meditation und bewege meinen Körper mit Dehnungsübungen und Tai-Chi. Mit großer Freude wiederhole ich mehrere Male den Fußspitzenkick. Zwei Stunden später bereue ich es, denn ich scheine es übertrieben zu haben. Ich hoffe, dass es kein Hexenschuss ist. Der Drang, mich hinzulegen, ist groß. Ich dehne den schmerzenden Bereich und lasse Licht hineinfließen.

Goldener Nebel

11:55 Uhr – Ich meditiere mit der Wärmflasche im Rücken. Die Wärme am Rücken tut gut. Ich atme goldenen Nebel ein. Jede Bewegung schmerzt stark.

Ich bitte um Heilung. Es ist ein tiefliegender, ziehender Schmerz im unteren Rücken, im Unterleib, tief im Becken. Ich lasse den lichtvollen Nebel dahin fließen. Ich sehe eine kleine Blase um den fünften Lendenwirbel drum herum. *Blase um L5, was möchtest du mir sagen oder zeigen?* Der gesamte Schulter-Nacken-Bereich fühlt sich plötzlich fest an. Ein Teil in mir möchte sich hinlegen. Ein anderer Teil sagt: *„Entspann dich tiefer hinein! Bleib sitzen!“* Ich folge Letzterem und bitte nochmals um Hilfe.

*

13:44 Uhr – Ich trinke etwas und fühle den Rücken überraschenderweise fast schmerzfrei. Im Unterbauch sind noch starke Spannungen, die sich wie Wundschmerzen anfühlen. Ich atme liebevoll da hinein.

15:04 Uhr – Im Tempel sitzend bemerke ich, dass die zweite Blüte weiter nach oben gewachsen ist. Die erste Blüte befindet sich etwa 20 Zentimeter über meinem Kopf. Noch weiter oben gibt es eine Art Suchsender, der den Weltraum in alle Richtungen abscannt. Alles in mir ist auf Empfang der Göttlichkeit gerichtet – wie ein Radio.

Im Unterleib beginnt der Kosmos

In mir und um mich herum ist es überaus friedlich, rein und fein. Auch verspielt. Leichtigkeit. Sanftmut. Alle diese Qualitäten fließen in die Welt.

Das Wurzel-Chakra ist stockdunkel. Die von allein dorthin strömenden Lichtstrahlen werden von der Schwärze geschluckt und verschwinden in der ewigen Nacht der All-Unendlichkeit. Es ist, als ob sich in meiner Basis ein riesiges Loch befindet, das in den offenen Kosmos hineinführt. Mein Unterleib endet im Kosmos, oder der Kosmos beginnt dort. Mein Herz sagt Ja dazu, dass der Unterleib in ein schwarzes Loch übergeht und ich direkt über diesem sitze.

Oberhalb des Herzens und des Kopfes strahlt die funkelnde Lichtebene. Ich sehe unzählige winzigste Lichtfunken auch im gesamten Körper verteilt. Unten das Schwarze, oben das Lichtvolle und in der Mitte der mit Licht angefüllte Körper – ein Gemisch aus Materie und Licht. Meine weit oben auf Empfang ausgerichtete, große Radar-Antenne dreht sich; ich kann das Gebilde deutlich fühlen und sehen.

*

Tiefe Stille. Die 57 Gruppenteilnehmer, ich und die ganze Welt werden davon durchdrungen. Ich atme dieses feine Gemisch aus Staub – mehr golden als weiß – und transparentem Wasser ein. Die Lichtstippchen sehen aus wie klitzekleine Sternschnuppen. Sie tauchen in das schwarze Loch ein und verschwinden nach kurzer Zeit in der Weite des Kosmos. Ich fühle mich sehr tief in eine andere Welt eingetaucht.

*

16:13 Uhr – Zwei Gruppenteilnehmer tauchen klar vor mir auf, aber kommunizieren kann ich mit ihnen nicht. Mein Rücken ist fast wieder in Ordnung. Auf dem Weg zur Toilette laufe ich durch flimmernde, geheimnisvoll wirkende tiefe Dunkelheit. Etwa eine Stunde später habe ich einen Wachtraum: Ich bin in einem Flugzeug, das gerade abstürzt. Der Flugkapitän und ich müssen abspringen. Ich stehe wie angewurzelt an der geöffneten Tür. Er schreit mich an: *„Spring endlich, das Ding stürzt ab!"* Ich zögere, weil ich große Angst habe, dass der Fallschirm sich nicht öffnet. Er sagt: *„Spring jetzt und zieh sofort an der Leine!"* Mir wird bewusst, dass ich träume. Meine Hände sind klitschnass. Es ist so weit oben! In diese Tiefe hinunterzuspringen, das würde ich nie tun! Es ist ein schreckliches Gefühl.

*

19:04 Uhr – Meine Augen sind fest zugeklebt. Einerseits bin ich müde und erschöpft, andererseits hellwach. Mein Becken ist nach unten hin in die Schwärze geöffnet, als hätte ich keine Beine, als wäre mein Unterleib abgeschnitten – ein offenes Loch. Ich schaue von oben hinunter in ein dunkles Universum. *Da mag ich nicht hinuntergehen!* Es fühlt sich an, als würde sich mein Unterleib auflösen.

Das schwarze Loch scheint mich von unten her immer mehr aufzulösen. *Willst du mich verschlingen? Ich bin bereit!*

Mein verstorbener Stiefvater erscheint und schaut aus dem Himmel auf mich herab. Nach dem Tod seiner dritten Frau beschloss er zu sterben, indem er Essen und Trinken verweigerte. Er lebte nach seinem Entschluss noch elf Tage. Das beeindruckte mich sehr, hatte ich doch gelernt, dass ein Mensch ohne Trinken nur maximal drei Tage überleben könnte. Das stimmt definitiv nicht. Ich spreche ihn an: *„Du hast nicht an Gott geglaubt. Wie ist es jetzt da oben im Himmel?"* Er grinst nur und scheint eingefroren zu sein. Ich erhalte keine Antwort.

Feinstoffliches Hören

Gespräch mit Gertrud

19:22 Uhr – Gertrud erkundigt sich, wie es war, so lange allein zu sein. Ich beschreibe ihr die Stille und frage, wie weit der Airport von ihrem Haus entfernt ist. Sie meint, es gebe keinen Flughafen in der Nähe. Das überrascht mich. Gertrud fragt, ob es vielleicht Mähdrescher, Traktoren, ein Militärflieger oder Hubschrauber gewesen sein könnten.

S: *Nein. Ich habe eindeutig Personenflugzeuge starten oder landen gehört. Dieses Geräusch ist unverwechselbar.*

G: *Manchmal, wenn die oberen Chakren sich öffnen, werden atmosphärische Geräusche wahrgenommen, die normalerweise mit den Ohren nicht hörbar sind. Oder du hast den Flughafen von Hamburg gehört, der 150 Kilometer entfernt ist.*

S: *Ja, vielleicht.*

G: *Es ist ganz phänomenal, was manchmal gehört wird, z. B. Planetentöne. Manche haben auch ein Knacken in den Ohren. Andere hören die Windräder, die auch recht weit weg sind. Verrückt, oder?*

S: *Ja, bin ein bisschen baff jetzt.*

G: *Die ganze Zeit über hast du sie gehört?*

S: *Sie sind den ganzen Vormittag geflogen. Das hat mir geholfen, in diesem Lärm die Stille zu hören. Mittags war Ruhe. Da dachte ich, sie machen Flugpause. Am Nachmittag noch mal, in Abständen immer mal wieder. Wobei ich mich auch gewundert habe, warum die heute öfter geflogen sind als sonst.*

G: *Du nimmst Frequenzen wahr, die man sonst nicht hören kann. Wie weit die Wellen letztendlich gehen, wissen wir ja nicht. Wenn du auf einer hohen Frequenzebene bist, dann gibt es vielleicht einfach auch Wellenwirkungen, die sonst nicht hörbar sind. So würde ich das interpretieren. Ja, Wahnsinn!*

Ich bin durcheinander. Alle Erklärungen erscheinen mir möglich und zugleich eher sehr unwahrscheinlich. Atmosphärische Geräusche, die wie Boeings klingen?

G: *Das ist das, was ich wahrnehme. Das sind nicht irgendwelche alten Sachen bei dir. Es gibt Menschen, bei denen – meist am Anfang in der Dunkelheit – Past-life-Geschichten hochkommen. Das nehme ich bei dir nicht wahr.*

S: (Nachdenklich:) *Die Geräusche entpuppen sich jetzt als ein Phänomen. Ich ging davon aus, dass du den Flughafen in der Nähe bestätigst.*

G: *Ich muss das mal untersuchen, um herauszufinden, was das sein kann, was du als Flugzeuggeräusch interpretierst. Dass du jetzt so ein sensibles Gehör entwickelst, das ist ja, als ob du den Flügelschlag der Schmetterlinge wahrnimmst oder so etwas.*

S: *Ich bin offenbar sehr feinfühlig. Im Nepal-Retreat mit Thomas Hübl gab es eines Nachts ein Erdbeben, sodass unsere kleine Hütte am Berghang, in der ich mit einer anderen Frau zusammen untergebracht war, zum Wanken kam. Der Rest der Gruppe wohnte oberhalb im Haupthaus. Beim ersten Erdstoß wachte ich schlagartig auf und stand vor Schreck im Bett, während meine Zimmerkollegin seelenruhig schlief. Ich hatte Angst, dass die Häuser einstürzen und wollte, im Falle, dass weitere Erdstöße stattfänden, die Gruppe wecken. Es blieb aber ruhig. Morgens erzählte ich das beim Frühstück und dachte, dass alle anderen das Erdbeben auch gespürt hätten. Doch niemand hatte etwas bemerkt. Die meisten hatten ruhig durchgeschlafen, einige wenige hatten die unbewusste Wahrnehmung als Ereignis in ihre Träume eingebaut.*

Die Gruppenleitung fragte dann bei den Einheimischen nach. Sie bestätigten ein Erdbeben der Stärke 5,6. In den nachfolgenden Tagen spürte ich auch die kleineren Nachbeben und hatte Panik vor stärkeren Ausbrüchen. Die anderen bemerkten dagegen gar nichts.

G: *Okay, das ist ein gutes Beispiel für die Sensibilisierung, und da sind es feinere Vibrationen. Schauen wir aber das Hellhören noch einmal näher an: Das massivere Geräusch der Flugzeuge kannst du ja unterscheiden von den Geräuschen der Vögel – worüber wir vor ein paar Tagen sprachen. Und du sagst, dass es für dich nicht störend war?*

S: *Genau, es hat mir eher geholfen, die Stille noch mehr und differenzierter wahrzunehmen und zu sehen, wie die Geräusche, das Vogelzwitschern oder jetzt das Flugzeugdröhnen, in der Stille auftauchen. Die Vogelwelt ist sogar unglaublich laut und sehr intensiv in meinem Empfinden. Sie zwitschern und trällern den ganzen Tag. In dieser steten Bewegung die Stille wahrzunehmen, die die Vogelwelt durchwirkt, ist ein Erlebnis.*

G: *Du wirst immer hellhöriger und nimmst sehr hohe Vibrationen wahr. Das bildet sich ja bei jedem anders aus.*

Das schwarze Loch

Ich ziehe eine Verbindung von den Flugzeuggeräuschen zu meinem Traum und erzähle Gertrud von meiner Angst, aus dem abstürzenden Flugzeug in die Tiefe zu springen.

G: *Der buddhistische Lehrer Ole Nydahl empfiehlt seinen Schülern, Bungee- oder Fallschirmsprünge zu machen, weil bei jedem Sprung ins Nichts eine Todeserfahrung gemacht wird.*

S: *Ja, so fühlt es sich an. Ich habe insbesondere Angst, dass sich der Fallschirm nicht öffnen könnte. Letztendlich ist es die Angst zu sterben. Nie im Leben würde ich freiwillig einen Fallschirmsprung machen!*

Ich wechsle das Thema und erzähle von dem schwarzen Loch in meinem Unterleib und der Blüten-Radar-Antenne über meinem Kopf, durch die das Licht in meinen Körper einströmt.

S: *Überall im Körper waren klitzekleine Lichtfunken – wie Sternschnuppen! Die flogen von oben in das Loch rein und zack! – waren sie weg.*

G: *Unglaublich! Das ist ja so, als würde der Himmel in dir in jeder Zelle plötzlich anfangen zu leuchten, als würde sich das Licht überall in deinen Zellen und Atomen ausbreiten.*

S: *Ich bin jetzt nur noch ein „Mittelkörper" – also mein Bauch, Brustraum und Kopf. Der Unterkörper ist immer noch offen und die Beine gibt es nicht mehr. Ich habe auch das Gefühl, als ob das Schwarze langsam höherkröche, um mich zu verschlingen.*

G: *Ist das nicht beängstigend?*

S: *Na ja, im Moment geht es noch. Wenn es dann anfängt, mich zu verschlingen, werde ich sehen, ob ich immer noch ruhig bin. Wenn das Licht und das Schwarze zusammentreffen, ist das mein Ende, und das macht mir Angst.*

G: *Das ist eine andere Angst als die, einfach nur verschlungen zu werden. Etwas möchte ja zusammenkommen. Spannend, was da geschieht, ohne dass du speziell auf etwas meditiert hast.*

Telepathie und Sphärengesänge

S: *Heute Nachmittag, gefühlt gegen 15 Uhr, tauchtest du in meinem Inneren auf, als hättest du mich gefragt, ob es mir gut geht. Hattest du solche Gedanken?*

G: *Ja, die Uhrzeit weiß ich allerdings nicht mehr genau.*

S: *Hast du auch meine Antwort gehört?*

G: *Ja. Ich war ganz entspannt.*

S: (Ungläubig:) *Echt? Meinst du das wirklich ehrlich?*

G: *Ja.*

S: *Das wäre ja dann so etwas wie Telepathie.*

G: *Auf jeden Fall. Je weiter der Mensch sich dafür öffnet, desto leichter ist es, auf diese Art zu kommunizieren.*

Im Weiteren sprechen wir über den Tod meines Stiefvaters, insbesondere über die Art, wie er gestorben ist, und darüber, dass er das Göttliche ebenso verleugnete wie mein leiblicher Vater.

G: *Sehr schöne Energie, wenn du davon sprichst.*

S: *Die spüre ich auch gerade. Es ist, als ob sich diese andere Ebene gerade noch mal zeigt.*

G: *Ja, als würde sie sich öffnen. Eine friedvolle, starke Energie.*

Beeindruckt und demütig schweige ich.

G: *Das Dunkle, Schwarze, das dich geängstigt hat, hat jetzt eine große Klarheit und Weite. Wie ein Buch der Weisheit, das sich in diesem Schwarz öffnet. Ganz wunderschön. Wie eine prophetische Ebene, als würde eine Art Weissagung für dich kommen. So nehme ich das Bild wahr, das ich jetzt habe von dir. „Lausche. Wir haben dir etwas mitzuteilen …"*

S: *Ja, gerne, nur her mit euren Botschaften!*

G: *Ich nehme auch etwas wie Sphärengesänge wahr. Auch Stille, Weisheit, beflügelte Wesen, Ahnen, hocherhabene Bewusstseinsebenen. „Lausche!" Da ist große Tiefe, wie bei den buddhistischen Mönchen, die ganz tief singen können und dann wieder ganz hoch. So, als würden die Töne von oben und unten zusammenkommen. „Lausche, lausche!" höre ich immer wieder.*

Es ist, als würde die Energie dich auffordern, dich hinzulegen, es geschehen zu lassen, dich berühren zu lassen, dich fließen zu lassen. Und wenn du damit einschläfst, ist es auch gut. Sei einfach damit. Das ist eine ganz große Weitung.

S: *Ich habe den Eindruck, dass deine Bilder meinen Zustand gut spiegeln und sich entsprechend meinem inneren Prozess verändern. Hat sich in dem gestrigen Bild, da, wo das Wasser ist, etwas gewandelt?*

G: *Das Wasser ist noch neblig. Es kommen große Federn – also eine Mischung aus den Elementen Wasser und Luft. Ganz weiche Bewegungen des Wassers sehe ich, es ist jetzt fast transzendent. Als ob du von den Kelchen, die sich über deinem Kopf aufgebaut haben, aus höchsten Ebenen genährt wirst und diese Ebenen zu dir nehmen darfst.*

„Lausche!" Als würde sich eine Einweihung durch dich vollziehen. Als wären die geöffneten Kelche über deinem Kopf gefüllt und der Inhalt würde dir überreicht. Es sind hohe Wesenheiten anwesend, die etwas tun, was ich nicht erfassen kann. Du weißt, dass du aus dem Kelch trinken musst, der zuerst über deinem Kopf war. Du musst aus dieser Quelle höchsten göttlichen Bewusstseins, Weisheit und Heilung trinken und eins mit dem Ganzen werden. So ist das Bild.

Ich bin entzückt und zutiefst berührt bei der Vorstellung, Wasser aus der reinen göttlichen Quelle zu trinken und dann auch in meinem Leben an andere weiterzugeben. Gertrud meint, dies alles würde auch geschehen, weil ich der Liebe den Vorrang vor dem Ego zu geben suche, in allem, was ich tue – und zwar schon viele Leben lang.

Ich lasse das wirken.

S: *Meinst du, das gibt es wirklich, dass Leute wirklich Stimmen hören und das Gehörte dann nur noch aufzuschreiben brauchen?*

G: *Ja. Botschaften über Stimmen zu hören, passiert allerdings sehr selten. Meist sind es spürbare Energien und wahrgenommene Bilder, die dann in Worte übertragen werden. Das ist die Seelenebene. Die Geist-Seelen-Ebene spricht selten in Worten, sondern vermittelt sich meist über Bilder. Die hohen Eingeweihten oder die Propheten hören manchmal Stimmen. Oder sie sehen Bilder, die dann übersetzt werden, damit wir wissen, was das bedeutet. Das ist die hohe Kunst.*

19. Tag

4:24 Uhr – Ich bin schon ungefähr eine halbe Stunde wach. Gertruds Worte vom gestrigen Abend kommen mir sofort wieder in den Kopf. Mein Herz wäre so erfreut, wenn die göttliche Welt mir tatsächlich Weisheiten mitteilen würde. Das ist mein größter Wunsch, schon so lange. Ich bitte das Gottesreich ehrfürchtig darum und lausche, doch es tut sich nichts. Vielleicht muss ich den „Radiosender" noch feiner einstellen. Mir fällt wieder ein, wie mein spiritueller Lehrer es nennt: „FM Divine".

Der Glockenturm hat gerade 5:00 Uhr geschlagen. Ich dachte, es sei mitten in der Nacht ...

Einstimmen auf das göttliche Flüstern

Ich sitze in Meditationshaltung. Nach dem gestrigen Gespräch konnte ich die göttliche Energie, die während Gertruds Anwesenheit da war, nicht mehr fühlen. Im Gespräch war es so, als ob der Himmel sich geöffnet hätte.

Ich stimme mich feiner ein auf das göttliche Flüstern.

Stille weht durch den Tempel.

Ich stimme mich noch tiefer ein. *Das Göttliche ist immer da, nur ich bin nicht genug eingestimmt,* denke ich. Ich muss mein (Radar-)Instrument stimmen, wie mein spiritueller Lehrer immer sagt. Jetzt verstehe ich diese Aussage tiefer. Es bedeutet, mich auf das Göttliche auszurichten, um Gottes Gesang hören zu können. Wenn ich nicht die Frequenz „FM Divine" einstelle, kann ich auch nichts Göttliches hören. Stille und Lauschen sind der Zugang.

Mir wird plötzlich bewusst, dass ich in den Tagen zuvor auf das göttliche Flüstern gewartet habe, ohne mich bewusst darauf einzustimmen. *Ich habe meinen Teil nicht getan!* – diese Erkenntnis wirft mich gänzlich auf mich zurück. Ich spüre, wie die Energie zu mir zurückkommt, die ich sehnsüchtig in Richtung Gott ausgesendet habe. Ich wollte Gott an die Angel kriegen. Er sollte mir Weisheit schenken. (Lacht.) Nicht wirklich mir, sondern durch mich der Welt. Und möglichst schnell, weil ich nur noch eine Woche hier im Dunkeln bin.

Jetzt erkenne ich, wie vermessen das klingt. Erschrocken lande ich auf dem harten Boden der Realität. Traurigkeit erfüllt meinen Brustraum. Deutlich spüre ich meine Erwartungen, die ich an Gott gestellt habe. Ich bin so froh, dass sie mir jetzt bewusst werden. Mein Erwartungsdenken kam nicht aus meinem Wesenskern heraus; das Ego, die Glaubenssätze und die daraus resultierenden Emotionen und Handlungen stehen zwischen Gott und mir. *Ich räume in mir auf, damit Gott bei mir einziehen kann.* Ich bitte Gott, durch mich zu wirken: *„Dein Wille geschehe!"*

Ich zentriere mich, sodass Lauschen und Schauen möglich ist. Etwas in mir lauscht und schaut. Bei der Einstimmung auf Gott drifte ich immer wieder ab. Ich fühle einen Kampf zwischen meinem Willen, mich einzustimmen, und einer anderen Kraft, die mich davon wegzieht. Ich stimme innerlich zu, dass es gerade nicht geht und so ist, wie es ist, und besinne mich darauf, dass ich weder der Kampf noch die Gedanken, sondern etwas viel Größeres bin. Es wird ruhiger in mir.

Der Flugzeugtraum von gestern taucht lebendig wieder auf. Ich stehe vor der offenen Flugzeugtür und schaue in die Tiefe, in die ich springen soll. Binnen Millisekunden sind meine Hände klitschnass. Ich kann einfach nicht springen, ich fürchte, mit hoher Geschwindigkeit auf die Erde zuzurasen und äußerst schmerzhaft aufzutreffen. Langsam wird mir bewusst, dass in solch einem Fall das Bewusstsein bereits vorher den Körper verlässt und dass der Tod ein Übergang der Seele in eine andere Bewusstseinsebene ist. Die Angst löst sich auf. Plötzlich ist alles leicht. Ich springe aus dem Flugzeug und schwebe in der Luft. Der Traum – oder besser die Aufgabe – fühlt sich gelöst an.

*

10:07 Uhr – Ein riesiges, in den Weltraum gerichtetes Radioteleskop taucht vor mir auf. Zunächst bin ich beeindruckt, ob seiner Größe, doch dann wird mir klar: Ich will kein Teleskop im Feinstofflichen erschaffen, sondern möchte ganz einfach offen, weit und auf Empfang eingestellt sein. Die Frage „Wie lausche ich Gott?“ ist von gleichem Charakter wie die Frage „Wie lasse ich los?“

Ich habe Kopfschmerzen und lege mich hin.

Gotteserfahrungen sind nicht erzwingbar. Die Lektion, die ich hier lernen darf, ist hart. Ich spüre starke Unruhe. Das ist neu für mich. Plötzlich verstehe ich jeden, der darunter leidet. Ich weiß nicht, wohin mit mir. Es ist, als gäbe es keinen Ausweg. Nachdem ich mir bewusst mache, dass ich nicht die Unruhe bin, spüre ich mich in der Weite, während sich die Unruhe nur noch wie ein kleines Irgendwas anfühlt. So kann ich gut mit ihr sein.

Die durstige Kinderseele

Gespräch mit Gertrud

Kurz darauf betritt Gertrud meinen Raum und ich erzähle ihr sofort von meinen neusten Erfahrungen.

S: *Spontan fallen mir die DDR und mein Elternhaus dazu ein – da gab es für mich ja auch keinen Gott. Es ist, als ob meine Sehnsucht nach dem Göttlichen gegen das verinnerlichte „Gott gibt es nicht!“ stößt.*

G: *Gottes Nichtexistenz. Du hast ihn nie erfahren, also warum sollte es ihn geben? Wenn es ihn gibt, dann willst du auch einen Beweis haben!*

S: *Oh ja! Mein Vater war ein Experte darin, Beweise von mir haben zu wollen, selbst für Gefühle. Er wollte z. B. Beweise dafür, dass jemand durch Akupunktur gesund geworden ist. Der Gesundheitszustand musste erst wissenschaftlich nachgewiesen werden. Das Wohlbefinden der genesenen Person zählte nicht.*

G: *Ja, es fühlt sich nach Beweisführung an. Und das ist ja auch wieder ein Druck oder eine bestimmte Vorstellung, wie etwas geschehen oder kommen soll. Gab es denn in der DDR keine Mystiker?*

S: *Ich hatte nie gehört davon.*

G: *Es gab keine Berichte über Menschen, die besondere göttliche Fähigkeiten oder heilende Hände haben?*

S: *In meinem Umfeld überhaupt nicht, jedenfalls nicht in der Kindheit. Als ich 16, 17 Jahre alt war, absolvierte ich eine Ausbildung in Mecklenburg-Vorpommern. Von Menschen aus den umliegenden Dörfern hörte ich zum ersten Mal etwas von „Pustefrauen". Sie glaubten sogar daran, aber ich hielt das für Blödsinn: Krankheiten oder Warzen „wegzupusten", war absurd für mein Verständnis.*

G: *Weil du nicht damit großgeworden bist. Und wann kam die Sehnsucht nach Gott?*

S: *Ab Mitte dreißig war – rückblickend – ein Suchen in mir. Aber ich fühlte es nie konkret als eine Sehnsucht nach Gott, wie ich sie jetzt seit ein paar Monaten wahrnehme.*

G: *Ich verstehe. Du bist in diesem Punkt sehr unschuldig. Für mich war es anders: Ich hatte starke Gefühle und Gott war überall, auch die Madonna. Wenn ich als Kind in die Kirche ging, war der Raum erfüllt von Weihrauch und Glockenklang. Mutter Maria sprach zu mir. Das war reine Magie, die ich so in mich aufgenommen habe. Dann kam natürlich auch die Phase, in der ich alles mit dem Kopf erklären wollte. Aber etwas von den starken Eindrücken blieb, mein spirituelles Kind war genährt worden.*

S: *Genau das fehlte mir.*

G: *Ja. Für die Kinderseele ist das trocken, wenn man so groß wird, und als Erwachsener ist man ohnehin ständig im Verstand und will eine Beweisführung, wie du schon sagst. Aber eigentlich ist es Magie: das Erschauen, Erfühlen von Gott. Es ist definitiv anders, als wir uns das im Kopf vorstellen. Diesen Zauber hast du nicht erfahren, aber hier in der Dunkelheit bist du in Kontakt damit gekommen: Dieses Netz, das uns verbindet, das unsichtbare, mittlerweile für dich sichtbare feine Lichtgewebe, was alles miteinander verbindet, das ist das Göttliche.*

S: *Genau, das ist jetzt meine Erfahrung, die mir sagt: Da gibt es noch was, etwas Größeres, Erhabenes. Und auf meinem bisherigen Weg gab es viele Stationen, über die sich dieser Kontakt schon aufgebaut hat.*

G: *Genau. Da sind verschiedene Resonanzen und Erfahrungen und tiefere Erkenntnisse. Das gehört ja alles mit dazu: zu bestimmten Zeitpunkten bestimmte Menschen zu treffen oder magisch von irgendeinem Ereignis angezogen zu werden. Das ist alles göttlich und magisch, eine Verbundenheit mit allem. Unmöglich nur mit dem Kopf zu erklären, über Atomphysik und Gehirnfunktionen, dann verliert es sein Leuchten.*

S: *Der Saft fehlt dabei.*

G: *Wie ist es denn bei dir gewesen? Wie hat sich dein atheistisches Weltbild später gewandelt?*

S: *Die ersten Risse in meinem Weltbild entstanden 1990/1991, als die Neurodermitis meiner Tochter durch Hypnose zu heilen begann. Weitere kamen 1996 dazu, als ich plötzlich während meiner Arbeit mit Klienten die Aura fühlen und ein bisschen sehen konnte. Ich wusste nicht, was das ist, und dachte, ich werde verrückt. Ich ging zu Eli Lasch, einem Geistheiler, der mir vieles erklärte und in dessen Praxis ich drei Jahre lang unter seiner Führung an zig Klienten die Aura gefühlt habe. Das waren meine Anfänge. 1998 erschien mir dann „meine" Lichtfrau.*

G: *Ja, das sind Momente, wo die Tür zur Anderswelt einen Spalt aufgeht. Und dann hat Gott uns an der Angel, sagt man.*

S: (Lacht laut:) *Und ich dachte, ich habe IHN an der Angel ...*

G: *Und dann machen wir weiter, weil wir dieses Erlebnis immer wieder erfahren wollen.*

S: *Ja. Ich verstand die Erfahrung damals nicht, ich hatte nur das klare Gefühl, dass sie eine Art übergeordnete Natur wäre. Ich war zutiefst berührt.*

G: *Es dauert eine Weile, bis man aus dem Herzen heraus in der Lage ist, diese „Natur" zu erkennen.*

S: *Ich habe gelesen, dass manche Zugang zu Geistwesen hätten, die genau sagen, wie sie heißen und wer sie sind.*

G: *Das stimmt schon, aber auch das kann nicht erzwungen werden. Wenn es passiert, sind es außergewöhnliche, erhebende Momente, in denen das Bewusstsein auf die andere Seite gezogen wird. Die Öffnung ist da für den Moment oder eine Phase lang. Dann kann sie sich wieder schließen. Das sind alles Phänomene, die an sich nicht erstrebenswert sind, sondern nur Stationen auf dem Weg des Erwachens – egal ob Engel mit Namen, Hellsicht, Hellhörigkeit, Farbexplosionen, Lichterscheinungen oder was auch immer. Es sagt nichts über deine Entwicklungsstufe aus, wenn du ständig Engel um dich herum singen hörst. Es gibt Tore der Gnade, die sich vorübergehend öffnen und dann wieder schließen. Du musst letztlich alles in dir selbst integrieren und aus dir selbst holen.*

S: *Genau. Was integriert ist, geht auch nicht mehr weg.*

G: *Dann hast du bspw. die Engelschwingung in dir und siehst Rafael nicht mehr von außen als Engel. In der Dunkelzeit kannst du erkennen, dass alle Energien – ob sie dir nun als Wesenheiten vor deinem geistigen Auge erscheinen oder nicht – Bewusstseinsebenen sind, mit denen du verbunden bzw. in Resonanz bist. Sie sind in dir – innen wie außen.*

S: *Klar. Der Engelbereich fühlt sich in mir noch ziemlich leer an.*

G: *Da fehlte das Magische in deiner Kindheit. Aber es gab doch Märchen, oder?*

S: *Märchen gab es, aber keine über Götter und Engel. Beim Lesen der Märchen, z. B. der Gebrüder Grimm, hatte ich innere Bilder dazu. Frau Holle bspw. sah ich immer als eine liebe alte Frau, die das Fenster öffnet und das Bett ausschüttelt.*

G: *Frau Holle ist die Urgöttin aus dem Germanischen. Die Goldmarie ist die Arbeitsame, die – wie im richtigen Leben – durch Schmerz eine tiefe Transformation erfährt. Als sie in den Brunnen springt, wacht sie in der Anderswelt auf und sie lernt ihre Lektion – und überwindet schließlich ihr Schicksal.*

S: *Mir wurde erzählt: „Wenn du fleißig wie die Goldmarie bist, wirst du belohnt, wenn nicht, dann ergeht es dir wie der Pechmarie und du wirst bestraft." Das machte mir Angst, da ich das als Kind wörtlich nahm.*

G: *Deine Mutter hat das sicher nicht besser gewusst und die Muster so übernommen.*

S: *Mir als junge Mutter ging es ebenso, als ich meinen Kindern Märchen vorgelesen habe. Später hatte ich ein paar Erfahrungen, die für mich tief göttlich waren. Ich weiß um meine Verbindung zum Göttlichen, aber ich kann diese nicht immer fühlen, mich nicht einfach darauf einstimmen, wie ich heute wieder merkte. Ich kann dem Göttlichen Lied nicht lauschen. Jedenfalls im Moment fällt es mir schwer.*

Mit dem SEIN, was IST

G: *Die Stille ist die größte Heilkraft und der tiefste Frieden, den wir erreichen können in uns. Alles andere sind Erscheinungen, Phänomene, auf die wir uns aber nicht fixieren müssen. Das Höchste ist die Stille und in dieser Stille zu sein.*

S: *Die Stille habe ich ja schon.*

G: *Eben. Und der Frieden, der damit verbunden ist.*

S: *Den fühle ich auch.*

G: *Und das war es auch schon. Alles andere sind Phänomene, ein Spektakel wie zu Silvester, ab und zu ein Feuerwerk, das sein kann, aber nicht muss.*

S: *Vielleicht hatte ich bisher falsche Vorstellungen. Ich sehe immer eine lichtvolle Ebene und kann sie auch fühlen. Manchmal ist sie weit weg und weniger lebendig. Ich spüre, dass sie da ist, so wie du es in deinem gestrigen Bild beschrieben hast. Ich spüre, dass das, was du sagst, auch so ist. Aber wenn ich mich darauf einstimme, geht mein Geist immer weg. Ich bin so unkonzentriert.*

G: *Ja, weil es nicht darum geht, dich mit dem Geist darauf einzustimmen, sondern darum, einfach zu sein mit dem, was ist. Es geschieht durch dich, ohne dass du siehst oder hörst oder wahrnimmst, was geschieht. Es ist ein Durchströmtwerden. Hochschwingende kosmische Energien, die dich durchströmen. Tief bis in die DNA, sodass die alten Programme sogar aus den Atomen und Zellen „herausgewaschen" werden.*

S: *Das lässt sich doch fühlen, oder nicht?*

G: *Es kann sein, dass es ein Leere-Zustand ist. Du liegst einfach da, mit dem sein, was ist. Das ist das Wesentliche. Wenn du anfängst, zu denken: „Jetzt muss ich aber Gott hören oder sehen", blockierst du dich schon wieder. Wir wollen immer wieder aufgefüllt werden mit irgendetwas. Letztendlich ist es ja auch erstmal ein Freiwerden der Zellen und Atome von den alten Vorstellungen, Programmen, Erfahrungen, sodass reines Bewusstsein sich darin verströmen kann.*

S: *Meine Kernenergie kann ich manchmal richtig gut fühlen, aber auch nicht immer. Heute z. B. war totale Ebbe. Aber ich glaube, ich habe mich völlig blockiert.*

G: *Das Gefühl habe ich auch, dass du dich blockierst mit Vorstellungen von etwas, das geschehen soll oder wie es geschehen soll.*

Die Kunst des Nicht-Anhaftens

S: *Ja, daher kam wohl auch die Unruhe.*

G: *Ja, du identifizierst dich nicht mit deiner Unruhe. Du hast den Beobachter eingeschaltet. Die Unruhe ist da, aber du bist nicht die Unruhe. Das ist die hohe Kunst des Nicht-Anhaftens: Wahrnehmen und es dabei belassen. Dein Geist ist im Augenblick nicht auf Meditation eingestimmt. Er möchte einfach frei werden.*

S: *Ich lausche meistens auf die Atmung.*

G: *Das ist wunderbar. Und nichts visualisieren.*

S: *Visualisieren macht aus meiner Sicht auch keinen Sinn. Ich frage mich, ob die auftauchenden Bilder unbewusste Visualisierungen sind. Was meinst du?*

G: *Die Energie, die da ist, kann man als Bild vor dem geistigen Auge wahrnehmen.*

S: *Genau, damit ist eine Energie verbunden, die ich auch fühlen kann.*

G: *Ja, wenn du aus dem Flugzeug springst und schwebst, dann ist das ein Schwebezustand. Seele ist nicht an Zeit und Raum gebunden. Dann schwebst du und bist in einer Art Leerezustand – ähnlich wie bei einem Sterbenden nach dem Verlassen des Körpers. Er schwebt herum in den Zwischenwelten, frei von Anhaftung. Wenn wir denken, jetzt muss dies und das passieren, blockieren wir uns. Das sind nur Vorstellungen.*

Ich glaube, jetzt ist einfach so ein Schweben für dich dran, ein Zulassen, dass du dich auflöst. Eine nächste Ebene, in der sich wieder alles auflöst, damit sich etwas Neues öffnet, etwas anderes kommt. Das ist eher wie Sterben, ein Auflösen der Form. Du entspannst dich in die Auflösung hinein, lässt bewusst den Atem in sie hineinfließen. Die meisten

Sterbenden haben vor dieser Auflösung große Angst, wenn sie wirklich aus allen Formen herausfallen und auch geistig keine Formen mehr sehen. Das ist so etwas wie Auflösung in einzelne Atome. Wir lösen uns auf. Wir sind nichts mehr, nicht mal mehr ein großes Leuchten, wie wir uns erhofft haben. Diese Ebene ist noch flüchtig, sie kommt und geht und dann kommt wieder eine nächste. Nichts ist da dauerhaft.

Nahtod und Transformation

S: *Manche Menschen begegnen in einer Nahtoderfahrung einem goldwarmen Licht, das mit ihnen spricht. Ich glaube, es gibt in mir eine Sehnsucht danach, das warme Licht auch zu erfahren.*

G: *Ja, es ist gut, wenn du die Sehnsucht hast. Ich hatte selbst einmal ein Nahtoderlebnis, das für mich grauenvoll und schmerzhaft war. Mein altes Ich starb; etwas Neues wurde geboren. Mit meiner neuen Kraft, die ich durch das Ereignis hatte, musste ich meine Prüfung in der Unterwelt bestehen. Danach habe ich mich komplett anders gefühlt, wie ein anderer Mensch. Ich habe ein Jahr gebraucht, um alles zu verarbeiten.*

S: *Das Gefühl, ein anderer Mensch zu sein, kenne ich. Die Wandlung lief bei mir eher durch die Arbeit mit dem „Inneren Kind". Da habe ich auch die Hölle der Unterwelt durchlebt, hatte Prüfungen zu bestehen. Drei Jahre lang guckte ich in den Spiegel und fragte mich, wer die Frau im Spiegel ist. Sie war mir völlig fremd; ich habe mich selbst nicht erkannt.*

G: *Wahnsinn! Das kann ich nachvollziehen. Große Transformationen.*

S: *Vor der Jahrtausendwende war ich einfach ein anderer Mensch. Danach begann der Transformationsprozess, der sich bis heute fortsetzt. Das ist ein Weg, ein seit Jahren anhaltender Anderswerden-Prozess.*

G: *Ja, ein langer Weg, der dich permanent weiterführt. Man braucht eine Zeit, alles in den Alltag zu integrieren.*

S: *Ja, genau.*

G: *Spannend, wie solche Initiationen mitten im Leben stattfinden, also mitten im Alltag. In früheren Zeitaltern wurden Initiationen richtig vorbereitet und in Tempeln vollzogen. Vorher und nachher gab es Schonzeiten. Heute müssen wir das zwischen Kochen und Abwaschen machen.* (Lacht.)

S: *Genau, am Marktplatz sozusagen.*

G: *Richtig, am Marktplatz. Das kann zeitweise eine große Herausforderung sein. Viele sind damit allein. Gott sei Dank gibt es jetzt immer mehr Möglichkeiten – mehr offene Menschen, Gruppen und Lehrer, die dabei behilflich sind.*

S: *Ja, damit man nicht in der Klapsmühle landet.*

G: *Manche durchleiden das auch in Zeiten schwerer Krankheit.*

S: *Das stimmt. Gut, dann werde ich mich mal auflösen.* (Lacht.)

G: *Ja, ich spüre, dass du da herumschwebst. Lass diese Phase zu. Lass zu, dass du dich in Einzelteile auflöst. Und bleibe einfach offen für das, was dann kommt.*

Angst vor der Auflösung

S: *Das schwarze Loch im Bereich des Wurzel-Chakra reicht jetzt schon bis zum Sakral-Chakra hoch. Der Raum, wo ich bin, wird immer kleiner – zwischen dem Licht über mir und dem schwarzen Kosmos unter mir. Vom Bauchnabel abwärts ist schon alles schwarz, da gibt es keinen Körper mehr.*

G: *Das ängstigt dich aber nicht, oder?*

S: *Ganz wohl ist mir nicht dabei. Ich glaube, ein Stück weit kann ich das Aufsteigen des Schwarzen noch zulassen. Aber wenn es dann ums Letzte geht, kommt doch Angst.*

G: *Angst vor dem Tod?*

S: *Ja, vor der Auflösung.*

G: *Ja, darum geht es, in diese Angst hineinzuatmen und das Sterben zuzulassen. Erst dann ist es z. B. möglich, dass Gott zu dir spricht.*

S: *Das ist nicht ganz ohne für mich.*

G: *Natürlich ist das nicht ohne. Du kannst Widerstand aufbauen dagegen oder du kannst sagen: „Ich nehme es an, ich bin bereit zu sterben, ich atme hinein." Was stirbt, ist ja nicht dein wahres Selbst, es ist ja nur die Angst, die stirbt. Dein Kern bleibt, der befreit sich von dieser Angst. Und deinen Kern kannst du auch spüren.*

S: (Lacht gequält:) *Das stimmt, der ist da. Gut, dass du mich daran erinnerst.*

G: *Du kannst dich auf deinen Kern ausrichten, ihn spüren beim Atmen. Die Angst stirbt dabei, die Angst vor dem Tod.*

S: *Ja. Das ist eine ganz tiefe Grundangst in mir.*

G: *Ja klar. Was glaubst du, warum Menschen das hier machen? Weil die Angst so tief ist, über zig Generationen hinweg. Alle möglichen Aktionen machen wir aufgrund der Angst; sie ist auch Antrieb.*

S: *Ich bekomme gerade Klarheit darüber, worum es geht. Ich habe mich schon einmal vollständig aufgelöst. Ich dachte, da bin ich durch.*

G: *Es gibt immer wieder neue Schichten. Teile von uns sind immer kritisch und haben Angst. Wäre auch ein bisschen merkwürdig, wenn du ohne Angst wärst. Wir sind ja damit ausgestattet. Du bist dir ja dieser Anteile bewusst und musst dich nicht damit identifizieren. Wenn sie auftauchen: Einfach fühlen und es dann dabei belassen.*

S: *Das werde ich machen, ja.*

G: *Milarepa, der buddhistische Mystiker, hat viele Jahre oben in den Bergen gesessen und Brennnesseln gegessen. Er war schon ganz grün davon.* (Lacht.) *Da kamen natürlich alle möglichen Dämonen - die werden ja nicht kleiner, sondern immer größer und mächtiger. Das ist halt die Herausforderung, je länger du in einem Retreat bist. Milarepa hatte einmal ewig lange nichts gegessen und sich dann wieder ein paar Brennnesseln gekocht. Da kam ein riesiger Dämon und sagte: „Ich will die Suppe haben!“ Er antwortete: „Nein, Wochen habe ich nichts gegessen. Du kriegst jetzt nichts. Verschwinde!“ Seine letzte Kraft musste er einsetzen, um den Dämon zu vertreiben und die Suppe selbst essen zu können. Irgendwann hatte er plötzlich die Eingebung, den Dämon einzuladen und die Suppe mit ihm zu teilen. Es war ein Kampf zwischen Dagegen-Ankämpfen und Sich-Hingeben – eine Mischung von beidem. Es ist schon notwendig, sich auseinanderzusetzen.*

S: *Monster füttern kann ich ganz gut. Nur die Todesangst ist echt herausfordernd.*

G: *Die Angst ist auch ein Monster, ein Dämon.*

S: *Die Todesangst ist nicht so greifbar, sondern in mir drin. Damit bin ich noch identifiziert.*

G: *Ja, sie sitzt in deinen Zellen. Du musst immer wieder da hineinatmen und durchgehen.*

S: *Ja. Auf jeden Fall bin ich jetzt klarer und weiß mehr, worum es gerade geht. Und ich will mich schon darauf einlassen, aber die Angst ...*

G: *Du stirbst nicht. Dein Kern stirbt nicht. Nur die Angst stirbt in dir, indem du reinatmest in das Zentrum dieser Angst vor dem Tod und sie immer wieder fühlst. Das kann eine ganze Weile dauern.*

S: *Ja, das mache ich.*

*

12:59 Uhr – Es geht darum, wahrzunehmen, was ist, nicht, was ich mir vorstelle oder was ich haben will – und darum, dieses Auflösen zuzulassen.

Die Atmung geht tief in den Bauch hinunter; das Schwarze reicht mir bis zum Bauchnabel ... Ich öffne mich dem Schwarzen. *Was stirbt, ist die Angst, alles klar. Mein Kern bleibt.* Ich fühle in den Absturztraum, gleite aus dem Flugzeug und schwebe.

*

16:30 Uhr – Der Pflaumen- und Sauerkrautsaft von heute Morgen wirkt. Seit Stunden entleert sich mein Körper. Ich fühle mich schlapp, wie gerade frisch operiert. Als ob ich durch irgendetwas durch bin – keine Ahnung, was. Völlig fertig, müde und erschöpft. Ich habe Bauchschmerzen und trage die Wärmflasche auf dem Bauch mit mir herum. Der Rücken schmerzt, manchmal ganz stark, dann geht der Schmerz plötzlich wieder weg. Immer die rechte Seite.

Ich sitze auf meinem Meditationskissen und spüre die Unzufriedenheit darüber, dass nichts passiert. Aber, wer weiß, vielleicht geschieht gerade ganz viel und ich kriege es nur nicht mit. Ich muss lachen über den grünen Milarepa. Meine Hautfarbe ist bestimmt eine Mischung aus Gemüse-, Tomaten- und Kokos-Ananas-Saft.

Training der Aufmerksamkeit

19:16 Uhr – Ich liege fast nur im Bett, lausche der Atmung, der Stille und dem Ungeformten. Draußen ist es sehr laut; es fällt mir schwer, mich zu konzentrieren. Ich bin nicht meine regen Gedanken, die mich immer wieder zu Milarepa tragen. *Ich bin nicht meine Gedanken.* Ich höre Gertrud laut reden. Es ist herausfordernd, meinen Fokus bei mir zu halten. Ich bemerke, dass nicht sie mich wegzieht, sondern dass ich mit meiner Aufmerksamkeit zu ihr gehe. Ich kehre wieder zurück zu mir, bleibe bei mir. Es gleicht einem Training, meine Aufmerksamkeit dahin zu lenken, wo ich sie haben will, und es ist an mir, sie steuern zu lernen.

Immer wieder bin ich weg von der Atmung, bei anderen Leuten. Die Atmung fließt nicht frei ins Becken hinunter. Ich sitze im Tempel, lausche dem Hauchen der Stille, atme sie bewusst ein und aus. Mein

Radar ist auf Empfang eingestellt, die Umgebung in großem Radius auf Signale scannend.

Von der Gruppe kann ich höchstens fünf Teilnehmer fühlen, aber meine Wahrnehmung ist durch die Ablenkungen gerade auch sehr eingeschränkt.

Ich konzentriere mich wieder, drifte weg vom Tempel, kehre zurück zum Tempel. Die Atmung wird tiefer, die Ausatmung immer länger ...

20:08 Uhr – Ich lege mich ins Bett, beobachte weiter den Atem. Spannend, wie „es“ immer mehr ausatmet ... und immer noch mehr ausatmet. Ich verstehe nicht, wo die ganze Luft herkommt.

20. Tag

3:31 Uhr – Mir kommt erneut die Idee, meinen Wohnort zu wechseln, um Dunkelretreats anzubieten. Im Geiste male ich mir mein neues Domizil sehr detailliert aus: ein Haus mit zwei, drei Dunkelräumen in der oberen Etage, die jeweils auch über ein eigenes Bad verfügen, dazu im Untergeschoss einen großen Seminarraum für Gruppenarbeit, eine Grünanlage ringsherum.

Das schwarze Wesen

4:22 Uhr – Ich genieße die wundervolle nächtliche Stille. Auf dem Boden tiefer Ruhe tanzt freudige Aufgeregtheit wegen meiner Umzugsidee. Passend dazu sprudeln unzählige kreative Gedanken empor. Ich lenke meine Aufmerksamkeit immer wieder auf die Atmung.

In der 57er-Gruppe sehe ich eine Person wach. Ich fühle mich selbst sehr wach.

Die Auflösung meines Unterkörpers hat die obere Bauchnabelgrenze knapp überschritten. Über meinem Kopf ist unendliche Weite. Wieder und wieder fokussiere ich auf *„Ich bin nicht die Gedanken!“* sowie die

Atmung. Ich bin sehr beeindruckt, wie offen es sich über meinem Kopf und ringsherum anfühlt – so, als wäre da keine Schädeldecke.

Ein Garten, in dem ein schöner, großer, alter Baum steht, taucht vor mir auf. Ein Haus kommt ins Bild. Ich bitte um göttliche Unterstützung dabei, etwas in mein Leben zu bringen, das zu meiner Dunkelretreat Idee passt und das ich realistisch umsetzen kann: *Möge die Idee sich verwirklichen, wenn sie dem großen Ganzen dient und das Göttliche nicht etwas anderes mit mir vorhat*. Ich sehe ein Video, in dem ich die Dunkelräume und mein Angebot auf meiner Webseite vorstelle.

Die Vögel zwitschern. Entsprechend der zunehmenden Weite oben vergrößert sich auch die Schwärze unten. Die obere Weite entspannt mich; schaue ich dagegen nach unten ins Schwarze, schlägt mein Herz aufgeregter und der Bauch spannt sich an. Ich flüstere dem Schwarzen freundlich zu: *„Du gehörst auch zu mir!"* Meine wohlwollenden Worte tun dem Schwarzen gut. Die Aufregung legt sich. Es scheint, als ob das lichtvolle weite Oben und das schwarze Unten sich weiter unaufhaltsam annähern und in den Außenbereichen schon beinahe zusammenfließen. *„Du gehörst auch dazu. Ja, ich bin da. Mit derselben Liebe und Fürsorge, mit der ich nach oben in die offene Weite schaue, schaue ich auch nach unten auf dich."* Ich überprüfe, ob das stimmt: Nein, es ist nicht dasselbe liebevolle Ja, nicht ganz. Ich schaue entspannter nach oben als nach unten, bin nach oben hin zugewandter als nach unten. Der Unterschied wird mir klar und bewusst.

Wer ist das überhaupt, der Ja sagt zum lichtvollen Oben und zur Dunkelheit unten? *„Wer bin ich?"*, frage ich mich flüsternd. *„Ich bin der Kern."* Der Kern ist umgeben von Weite, Offenheit und Licht einerseits und dunkelster Schwärze andererseits. Ich fühle mich wie ein Pflaumenkern in einer Pflaume, die quergeteilt und etwas auseinandergezogen ist, sodass der Kern ein bisschen in die eine Hälfte und ein bisschen in die andere ragt.

Der Blick hinunter ins Schwarze löst nach wie vor Angst aus, die sofortige Spannungen im Körper und lautes Herzklopfen zur Folge hat. Beim genaueren Hinschauen und Hinfühlen bemerke ich jedoch, dass in dieser Schwärze auch eine tiefe Stille, Weite und Kraft enthalten sind. *„Ich fühle deine immense Kraft und sehe deine brillante Schönheit"*, spreche ich dem Dunklen erneut meine Anerkennung aus. Im Ergebnis dessen nimmt die Nähe zwischen uns zu, sodass ich jetzt eine sehr feine Bewegung in der grenzenlos scheinenden Schwärze realisiere, ähnlich einem riesigen, dunklen Meer, dessen strömende Bewegung kaum mit den Augen auszumachen ist. Mein Herz ruckelt mehrfach, als würde es über sich selbst stolpern. Der Bauch verspannt sich zu einem harten Brett, doch ich bleibe im Kontakt mit dem Schwarzen und vertiefe diesen weiter, sodass ich auch die dem dunklen Meer innewohnende große Schönheit und immense Anziehungskraft erfasse.

Plötzlich schwebe ich im freien Raum des unendlich weiten, dunklen Kosmos. Mein Herz rast. Ich fühle mich wie eine Kosmonautin, die über eine sehr lange Leine mit der Raumkapsel verbunden ist. Wieder schwebe und gleite ich, wie im Flugzeugtraum, nur dass ich jetzt nicht träume. *„Ich schwebe im Kosmos"*, flüstere ich.

Im nächsten Moment schaue ich wieder – mit weiterhin starkem Herzklopfen und einem inneren Ja – in die Schwärze unter mir. Es berührt mich sehr, zu spüren, wie gut es ihr tut, von mir gewürdigt, gesehen zu werden, eine Daseinsberechtigung zu haben. Es ist, als würden mich aus der Tiefe des schwarzen Universums zwei große Augen dankbar anschauen. Unser fortwährender Augenkontakt nährt die Verbindung zwischen uns und wirkt stärkend auf mich zurück – beruhigend, stabilisierend, und mich noch mehr aufrichtend, obwohl ich schon ganz gerade bin. Ich wachse.

Je länger wir uns gegenüberstehen, desto mehr nehme ich ein Funkeln und Glitzern in der Schwärze wahr, dass sie sehr lebendig und kraftvoll schimmern lässt und eine magische Wirkung auf mich hat. Mein Herz hämmert alarmierend gegen die Brustwand. Ich atme tief durch. Obwohl ich körperlich hochgradig angespannt bin, bleibe ich im Blickkontakt und lasse mich alles fühlen. Ich scheine in dieser Schwärze meiner Todesangst zu begegnen; sie drückt sich auch über die Körpersymptome aus.

Ich bin die Gestalterin meiner Wirklichkeit

Plötzlich befinde ich mich wieder an der weißen Grenzlinie zwischen Leben und Tod, der ich schon in meinem ersten Dunkelretreat begegnet bin. Leben und Tod sind keine getrennten Energien; sie gehören wie Tag und Nacht zusammen, sind eins. Ich bin an der Nahtstelle, am Übergang, bereit, mich auf die Magie des Dunklen einzulassen. Ein Stück weit, ca. 10–15 Meter, bin ich schon hinter der Grenze, in der Randzone des Todesreichs. (Das ist eine große Veränderung im Vergleich zu 2003, als ich mich – vor derselben Grenzlinie stehend – keinen Millimeter hinübergetraut habe.) Mein Blick streift durch die Weite der ewigen Dunkelheit. Ich fühle ihre Energie, während ich die lichte Seite hinter der Grenzlinie in meinem Rücken weiß. In einiger Entfernung fällt mir ein großes schwarzes Loch auf, das noch viel schwärzer als die Schwärze ringsum wirkt. Es scheint das Zentrum der Schwärze zu sein, von dem eine hohe Anziehungskraft ausgeht, gleich der eines hyperstarken Magneten. Da ich mich hier noch im sicheren Randbereich der schwarzen Seite befinde, kann ich dem Magnetismus in Ruhe nachspüren, ohne hineingesaugt zu werden. Wenn ich jedoch näher heranginge, würde mich die magnetische Kraft unwiederbringlich in das Zentrum hineinziehen und auslöschen. Ich erinnere mich an Gertruds Worte: *„Es ist nur die Angst, die stirbt.“* Von wegen, es fühlt sich anders an: *Ich sterbe! „Ich bin die, die Angst hat“*, flüstere ich. Mein Herz stolpert immer wieder, als hätte es seinen regelmäßigen Rhythmus gänzlich verloren.

Ich beschließe erst einmal hier, kurz hinter der Grenzlinie zwischen Leben und Tod, im schwarzen Randbereich zu bleiben. Ich nehme mir

Zeit, da ich aufgrund früherer Erfahrungen weiß, dass innere Entwicklungsprozesse auch mehrere Tage oder Jahre dauern können und dass Transformation anders geschieht, als man es zuvor überhaupt denken kann. Ich weiß, dass es sich am Ende, wenn ich durch die Angst durch bin, entspannt anfühlen wird. Doch trotz dieses Wissens kann ich mich nicht einfach so in das Schwarze hineinziehen lassen. Die Angst vor dem Tod ist eine zu starke Bremse. Die Randzone des Todesreiches ist gleichzeitig meine innere Grenze, über die ich noch nicht weiter hinausgehen kann. Ich fühle die Angst und schaue gleichzeitig von der Bauchnabelhöhe aus auf die sehr lebendige, schwarze Energie unter mir, die mir weiterhin wesenhaft erscheint – und draußen schreit gerade eine Krähe.

Ich nehme all meinen Mut zusammen und spreche das Dunkle noch einmal sehr wertschätzend an: *„Du hast eine wundervolle Kraft!"* Als Antwort nehme ich Dankbarkeit und ein Extrafunkeln wahr. Der lichte Bereich über mir fühlt sich an, als hätte er schon viel Anerkennung und Anbetung erhalten. Logisch: Alle wollen das Licht und streben mit großer Sehnsucht danach. Das Licht weiß um seine Attraktivität. Das Dunkle erfährt im Gegensatz dazu oft Ablehnung.

Doch das Schwarze ist auch eine Kraft; sie zu verdrängen, wirkt in jedem Fall blockierend auf mich. Sie muss sich dann Wege bahnen, um mir wieder ins Bewusstsein zu kommen. Es ist die Angst, die mich hindert, mit ihr im Kontakt zu sein. Die Kraft selbst ist weder böse noch schrecklich, sondern einfach nur dicht, magnetisch, still und lebendig. Projiziere ich meine unbewusste Angst in das Schwarze hinein, dann verhält es sich – und ebenso die Außenwelt als Spiegel meiner Innenwelt – auf eine Weise, die mir Angst macht. Das Dunkle spiegelt also nur meine Angst; es ist nicht per se aus sich selbst heraus böse oder negativ. Aus den in das Dunkel hineinprojizierten unbewussten Inhalten (aus meiner Vergangenheit) gestalten sich dann meine kommenden Erfahrungen. *Ich bin die Gestalterin!* – wird mir in diesem Moment bewusst –, nicht das Dunkle, nicht die Hölle, nicht der Zufall. Ich selbst fabriziere die Hölle, indem ich ungeliebte Anteile in mir ablehne und verdränge. Halte ich diese Verdrängung aufrecht, wird es eine „permanente" Hölle. Im Grunde aber ist das Schwarze pure Gestaltungs- oder Schöpferkraft.

Abdocken vom Raumschiff

5:45 Uhr – Ich schwebe wieder als „Kosmonautin", ich habe keinen Körper (mehr), bin schwebendes Bewusstsein.

Mental halte ich das Konstrukt einer verkörperten Kosmonautin aufrecht, die an der Sicherheitsleine des Raumschiffs hängt. Der Schweiß rinnt mir in Strömen herab. Ein kühler Hauch streift mein Gesicht.

Ich bin ein Auge von vielen Augen, eine Bewusstseinszelle von vielen. Ich bin überall seiendes Bewusstsein. (Lacht.) *Wenn ich überall bin, brauche ich auch keine Leine!* Ich docke das Tau vom Raumschiff ab und lasse es langsam los. Meine Angst, wegzutreiben und in der kosmischen Weite auf Nimmerwiedersehen zu verschwinden, verliert sich, als ich bemerke, dass ich als Bewusstsein an genau dem Ort bleibe, wo ich vorher auch war – ich bin ja überall. Als überall seiendes Bewusstsein kann ich nicht verloren gehen ...

Ich bitte um weitere Erkenntnisse in dieser Schau.

Auf dieser Ebene erscheint es mir völlig unwichtig, ob jemand von dem Dunkel-Experiment weiß oder nicht. Es ist so unwesentlich. *Dinge geschehen nach ihren Gesetzen* – diese Einsicht hat einen heilsamen Effekt auf mich und so auch auf die Menschheit als Ganzes. Die gesamte Menschheit ist ein Mensch und ich bin ein Teil dieses einen Menschen. Heile ich, heilt etwas in dem einen, unabhängig davon, ob andere davon wissen oder nicht. Es geschieht einfach. Mitfühlend stelle ich fest, wie kleinlich ich manchmal bin.

Ich erschaue weiter den einen Menschen, bestehend aus fast acht Milliarden Individuen: Eine riesige Menschen-Energie-Wolke ist um den Planeten verteilt. Auf Mutter Erde gibt es noch einige Stellen, die der Mensch nicht für sich besetzt hat: unwegsamer Urwald, die Tiefe der Meere, das arktische Eis. Anmutig schön und kraftvoll leuchten diese unberührten Gebiete. Die von Menschen durchdrungenen Bereiche erscheinen dunkler und kühler.

Blaue unendliche Weite

Vom Kosmos aus tauche ich bewusst in die lichtvolle Seite vor der weißen Grenzlinie ein, um ihre Qualitäten genauer zu erforschen. Auch hier nehme ich große Lebendigkeit und starken Magnetismus wahr, nur viel subtiler als hinter der Grenze, auf der dunklen Seite.

Ich wechsle wieder über die Grenzlinie in den dunklen Randbereich. Langsam, mit klopfendem Herzen, gehe ich durch die Dunkelheit, achtsam, um dem hochmagnetischen tiefschwarzen Mittelpunkt nicht zu nahe zu kommen. Ich gehe ohne Ziel, bewusst, Schritt für Schritt. Nach einiger Zeit halte ich inne und schaue neugierig in Richtung des schwarzen Zentrums.

Plötzlich zoomt das schwarze Loch zu mir heran, sodass ich, obwohl weiterhin in sicherer Entfernung, hineinschauen kann, als wäre ich wie über einen Brunnenrand gebeugt. Ich blicke in pechschwarze grenzenlose Tiefe, ohne jeglichen Lichtanteil. Kurz darauf fallen mir an der Stelle, von wo aus ich schaue, vereinzelte kleinste Lichtteilchen auf, die aus der Tiefschwärze des Loches aufgestiegen sind. Sie sind so klein, dass sie noch keinen Lichtschein an die Umgebung abgeben, weshalb diese trotzdem insgesamt schwarz wirkt.

Licht wird aus dem Dunkel geboren, schießt es mir durch den Kopf. Aber wie das geschieht, ist mir noch unklar. Den Geburtsprozess des Lichtes kann ich vielleicht erst erfahren, wenn ich im schwarzen

Zentrum *aufgelöst* bin, oder *aufgenommen, verschwunden, verschlungen*. All diese Worte tauchen auf. Mir wird kochend heiß. Ich werfe einen Blick zurück auf den Weg, den ich gekommen bin. Von hier aus, direkt über dem schwarzen Loch, sieht das Schwarz in der Nähe der Grenzlinie bereits heller aus. Daraus schließe ich, dass dort schon mehr Licht enthalten ist als an der Stelle, wo ich jetzt bin. Unvermittelt zoomt das schwarze Loch in seine Ausgangsposition zurück.

Tief beeindruckt halte ich inne, um das Geschaute zu verdauen. Dann laufe ich in Zeitlupe weiter durch die Dunkelheit und komme schließlich, gefühlt nach Stunden, in einen herrlich blau strahlenden Bereich. Ich bin vollkommen überrascht, diese Pracht hier vorzufinden. Offensichtlich ist das Schwarze nicht das Ende, wie ich dachte. Grenzenlose Weite in dem schönsten Blau, das ich je gesehen habe! Hier ist alles viel subtiler als in der dunklen Zone und noch lichtvoller. Als schiene im Hintergrund die Sonne. Jegliche Angst vor dem Schwarzen ist plötzlich weg. Mein Körper entspannt sich, das Herz schlägt ruhig, alles in mir fährt runter. Ewigkeit, zeitlose Ewigkeit, raumloser Raum, deutlich „hörbare" Stille, pures Sein. Zuvor, im dunklen Bereich, war es auch schon so, aber hier, in der blauen Weite, ist alles noch viel purer.

Hingabe

Hier bin ich körperlos, während ich im dunklen Reich einen Körper habe. Staunend „stehe" ich in dieser Herrlichkeit. In meinen Körper, an den ich mich bewusst erinnere, um ihn zu fühlen, lasse ich die erhabene und anmutig wirkende blaue Sphäre fließen. Die Zellen nehmen die sehr lebendige Energie dankbar als eine höchst qualitative Nahrung in sich auf, als hätten sie schon lange darauf gewartet. Ein prickelndes sanftes Strömen breitet sich im gesamten Körper aus. Mein Kern hat auch all diese Qualitäten: zeitlos, raumlos, friedlich, ewig und seiend.

In der unendlichen Weite nehme ich tiefste Stille wahr, die den Körper umgibt und durchwirkt. Ewigkeit, die wie ein zarter Hauch durch mich hindurchweht. Alle Zellen sind durchatmet und durchweht von zeitloser Ewigkeit ... Glückseligkeit.

Der Körper öffnet sich dem göttlichen Odem immer tiefer – ich wusste nicht, dass er sich so weit öffnen kann; immer tiefer liegende Schichten kommen zum Vorschein und geben sich der Ewigkeit hin. Er öffnet sich wie eine Blüte, im Schnelltempo, als würde er in diesem Wunder uneingeschränkt und vollständig aufgehen wollen. Es fühlt sich großartig und unglaublich erfrischend an. Jede noch so kleine Spannung hat sich aufgelöst. Jedes Organ, jede Zelle, jeder Zwischenraum ist vom Atem Gottes durchweht, von der grobstofflichen Dimension bis hin zu den feinstofflicheren Dimensionen. Es fühlt sich ähnlich an wie eine körperliche Vereinigung, doch wird dieser Vergleich dem Geschehen längst nicht gerecht, denn es geht weit über diese Erfahrung hinaus. Alles in mir entfaltet sich immer weiter, immer umfänglicher, bis alles restlos offen ist und das Wehen der zeitlosen Ewigkeit mich vollständig durchdringt. Jede Zelle ist aufnahmebereit bis in die atomare Ebene hinein und bis zur noch subtileren Essenz. In dieser bedingungslosen Hingabe und vollendeten Offenheit – im Sein – bin ich äußerst verletzlich und zugleich vollkommen sicher.

Kosmische Gebärmutter

6:35 Uhr – Es geschieht: Im Aufgehen im Sein verschwindet das Ich. Der Körper prickelt und strömt, alles in mir ist vollständig auf Aufnahme eingestimmt – einschließlich meiner Geschlechtsorgane. Das ist sexuell sehr erregend, doch gänzlich anders als im Zusammensein mit einem Mann ... schwer zu beschreiben. In dieser Hingabe ist der Körper völlig offen und durchsaftet, aber organisch bleibt alles ruhig.

*

6:56 Uhr – Ich bin inzwischen eine riesige Gebärmutter von kosmischer Größe und nehme immer noch das Sein in mich auf, lasse die Kraft des puren Seins in mich einfließen und gebe mich ihr vollends hin. Diese Schöpferkraft ist (im Bild gesprochen) der Samen – das Durchdringende, Eindringenwollende, das grundlegend Männliche. Die Hingabe, das Aufnehmende, Öffnende und Runde ist das grundlegend Weibliche.

In diesem veränderten Bewusstseinszustand bin ich mir beim Laufen im Raum jedes physischen Schrittes sowie der Weite und Zeitlosigkeit bewusst. Ich trinke Wasser und spüre gleichzeitig unvermindert die zelluläre Hingabe, Demut und Offenheit. Es ist ein tief heilsamer Zustand mit großer Kraft. Ich mache mir bewusst, dass diese Ebene mein Zuhause ist.

*

7:29 Uhr – Mir erscheint das zeitlich begrenzte menschliche Dasein, das Menschsein, wie ein Ausflug zur Erde. Auf der Erde angekommen, haben wir dann vergessen, wer wir wirklich sind, und leben etwas anderes als das, was wir sind.

Gespräch mit Gertrud

10:51 Uhr – Nachdem sich Gertrud gesetzt hat, erzähle ich ihr von dem langen Schau-Prozess in den Einzelheiten, die mir wichtig erscheinen. Am Ende des Berichts befragt sie mich genauer zu meinen differenzierten Eindrücken von der oberen und der unteren Dimension. Ich beschreibe ihr das Subtile auf der Lichtseite und die höhere Dichte im Schwarzen, die immense lichtvolle Kraft des Herzens und den dunklen Supermagneten, und dass für mich die beiden Dimensionen Leben und Tod zusammengehören.

Projektionen von Gut und Böse

S: *Als ich durch die Dunkelheit ging, konnte ich nichts Böses darin sehen. Das Dunkle ist schlichtweg dichte Energie mit hohem Magnetismus. Ich denke, es kann als das Unbewusste, das Verdrängte, der Menschen gesehen werden. Das Dunkle wird wie die Hölle empfunden, sobald unbewusste Inhalte, z. B. Existenzangst, hineinprojiziert werden. Mir erging es jedenfalls so. Indem ich meine Todesangst in die große Schwärze projiziert habe, bekam das Dunkle, das von unten in mir aufstieg, eine horröse Qualität: Ich sah darin den Tod, die vollständige Auslöschung.*

G: *Das sehe ich auch so. In der Geschichte der Menschheit wird das Dunkle der Erde zugeordnet, der Unterwelt und dem Bösen schlechthin. Aber es ist eine Projektion.*

S: *Und wenn ich mich in das Licht einfühle, dann werden meinem Gefühl nach dort die Engel und Götter hineinprojiziert.*

G: *Genau, der Himmel als Sitz des Guten – eine Vorstellung aus dem Christentum. Und der Buddhismus stellt die Bodhisattvas und den Dharma auf die lichtvolle Seite. Von der Essenz her ist beides einfach Sein – ob hell oder dunkel.*

S: *Ich war überrascht, weil ich hinter der Schwärze eher das „Nichts" erwartet hatte. Vielleicht kommt das Nichts auch noch. Jedenfalls bin ich jetzt in der wunderschönen blauen, unendlichen Weite, die sehr subtil und weniger magnetisch als das Schwarze ist.*

(Pause.)

Als ich in das schwarze Loch schauen konnte, hatte ich den Eindruck, das Licht werde aus dem Schwarzen geboren.

G: *Das würde ich auch so sehen.*

S: *Im blauen Bereich fühlte ich vollkommene, bedingungslose Hingabe an das Männliche. Mein Körper öffnete sich wie eine Blüte, die sich vollständig entfaltet. Ich fühlte unaufhörliches totales Empfangen. Die gestrige Unruhe war verflogen.*

G: *Ja, die nächste Schicht hat sich geöffnet. Ein Teil des Drucks ist weg, der sich in dir aufgebaut hatte. Es ist wie ein Selbst-geboren-werden-Wollen.*

S: *Jetzt fühle ich ein so tiefes Zufriedenheitsgefühl, dass ich den Rest der Tage in dieser Hingabe verbringen könnte. Etwas in mir hat sich vollends erfüllt.*

G: *Ja, das spüre ich auch.*

S: *Gestern fand ich noch nicht den Weg ...*

G: *Na ja, es gehört ja dazu, dass sich erst einmal Widerstände aufbauen.*

S: *Waren das Widerstände? Es fühlte sich für mich eher an wie etwas tief Gewünschtes nicht zu bekommen.*

G: *Das ist auch ein Widerstand; Erwartungen blockieren uns genauso wie Abwehr. Aber die Hingabefähigkeit war schon da, sonst hätte sich die Öffnung heute nicht ereignet. Gestern schwappte noch mal eine alte Schicht hoch, und heute kam der Moment, mit den Wehen mitzugehen, wie bei einer Geburt.*

S: *Es fühlte sich zuerst an, als würde nichts passieren, als ginge es nicht vorwärts. Es musste aber doch weitergehen, wie bei echten Wehen, denen man nicht entkommen kann.* (Lacht.) *Ja, klar, ich brüte mich ja selbst aus! Jedenfalls könnte ich die nächsten Wochen in diesem Zustand verbringen; innen ist alles zur Ruhe gekommen und ich fühle tiefsten Seelenfrieden.*

G: *Dieser Zustand geht weit über das Persönliche hinaus, wie ein umfängliches Eingebettetsein in die große kosmische Einheit ... Angekommen-sein in diesem großen, weißen, gewebten Teppich, wo alles eins ist. Ich bin ganz berührt!*

Die blaue Blüte

S: *Wenn du in die Bilder, die du hattest, hineinspürst, wie sieht es da jetzt aus? Das würde mich interessieren.*

G: *Ich sehe ganz viel Blau, aber es ist kein Wasser mehr, sondern eher ein helles, ganz sanftes Schwingen. Schwingungen großer Liebe. Wie eine große Blüte, die sich formt, aber nicht fest ist und zunächst noch ihre Form verändert. In dieser blauen Blüte ruhst du – direkt in der Mitte.*

S: (Berührt:) *Das ist ein schönes Bild.*

G: *Der Kern dieser Blüte ist sehr helles, goldenes Licht. Die Staubgefäße, der Blütenstaub erscheinen golden pudrig. Partikel von Gold sind in der Mitte ... und drumherum immer dieses Blau. Es bewegt sich, als würde die Blüte auch atmen, den Atem Gottes, wie du es nennst, aufnehmen. Du liegst in der Mitte der weit geöffneten Blüte und ruhst darin. Es wird für dich geatmet. Du atmest da nicht mehr selbst, sondern „es atmet dich".* (Pause.)

S: (Erstaunt:) *Keine Berge mehr? Kein Wasser?*

G: *Nein. Nur eine stille Glückseligkeit, große Liebe und Ehrfurcht.*

S: *Ich kann die Blüte auch sehen. Während du sprichst, entsteht sofort vor meinem inneren Auge ein Bild davon. Ob es dasselbe Bild ist, weiß ich nicht, aber die Blüte ist unglaublich groß, wie eine kosmische Blüte.*

G: *Genau. Da gibt es kein Wollen, gar nichts mehr.*

(Längere Pause.)

Der gefräßige Gesamtkörper-Mensch

Ich erzähle Getrud von dem Bild der fast acht Milliarden Menschen, die einen Gesamtorganismus bilden, dessen einer Teil ich selbst bin – und beschreibe die Menschen-Energie-Wolke.

S: *Die von Menschen dicht bevölkerten Gebiete fühlten sich weniger vital an, irgendwie schwächer – als wäre der Gesamtkörper-Mensch ein gefräßiges Energiewesen.*

G: *Klar, das ist er ja auch.*

S: *Das zu sehen hat mich ziemlich betroffen gemacht. Wie verantwortungslos, maßlos und unersättlich der Mensch ist, ganz und gar nicht friedlich. Wobei ich auch lichtvolle Personen in dem einen Gesamtkörper-Menschen sah. Insgesamt schien es mir, als ob seine Energie und das, was er hervorbringt, wie eine graue Fessel ist, die immer dunkler und dichter wird und sich immer fester um die Erde legt.*

G: *Das ist ja auch so. Die Erdoberfläche ist ja bereits weitgehend zugepflastert und asphaltiert.*

S: *Bis auf die Bereiche, wo der Mensch nicht hinkommt. Vom Kosmos aus gesehen strahlte die Erde an diesen Stellen sehr kraftvoll.*

G: *Dazu gehören z. B. die großen unbesiedelten Flächen Russlands.*

S: *Oder die Wüsten Afrikas, die weiten Steppen, Prärien, Outbacks und die Hochgebirge.*

G: *Die Bevölkerung nimmt auch rasant zu. Und damit auch all die verrückten Spielchen, wie die Plünderung und Ausbeutung der Erde oder dass Menschen sich gegenseitig umbringen, nur weil sie verschiedenen Religionen angehören. Eine grauenvolle Energie!*

S: *Wir sind ein Teilchen davon, mittendrin.*

G: *So ein kleines Glühwürmchen.*

S: *Ja genau, ein Glühwürmchen von fast acht Milliarden.*

G: *Ein Glühwürmchen, das leuchtet, kann aber andere, die nicht leuchten, ausgleichen und den gemeinsamen Teppich – also die Verwebung – vielleicht etwas heller halten.*

S: *Ich sehe auch, dass das geschieht, und der gefräßige Gesamtkörper-Mensch reagiert darauf. Er bricht an der Seite aus und bildet eine neue Geschwulst, die wieder einen Ausgleich braucht. Kaum ist etwas geheilt, findet er einen Ausweg, um wieder neu zu zerstören. Ich kann es nicht anders ausdrücken.*

G: *Diese Dynamik hört nicht auf, sodass ständig neu ausgeglichen werden muss.*

S: *Erfolgt der Wandel nicht von Grund auf, wird immer nur ausgeglichen, aber es reißen neue Löcher auf, die mit immer neuen Raffinessen gestopft werden, statt dass nach den tieferen Ursachen geforscht wird. Es ist nur ein Ausgleich und ein Ruhighalten, um das Schlimmste zu verhindern. Das Gefräßige wirkt auf mich wie Krebs, der kurz Stillstand und Veränderung vortäuscht, dann aber weiterwuchert. Die Menschheit ändert sich noch nicht.*

G: *Es wird immer nur auf das Schlimmste reagiert, damit es nicht zum totalen Kollaps kommt.*

S: *Den Bewusstseinswandel, von dem so viel gesprochen wird, kann ich gerade nicht sehen, obwohl ich diese Tendenz sonst auch so wahrnehme. Um mich herum sind viel mehr bewusste Menschen als noch vor 20 Jahren.*

G: *Auf der anderen Seite gibt es überall Drama und Chaos.*

S: *Ja, die Energie muss sich entladen, z. B. in Kriegen.*

G: *Das Chaos kann noch lange dauern, das ist nicht gleich morgen beendet.*

S: *Stimmt, das gefräßige Wesen, auf das ich gerade schaue, hat noch genug Kraft, immer wieder neue Auswüchse zu bilden. Das heißt, in sich selbst wandelt sich das Wesen nicht, sonst würde es ja nicht diese Auswüchse bilden, im negativen Sinne.*

G: *Es sind zu viele alte Strukturen da, zu viele Hindernisse.*

S: *Ich bekomme gerade noch ein anderes Bild: Es ist ein Wolf, der von Kopf bis Schwanz zur Ruhe gebracht wurde. Aber plötzlich wächst ein neuer Kopf, der genauso bedrohlich ist wie der davor. Das geht immer so weiter, weil die „Beruhigung“ keine echte Transformation ist. Das ist nicht morgen zu Ende …*

G: *Wie die Köpfe der Hydra. Die Transformation wird noch eine Weile dauern. Aber die Frage ist: Was ist unsere Aufgabe als Menschen – als kleine Lichtpünktchen?*

S: *Die Heilung des Weiblichen, wie du schon sagtest, und ebenso Bewusstseinsbildung und Übernahme von Verantwortung, eine echte Transformation unserer unbewussten Schatten statt oberflächlicher Symptombekämpfung. Wir müssen unsere Herzqualitäten leben und uns dem Dunklen mit Liebe zuwenden, statt es zu verurteilen.*

(Pause.)

Manchmal kommen Menschen in die Therapie, die innerlich lieber sterben wollen, als sich zu ändern. Immer, wenn ich das direkt anspreche, hat das einen großen Effekt. Manchmal erfahre ich erst Jahre später, wie heilsam das für manche war.

G: *Auf jeden Fall. Es gibt zwei Bewegungen, die wie Spiralen sind – abwärts und aufwärts. Die Abwärtsspirale sagt immer wieder: „Nein, das geht nicht!“ Sie füttert immer wieder die alten Ängste und Muster und führt dich in eine emotionale oder geistige Krankheit, bis in das Stoffliche hinein, also auch physische Krankheiten. Wenn du einfach so weitermachst, stirbst du. Die Aufwärtsspirale baut auf und öffnet. Sie sagt Ja, geht ein Risiko ein und will nicht mehr alles kontrollieren. Man kann es nicht steuern, hat es nicht in der Hand. Da kommen viele Kräfte zusammen. Ehrlichkeit ist der erste Schritt zur Heilung – aufrichtige Ehrlichkeit.*

S: *Aufrichtigkeit ist eine starke Kraft, das wird mir gerade sehr bewusst.*

*

20:09 Uhr – Ich sitze in Meditation. Seit dem Nachmittag habe ich eine komische Spannung, ein Unwohlsein im Bauch. Emotional fühle ich Glück und Dankbarkeit für den Luxus, hier sein zu können und all diese Erkenntnisse zu sammeln sowie zeitintensive Erfahrungen zu machen.

Ich bin nicht die Spannung. Ich bin verantwortlich für meinen Körper, aber ich bin nicht mein Körper. Ich beobachte die Atmung.

*

Ich spüre zur Gruppe hin; sie fühlt sich dünn an. Zwei, drei Leute scheinen verbunden mit dem Experiment.

Die zweite Blüte oben auf dem Tempel hat sich fast geschlossen. Es sieht so aus, als ob sich bereits eine dritte bildet. Ich fühle nach oben: Ja, das Gebilde über meinem Kopf fühlt sich höher an. Der Radar ist weiterhin ausgerichtet auf göttlichen Empfang. Ich kann das Schwarze unter mir, das mir bis kurz über den Bauchnabel geht, in würdigender Haltung kontaktieren. Ebenso kann ich die freie, lichte, blaue Ebene wahrnehmen.

20:39 Uhr – Die Kopfschmerzen werden immer stärker und ich beende die Meditation.

21. Tag

Ich bin ein Sonnenstrahl

6:13 Uhr – Ich bin geschätzt seit kurz vor 4:00 Uhr wach, kann mich aber jetzt erst zur Meditation aufraffen. Ich habe Kopfschmerzen im Stirnbereich und fühle mich müde. Mir fällt auf, wie ich darauf ausgerichtet bin, zu schauen, ob Schmerz da ist oder nicht – eine wichtige Erkenntnis!

Ich lenke meinen Blick auf das, was ist. Emotional fühle ich mich traurig angesichts des gefräßigen Menschheitskörpers – traurig, wie wir Menschen miteinander und mit unserer Umwelt umgehen.

Ich fühle mich weiterhin offen, gut geerdet. Ich mache mir bewusst: *Ich bin nicht die Spannungen. Ich bin nicht die Symptome.* Sofort fühle ich mich in der Weite und schaue mitfühlend auf den Körper mit all seinen Symptomen. Liebevoll und sanft danke ich ihm, dass er alles mitmacht, mich durchs Leben trägt und mir all diese Erfahrungen ermöglicht. Er ist ein sehr kostbares Geschenk – und so begegne ich ihm auch. Er antwortet mit Entspannung. Alle Ebenen sind miteinander verwoben und wirken sich sofort auf den Körper aus.

Ich atme die klare Luft des Tempels. Der Raum ist riesig, da die Seitenwände fehlen. Die dritte Blüte ist gewachsen; sie ist jetzt ein Drittel so hoch wie die zweite und bildet einen kleinen, flachen Kelch, wie eine Schale. Ich spüre das Gebilde in meinem Körper und über meinem Kopf. Der Stab (Blütenstängel) über mir, mit den drei Blüten, setzt sich nach unten hin in meiner Wirbelsäule fort.

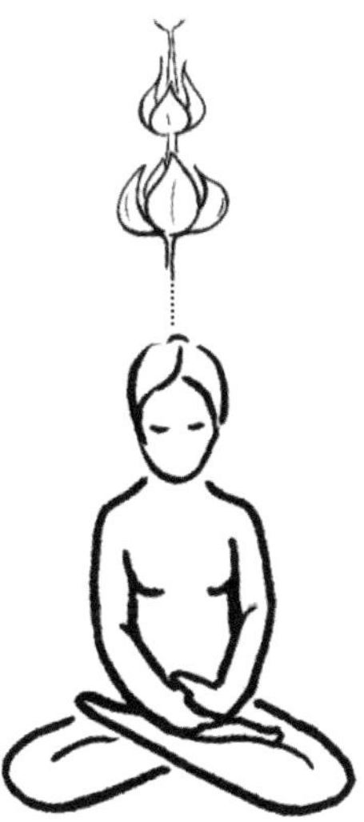

Ich bin aufrecht an und um diesen Stab herum; er gibt Halt, Sicherheit und Stabilität. Meine Kernenergie fließt durch ihn durch, nährt und belebt mich: Motor und Antrieb, Formungs- oder Gestaltungskräfte, spontane Kreativität, Gesundheit, Gleichgewicht, Ordnung,

Ausrichtung, Wahrhaftigkeit, Offenheit, Licht, Herzlichkeit, Liebe – all das verkörpert die Kernenergie, dieser Saft oder Lebensstrom, der einer höheren Ordnung folgt.

In meiner Schau bin ich ein Sonnenstrahl. Tief in meinem Herzen spüre ich eine zarte Berührung, fühle ich mich sanft gestreichelt von liebevoller Wärme. Ich bitte: *„Dein Wille geschehe!"* Licht füllt meinen ganzen Körper aus. Ich habe Gänsehaut. Tief atmend gebe ich mich ganz dem Licht hin.

Händlertricks der Gedanken

6:58 Uhr – Gedanklich strömen mir tausend Möglichkeiten entgegen – gleich aufdringlichen Händlern auf einem Markt bieten sie sich mir an. *Nein danke, ich will nichts kaufen!* Ich will nur atmen und gehe, meinen Fokus haltend, durch die Menge hindurch. Ich fühle Wüstensand unter meinen Füßen. Je öfter ich Nein sage, desto zahlreicher tauchen Händler vor mir auf, die mir mit gewichtiger Körpersprache, breitem Lächeln und lauten Rufen eindringlich alles Mögliche vor die Nase halten. Sie drehen so sehr auf, dass ich mich bedrängt fühle. *„Nein!"*, rufe ich und gehe, strikt ausgerichtet auf die Atmung, entschlossen an den Händlern vorbei. Durch deren Energiefeld zu gehen, ist so anstrengend, dass mir der Schweiß aus allen Poren rinnt. Ich bin klitschnass. Atmend gehe ich langsam über den Marktplatz, kaufe aber nichts. Magenschmerzen treten in den Vordergrund. Auch das „kaufe" ich nicht. Ich beobachte den völlig verkrampften Atem, lasse mich durch nichts beirren … atme …

Langsam kehrt etwas Ruhe ein; die Gedankenflut lässt nach. Ich beobachte weiterhin nur die Atmung, sonst nichts. Die verbleibenden Gedanken versuchen jetzt, mich zum Abbruch der Meditation zu bewegen und ins Bett zu lotsen. *Nein, ich breche nicht ab. Ich atme.* Starkes Aufstoßen. Ich bin schon fast am anderen Ende des Marktplatzes angekommen. Noch immer treten einzelne Händler an mich heran. Die haben noch nicht verstanden, dass ich nichts kaufe. Oder habe ich es noch nicht kapiert? Sie sind ja ein Spiegel für mich. Die Frage wirft mich auf mich selbst zurück. Ich bekräftige nochmals: *Ich atme.* Ich beobachte den Atem. Heftiger Juckreiz am rechten Ohr, starkes Gähnen – die Abwehr zieht alle Register.

Ich beobachte reglos und still den Atem, weil ich das will. Ich bestimme, wo es langgeht. Nein, ich will jetzt auch keine Fragen eines Klienten beantworten, der seine Gedanken nicht abschalten kann. ... Ich atme, bin ganz bei mir, in meiner Kernenergie und atme. Ich bin atmende Kernenergie, ohne etwas zu wollen oder zu erwarten. Das ist meine Richtung. Ich atme, stehe, sitze, atme. Ich möchte jetzt auch keinen Austausch mit einem Freund. Ich atme. Auch keine Gesprächsvorbereitung für Gertrud. *Nein! Ich atme.* Keine Überlegung, was ich schon auf das Band gesprochen habe und was noch fehlt. Ich atme ...

Das goldene Kind

Ich bin Kernenergie. Atmend spüre ich den Lebensstrom in mir. Am Ende des Marktplatzes stehen noch ein paar Händler und vereinzelte Stände und Buden. Vermummte, mit Säbeln und Gewehren bewaffnete Gestalten tauchen unvermittelt auf. Sie wollen sich mir scheinbar in den Weg stellen. Ich atme. Die brauche ich jetzt auch nicht. Ein paar Meter vor mir sehe ich ein kleines Kind, das eine dieser finsteren Gestalten goldig anlächelt und ihr etwas reicht. Sie ist so sehr beeindruckt von dem Kind, dass sie nicht mit ihrem Säbel zuschlägt. Ich bin auf einem Schlachtfeld, in einer anderen Zeit gelandet, wird mir bewusst. Alle anderen um mich herum werden abgeschlachtet. Dieses kleine, ca. neun Monate alte Kind – es kann gerade mal sitzen – strahlt mit gänzlich offenen Augen völlig unschuldig. Sein leuchtendes Wesen berührt den kräftig gebauten, in schwarzen, dicken schützenden Stoff gekleideten Mann – und mich. Es berührt das Herz dieses kaltblütigen, auf Kämpfen, Töten, Machtausübung, Frauenraub und Vergewaltigung ausgerichteten Gesellen. Das nur mit einer Windel bekleidete Kind sitzt im Sand. Ringsherum geht das Morden weiter. Der Mann, scheinbar der Anführer, hält noch immer inne und schaut auf das Kind. Ich atme und beobachte gespannt das Geschehen zwischen den beiden. Obwohl ich direkt danebenstehe, kann mich niemand sehen, als wäre ich unsichtbar. Ich bin höchst fokussiert auf meine Kernenergie, um präsent zu sein. Das Baby drückt exakt diese Reinheit aus: Es lacht und jauchzt und ist völlig unbeeindruckt von der Schlacht. Es ist einfach pures Sein. Mit seiner rechten Hand hält es dem starr blickenden Bandenführer irgendetwas hin – ein Kleeblatt oder Sand, ich kann es nicht genau erkennen. Es ist im Kontakt mit diesem unberechenbaren Menschen. Ich atme und halte so die Energie.

Die anderen Männer haben ihr Tötungswerk vollbracht und kommen, im schnellen Ritt das Blut von ihren Säbeln wischend, rasch näher. Sie haben sämtliche Dorfbewohner umgebracht. Lauthals johlend steigen sie von ihren Pferden und nähern sich dem Baby, doch keiner übertritt die unsichtbare Grenze, die um das kleine goldene Wesen gezogen scheint. Sie wundern sich über ihren Anführer, der dem Kind nicht kurzerhand den Kopf absäbelt. Er bedeutet den anderen, das Baby nicht anzufassen, es nicht zu töten. Sie befolgen, ohne nachzufragen und ganz selbstverständlich, seinen Befehl, stecken ihre Säbel weg und besteigen ihre verschwitzten Pferde. Der Anführer steigt nun ebenfalls auf und wirft einen letzten kurzen Blick auf das Kind. Sein Gesicht wirkt wieder härter; er scheint fest entschlossen, die aufkeimende Herzenswärme für das Kind auf keinen Fall zuzulassen. Nah beieinander reitet die Gruppe in gestrecktem Galopp davon, das Baby vollkommen allein auf dem Schlachtfeld mit den unzähligen Toten zurücklassend.

Der Schweißgeruch der Männer und ihrer Pferde liegt noch lange in der Luft. Ich schaue der Gruppe nach. Der Mann mit dem berührten Herzen reitet an der Spitze. Der Kontakt mit dem Kind hat ihn verändert; das spüren auch seine Kameraden. Ich nehme einen Hauch

Barmherzigkeit in der Gruppe wahr und weiß: Diese Männer werden das nächste Mal etwas menschlicher sein. WOW! Das Samenkorn der Barmherzigkeit wird sich im Anführer entfalten und über ihn in der gesamten ca. 25-köpfigen Gruppe ausbreiten. Er trägt jetzt die Erfahrung des goldenen, lachenden, unschuldigen, reinen Kindes in sich. Er kann sein Erleben weder abschütteln noch vergessen. Der Blick und das Wesen des Kindes haben sich in seine Seele eingepflanzt und wirken in ihm weiter, machen ihn menschlicher und friedlicher.

Die Szene verblasst genauso schnell, wie sie aufgekommen ist. Ich bin wieder am Ende des Marktplatzes und setze mich neben das Kind. Es sieht mich und strahlt auch mich mit seinem unglaublich herzerwärmenden Lächeln an. Wir spielen zusammen ein paar Meter abseits der Stände im angenehm warmen Wüstensand. Ich atme. Die Händler lassen mich jetzt in Ruhe, obwohl sie sich wundern, warum wir da sitzen. Ich meditiere im halben Lotussitz, kerzengerade aufgerichtet. Das Kind spielt in meiner Gegenwart. Verschiedene Händler nähern sich neugierig, unschlüssig zu mir schauend, was ich da tue. Sie kommen jedoch nicht näher als ca. zehn Meter heran – als gäbe es eine unsichtbare Grenze um uns beide herum, die sie fühlen und nicht übertreten. *Ich habe eine natürliche Grenze.* Wieder starkes Aufstoßen. Ich fühle in meine natürliche Grenze hinein, atme, beobachte.

Das Baby, vollkommen unbehelligt vom Markttreiben, spielt – als wüsste es um den Kreis mit einem Durchmesser von etwa 20 Metern – nur innerhalb der Grenze mit vertrockneten Pflanzenteilen, die hier und da aus dem Sand hervorlugen. Immer wieder nimmt es durch Blicke und Gesten Kontakt zu den an der imaginären Grenzlinie stehenden Menschen auf, die sich wiederum an seinem Lachen erfreuen. Niemand wagt es, das Kind zu berühren.

Mittlerweile bildet sich eine immer größere Menschentraube aus Männern und vereinzelten Frauen, die in weiße Schleier und dunklere Kopftücher und Gewänder gehüllt um den Kreis herumstehen. Das unschuldige reine Lächeln des Kindes berührt und verzaubert jedes einzelne Herz. Ich fühle, dass sich die Menschen über mich beraten. Obwohl ich mit geschlossenen Augen im Zentrum des Kreises sitze, sehe ich alles, was um mich herum geschieht.

Das Baby krabbelt zum Grenzrand und ist den Menschen jetzt sehr nahe. Ich atme, frei von jeder Sorge um das Kind. Plötzlich teilt sich die Menschenmenge hinter meinem Rücken und gibt einen Gang frei. Ein Mann von Bedeutung, ein Scheich, tritt mit gewichtiger Miene heran und steht direkt vor dem goldenen Kind, das ihm lachend ein knorkliges Stöckchen zeigt. Seine Gesichtszüge und die Nase erinnern mich an meinen Vater. Er schaut fragend in die Menschenmenge. Während fast alle gleichzeitig auf ihn einreden, streckt ihm das Kind immer wieder sein kleines Ärmchen entgegen, als wollte es ihm das Hölzchen geben. Sekunden später zieht es den Arm wieder zurück; es spielt mit ihm das gleiche Spiel wie zuvor mit den anderen. Unschlüssig steht der Scheich da ...

Gedanken steigen auf: *Habe ich mich von dieser Geschichte fangen lassen? Ist das auch nur eine Ablenkung?*

Das goldene Kind fühle ich plötzlich in meinem Bauch. Jetzt sitze ich allein im Kreis, atme und ziehe bewusst meine Aufmerksamkeit von der Geschichte ab, lasse sie los. Der Scheich, die Händler und die Buden lösen sich vor meinen Augen auf. Ich amte und schenke der Szene keine Aufmerksamkeit mehr. Hartnäckig will sich der Film weiterspinnen, doch ich bin höchst fokussiert auf die Atmung. Ich erkenne: Die Geschichte ist nur eine andere Form der Ablenkung von der Atmung ... von weiterer Tiefe ... vom Sein.

Ich bin offensichtlich im Reich der Träume.

Langsam atmend tauche ich durch das Traumland hindurch, frei von Absicht oder Erwartung ... atme ... sinke. Die Atemwelle vertieft sich ... ich sinke in die Ruhe, in die Stille. Auf dem Weg in die Tiefe wollen mich die Träume immer wieder einfangen, mich zum Weiterträumen anregen. Ich könnte weiter träumen, aber ich will nur atmen. Es ist, als ob ich mit dem Schwert der Klarheit die Traumwelt durchschneide. *Es ist ja nur ein Traum.* Ich könnte den Traum weiter gestalten und ausspinnen. Ist das Wesentlich? *Nein.* Ich atme mich weiter hindurch. Die Traumwelt ist äußerst machtvoll; sie bringt immer wieder neue Verlockungen, neue Angebote. Durch die Geschichte und den Märchencharakter hat das Traumreich eine große Magie, eine starke Kraft. Ich atme und sinke mit großer Klarheit durch die Traumwelt durch.

Ich muss etwas trinken. Ich habe so einen Durst. Sind der Durst und der Wunsch, mich anders hinsetzen zu wollen, auch nur Ablenkungstricks? Hochgradig auf die Atmung fokussiert, krieche ich auf allen Vieren die zwei Meter bis zu dem kleinen Tisch ... atme ... und trinke Gemüsesaft und heißes Wasser.

Drei-Stufen-Atmung

7:45 Uhr – Ich sitze wieder im Tempel und atme, stimme mich auf das Licht oben und das Schwarze unten ein; das Schwarze reicht mir schon bis zum Brustbeinanfang. Die Einatmung geht merkwürdig, in drei Stufen. Im ersten Drittel bleibt sie am Magen stehen, im zweiten kurz unter dem Bauchnabel und im dritten fließt sie tief hinunter in die Beckenschale. *Drei-Stufen-Atmung* – das Wort kommt mir. Ich atme, lausche den Kirchenglocken, spüre die Weite. Die Einatmung ist trotz der drei Stufen viel kürzer als die Ausatmung. Ich atme und lausche dem schwingenden Glockengeläut, das den Raum erfüllt. Vogelzwitschern mischt sich zwischen die Klänge. Ich atme.

Die Drei-Stufen-Atmung geht über in eine gleichmäßige Atmung. Ruhig, langsam und tief schwingen Ein- und Ausatem. Ich lausche der Stille, auf deren Untergrund die Glocken ihren Ton entfalten, kann sie fühlen und hören. Ich atme und überlasse mich ganz dem „es geschieht".

8:55 Uhr – Stille um mich herum. Ich höre die Einatmung, kann sie förmlich berühren. Es ist sehr erholsam. Starke Spannungen im Kiefer, Mund und Zungengrund tauchen auf, die mich an meine gelähmte Zunge im zweiten Dunkelretreat erinnern. Es fühlt sich an, als würde die Lähmung wieder beginnen. Ich entspanne bewusst die Schultern, den Nacken, den Kiefer, die Zunge. *Ich bin.* Die Stille und ich sind verbunden; sie ist um mich, in mir und überall – von feinstoffligem Nebel durchzogen.

Göttliche Essenz

Gespräch mit Gertrud

10:28 Uhr – Gertrud tritt ein und ich berichte ihr vom Marktplatz, der Schlacht und dem goldenen Kind.

G: *Interessant. Ein luzider Traum.*

S: *Genau. Als ich es bemerkte, ließ ich den Traum fallen. Das Kind war dann in mir. Es war mein inneres, goldenes Kind.*

G: *Wie deutest du das für dich?*

S: *Dass es darum geht, mich nicht ablenken zu lassen – weder von Gedanken noch von Träumen –, sondern beim Wesentlichen zu bleiben. Da bin ich am Ende auch wieder gelandet: in meiner Kernenergie, dem einfachen Sein.*

Ich fand es auch spannend, dass selbst der Anführer und seine Bande diesem Kind nichts antaten; es hat die Männer so unschuldig angestrahlt, da konnte ihm einfach niemand etwas antun.

G: *Ja, die göttliche Essenz, würde ich sagen. Von diesem göttlichen Kind geht eine Frequenz aus, die ein ganzes Aggressionsfeld verwandeln, ja sogar stoppen kann.*

S: *Als die Männer wegritten, trug der Anführer dieses goldene Lächeln in seinem Herzen und es keimte in ihm wie ein Samen weiter. Eine Wandlung fand statt.*

G: *Gut, dass du das so genau gesehen hast und dir des Träumens bewusst geworden bist.*

Alles zu sehen und wahrzunehmen gehört zum Einheitsbewusstsein. Aus der Einheit heraus sehen und erkennen wir alles. Wir sind ja mit allem verbunden.

(Pause.)

Übertragung statt Worte

Ich erzähle Gertrud von der dritten Blüte über meinem Kopf und beschreibe ihr das Schwarze, das mir jetzt bis unter die Brust reicht.

G: *Ja, es dehnt sich noch mehr aus. Geh noch mehr hinein, noch mehr nach oben.*

S: *Es vertieft sich, fühle ich.*

G: *Das ist eine große Leuchtkraft, eine innere Heiterkeit. Ein Buddha-Bewusstsein, das ausstrahlt zu den Aggressionsfeldern und diese wandeln kann.*

S: *Die Veränderung spürte ich deutlich bei den Reitern. Die Bewegung in ihren Herzen geht weiter und multipliziert sich.*

G: *Das Buddha-Bewusstsein – oder Bewusstsein der Meister – arbeitet nicht mehr unbedingt mit Worten, sondern überträgt die höhere Frequenz.*

S: (Aha-Effekt:) *Das war also eine Übertragung! Klar, so könnte man das nennen, denn der goldene Funke ist jetzt im Herzen des Anführers!*

G: *Ganz genau. Das ist die Meisterschaft, aus dem Bewusstsein heraus zu übertragen. Man muss nicht mehr sprechen, es geht nicht mehr um die Worte.*

S: *Das Herz des Kindes hat das Goldene übertragen.*

G: *Das göttliche Kind verkörpert das Buddha-Bewusstsein, innere Gelassenheit, Erleuchtung, Liebe, vollkommenes Erwachsein.*

Das Kind ist auch ein Anteil von dir. Am Anfang hatte ich das Gefühl, dass es vielleicht auch einen kollektiven Anteil darstellt, doch diese Bewusstseinsebene ist jetzt erst mal für dich von Bedeutung, oder? Es geht jetzt für dich nicht mehr so sehr um viele Gespräche, sondern darum, dein Bewusstsein zu stärken, um höhere Schwingungen zu übertragen auf die Menschen, mit denen du zu tun hast. Damit dein Bewusstsein und nicht deine Worte Heilung und Transformation ermöglichen. Du meditierst, dein Kopf ist leer und der göttliche Anteil kann stärker wirken.

S: *Stimmt. Und es gab viele Widerstände, die das verhindern wollten. Ich musste alle Register ziehen – starke Fokussierung, vollkommene Ausrichtung und Kraft –, um das „Ich atme" in den Mittelpunkt zu stellen. Beeindruckend, dass ich mir erst eine Bahn zum Atem schaffen musste, weil der Kopf sich so stark vorgedrängelt hat.*

G: *Als Hindernis.*

S: *Ja. Hindernisse in Gestalt der Händler.*

G: *Und der Marktplatz sollte dich in dem Chaos festhalten.*

S: *Genau. Es war unglaublich schwer, einfach nur über den Marktplatz zu laufen und nichts zu kaufen, nur zu atmen und zu sein.*

G: (Lacht:) *Das ist im Zen auch die große Meisterschaft, wenn man auf den Marktplatz zurückkehrt.*

S: *Ich verstehe die Funktion der Händler jetzt noch viel besser, als ob der Sinn tiefer bei mir ankommt.*

G: *Wie eine Einweihung fühlt sich das an. Wenn du es selbst durchlebst, ist es in deinen Zellen verankert. Es leuchtet richtig, wenn du davon sprichst – eine andere Bewusstseinsebene.*

S: *Ich wünsche mir sehr, dass sich diese Ebene in den Zellen verankert, sodass ich sie immer mehr halten kann und nicht so leicht in den Kampf-und-Gegenreaktion-Modus abrutsche.*

Ende der Fastenzeit

12:23 Uhr – Nach 20 Tagen nehme ich erstmals wieder feste Nahrung zu mir: Kartoffeln und Karotten. Es dauert zehn Minuten, bis mein Speichel in Strömen fließt; der Mund begreift nur verzögert, dass er gerade isst. Ich fühle, wie die Bauspeicheldrüse ihre Sekrete in den Darm spritzt und wie der Magen zu arbeiten beginnt. Die Verdauungssäfte kommen schwungvoll in Gang und es fühlt sich so gut an. Die Schärfe von Kresseblüten und Kresseblättern verteilt sich in meinem Körper. Ich kann die Arbeit und das Zusammenspiel aller Verdauungsorgane fühlen und genau mitverfolgen, wie der Nahrungsbrei den Magen verlässt und den Beginn des Darmes passiert.

Ich habe die Kresse nach ihrer Botschaft gefragt: Reinigung, Anregung, Kraft. Ich spüre ihrer wundervollen Energie im Körper nach. Der Teller war voll, und ich könnte noch einen zweiten essen – offensichtlich habe ich es mit dem Ego zu tun, das gierig nach Mehr verlangt.

*

20:00 Uhr – Nach einem ausgiebigen Bad und Tai-Chi meditiere ich. Der Wachtraum von heute Morgen taucht auf. Es war sehr berührend, das Baby mit dem Krieger unbekümmert kommunizieren zu sehen. Ich lasse die Erinnerung los und atme ...

*

22:51 Uhr – Ich hatte einen Traum: Ein Maler streicht die uralten, schon hundertmal überlackierten Fensterrahmen in meinem Haus. Sie sind zwar danach wieder schön weiß, aber auch sehr uneben. Eine Stelle ist so bucklig, dass sich, als ich sie berühre, eine dicke, getrocknete Farbschicht abhebt. Zum Vorschein kommt ein Plastikring, den ich vorsichtig abnehme. Darunter erblicke ich etwas Technisches. Da mir das Ganze zu kompliziert erscheint, setze ich den Ring und die Farbschicht wieder drauf.

Szenenwechsel im Traum: Dort, wo die Waschmaschine steht, soll der Maler eine kleine – etwa zwei Millimeter starke – Rille machen, damit die Waschmaschine nicht immer quer durch die Küche rollt und ich sie leichter in dieser kleinen Bahn hin und her schieben kann, denn zum Waschgang muss sie zwei, drei Meter weiter an einen anderen Ort geschoben werden. Statt der Zwei-Millimeter-Rille fräst der Maler 30, 40 Zentimeter aus dem Boden. Ich denke: *„Ich werd nicht wieder!“* (Ausspruch meiner Mutter im Zustand der Verärgerung.) Die Rillen sind so tief, dass sie zur Gefahr werden beim Laufen. Ich versuche, das Malheur mit dem Maler zu klären, was aber sinnlos ist: Der Boden ist zerstört, die Küche sieht unmöglich aus.

Ich wache auf ... und assoziiere: *Ich bin festgefahren.*

22. Tag

3:21 Uhr – Ich frage mich, auf welcher Ebene der luzide Traum von dem göttlichen Kind wirklich anzusiedeln ist. Für mich war es eine lebendige Erfahrung; ich habe es nicht bewusst geträumt, sondern es hat sich geträumt, während ich wach war. Dennoch habe ich das Geschehen irgendwie mitgestaltet. Wenn diese Ebene der Traumbereich ist, dann müssten ja die Klause, der Tempel, das schwarze Unten, das lichtvolle Oben und die blaue Weite ebenso zum Traumbereich gehören. *Gehört wirklich alles zur Traumebene?*

Als sei ich ein Känguru

4:07 Uhr – Ich bin sehr wach und meditiere. Kein Vogel zwitschert, keine Menschenstimmen, kein Auto, keine Flugzeuge – (lacht) –, die in den letzten Tagen sowieso nicht mehr zu hören waren. Das ist wirklich ein interessantes Phänomen.

Der Körper fühlt sich sehr locker an. Emotional fühle ich mich offen, und gut geerdet. Mental gibt es nur wenige Gedanken, dafür viel Klarheit.

Über mir ist die dritte Blüte weiter gewachsen, aber noch deutlich kleiner als die anderen beiden. In der offenen Weite spüre ich den Hauch der Stille. (Sehr lange Pause.) Ein Koan taucht auf: *„Höre den Klang der einen klatschenden Hand."*

Ich konzentriere mich wieder auf das, was ich wahrnehme. Ich fühle mich, als wäre ich ein Känguru. Der starke Schwanz ist meine Wurzel, die tief in die Erde reicht. Gedanken an einige Leute und viele Erinnerungen tauchen auf. Es ist, als würde mein Kopf das Reich der Erinnerungen über mir auskippen und mir präsentieren wollen, damit ich mich damit beschäftige. Aber es sind nur Erinnerungen an Dinge, die vorbei sind, vergangen, nicht jetzt. Ich atme ...

*

5:07 Uhr – Ich bin tief dankbar für alles, was ich bis jetzt erkannt, erfahren und beleuchtet habe, und fühle mich reichlich beschenkt. Ich könnte das Retreat heute beenden. Nein, ich bleibe, halte mich offen für weitere Erkenntnisse, Erfahrungen, Einsichten.

Obwohl das Schwarze bis zur Brustmitte reicht, bin ich ruhig. Es darf geschehen, was immer geschehen mag, auch wenn es sich grenzwertig anfühlt. Ich atme tief durch. Tiefer Frieden weht zur 57er-Gruppe, zum Haus, zu Gertrud, über Deutschland, in die Welt. In die Stille sind auch die Vögel mit ihrem Gezwitscher eingebettet sowie alle anderen Lebewesen und vermeintlichen Nicht-Lebewesen. Alles ist belebt und aus demselben Stoff – die Steine, die Spinne, der Vogel, der Wal, der Mensch, die Meere, die Erde, die Planeten, der Weltraum, die Galaxien, das All. Alles ist vom Selben durchwirkt.

Pool aller Möglichkeiten

5:24 Uhr – Ich lasse die Energie des höheren Bewusstseinsfeldes in meinen Körper fließen. Meine Zellen saugen diese liebliche Energie auf, jede Zelle öffnet sich noch weiter, entspannt sich darin. Ich erkenne: *W*enn die höheren Schwingungen bereits da sind, muss ich sie dann überhaupt in mich hineinfließen lassen? Was passiert da?

Ich habe klar das Gefühl, dass ich die Tore öffne, damit die Energie in mich einströmen kann. Die Energie war vorher auch da, aber meine Tore waren zu. (Flüsternd:) *„Alle Tore gehen auf."* Alle Fenster, alle Türen, alle Luken, jede Pore – alles ist offen. Ich bin von Gänsehaut überzogen. Der gesamte Körper atmet Göttliches ein, eine feinste, subtile Schwingung. Ist das überhaupt subtil? Oder ist das ohne Form? *Es ist der Pool aller Möglichkeiten.* Obwohl mir diese Formulierung viel zu platt erscheint, vermag ich es nicht bildlicher auszudrücken.

Ich bin Pool aller Möglichkeiten. Ich spüre den Körper sich weiter öffnen und mit dem Ungeformten vermischen. Ich fühle den Austausch: Der Körper atmet das Gestaltlose ein, saugt es auf, wird davon genährt. Es scheint, als wenn er das Weiter-und-weiter-Öffnen von allein tut. Oder bin ich das? Ich weiß es nicht.

Ich bin das. – Der Körper ermöglicht mir diese Erfahrung. Ich brauche seine Form, um das Ungeformte erfahren und wahrnehmen zu können. Sein ist Bewusst-Sein. Um das Sein bewusst erfassen zu können, brauche ich die Form. Um die Einheit zu erfassen, brauche ich die Dualität. Der Pool aller Möglichkeiten ist einfach nur. Das Bewusstsein kreiert die Form, macht innerhalb der Form verschiedene Erfahrungen in der Dualität und wird sich dadurch wiederum seiner selbst bewusst. Ich spüre die Übergangsstelle zwischen Körper und Bewusstsein, den Berührungspunkt, wo Körper und Ungeformtes sich vermischen – wie zwei Flüssigkeiten, eine sehr klare und die dichtere Körpersubstanz. Der Körper besteht in der Tiefe, in der Essenz, ebenso aus dem Klaren und verdichtet bzw. „verstofflicht" sich im Prozess der Werdung (Schöpfung).

*

Ich zähle sechs Glockentöne. Viele aus der Gruppe tauchen auf. Ich bin mit ihnen, schaue sie an. Es ist sehr lichtvoll, still und friedlich in mir und um mich herum. Sehr subtile helle Welt, als ob ich in über 8.000 Meter Höhe bin und feinste Luft atme, die kaum zu atmen ist. Ich bin in der Atmosphäre und mache mir bewusst, dass sie durch meinen Körper fließt. Ich genieße die Stille, das Sein. Präsent-Sein ist sehr kraftvoll, sehr heilsam, kostet keine Energie. Ich habe eine natürliche Grenze. Ich bin Kernenergie, bin alle Möglichkeiten. Was ich denke, werde ich, verkörpere ich. Ich bin zeitlos, altersIos ... bin ...

*

7:21 Uhr – Meine Gottesempfangsantenne fährt noch höher aus in Bereiche, in denen ich noch nicht war. Ich bin sonnenlichtdurchfluteter Raum. Das Bett unter meinem Körper ist aus demselben Stoff wie mein Körper. Ich sinke in dieses Eine hinein.

Das Traumreich – Bilder der Seele

Gespräch mit Gertrud

10:36 Uhr – Gertrud fragt nach meinem Befinden. Ich trage ihr sogleich eine Frage vor, die mich noch immer beschäftigt: Die Erfahrung mit dem göttlichen Kind und dem Marktplatz ordne ich dem Traumreich zu. Gehört dann auch alles andere, wie die Höhle und der Tempel, zum Traumzustand?

G: *Was ist überhaupt Traum? Ist das nicht auch eine reale Ebene?*

S: *Für mich ja.*

G: *Für mich auch. Wobei dieser Traum offensichtlich die Qualität einer größeren Wachheit hatte, eines größeren Wachbewusstseins. So würde ich es jetzt interpretieren.*

S: (Unschlüssig:) *Hm ... ich habe eher den Eindruck, dass ich das nicht geträumt habe, sondern dass es sich träumte – um es mal so zu formulieren.*

G: *Es sind Bilder deiner Seele, würde ich sagen. Deine Seele hat zu dir gesprochen.*

S: *Stimmt. Die Bilder entstehen und ich bin zugleich die Akteurin in den Bildern.*

G: *Richtig ... und auch die Beobachterin.*

S: *Auf jeden Fall, ja.*

G: *Ich sehe die Traumebene als eine reale Ebene, die mit der Seelenenergie zu tun hat.*

S: *Dann sind der Tempel und die Klause auch Traumland?*

G: *Traumland oder Traumebene – aber nicht die Art von Traumbereich im Schlaf, in dem mental* (psychisch) *etwas verarbeitet wird, sondern hier kommen ganz klar Botschaften und Hinweise der Seele, fast wie eine Vision.*

S: *Du würdest innerhalb des Traumzustandes noch mal unterscheiden?*

G: *Ja, die unterschiedlichen Bewusstseinsebenen. Es gibt Träume, die man nachts träumt, um Spannungen aus dem Alltag zu verarbeiten. Dann gibt es die Klarträume, das sind visionäre oder luzide Träume; sie haben mit der Geist-Seelen-Ebene zu tun. Da würde ich deine Botschaften, Träume und Bilder zuordnen. Je länger man in der Dunkelheit ist, desto mehr ist man in dieser sehr klaren Traumebene, wo der Verstand* (Psyche) *mit seinen Informationen aufhört.*

S: *Über den Verstand habe ich auch kontempliert. In meinen beiden ersten Dunkelretreats hatte ich das Gefühl, jenseits des normalen Denkens und Fühlens zu sein. Dieses Mal habe ich das Gefühl, dass ich mit meinem Verstand klar dabei bin.*

G: *Es gibt diese Unterscheidungen nicht mehr, alles ist gleichzeitig da.*

Unterscheidung prä- und transpersonale Bewusstseinsebene

S: *Den Eindruck habe ich auch. Meine Philosophie von heute Morgen ist, dass, wenn eine transpersonale Erfahrung erstmals erlebt wird, es sich anfühlen kann, wie jenseits des normalen Denkens und Fühlens zu sein, weil es so neu und andersartig ist. Der Prozess der Etablierung der transpersonalen Erfahrung ist für das Denken und Fühlen* (und die Körperebene) *eine Art Update. Schritt für Schritt, allmählich, stabilisiert sich die neue Erfahrung im Alltagsbewusstsein und es fühlt sich nach und nach immer weniger getrennt an. Dieser Prozess kann Jahre dauern.*

Wenn schließlich die transpersonale Erfahrung vollständig integriert wurde, ist das eine Art Upgrade, d. h. Denken und Fühlen (und die Körperebene) *sind nachhaltig auf die höhere Entwicklungsebene angehoben. Alle Entwicklungsstufen – Konzeption, Säugling, Kleinkind, Schulkind, Jugendlicher, Erwachsener – sind mit der höheren Seelenebene und ihren Qualitäten, wie bedingungslose Liebe, tiefer Frieden im Herzen, Weisheit, und darüber hinaus mit der Quelle verbunden. Es gibt dann kein Gefühl mehr, jenseits des Denkens und Fühlens oder von irgendetwas zu sein, weil alles gleichzeitig da ist. Dann befindet sich der ganze Mensch auf einer höheren Stufe, in der die vorherige Entwicklungsstufe eingebettet ist.*

Das heißt, die transpersonale Erfahrung bildet nun die Basis der neuen Entwicklungsstufe; ein Absinken auf die vorherige Stufe ist nicht mehr möglich. Das Upgrade ist also etwas völlig Neues, das zuvor noch nicht möglich war – wie zum Beispiel der Entwicklungssprung vom Säugling zum krabbelnden Kleinkind. Das Beispiel kann auf die spirituelle Entwicklung übertragen werden: Ist die höhere transpersonale

Bewusstseinsstufe noch nicht integriert, fällt man nach der spirituellen Erfahrung wieder in die tiefere Bewusstseinsebene zurück, weil im Alltag die höhere noch nicht dauerhaft gehalten werden kann.

G: *Ja, die Verbindung von Kopf und Herz und von Himmel und Erde – das ist eins in dir. Jetzt.*

S: *So empfinde ich es jetzt, genau.*

(Pause.)

S: *Aus meiner Sicht werden die prä-personale und trans-personale Bewusstseinsebene oft verwechselt: Ein Baby hat mit der Mutter ein Einheitsgefühl, jedoch noch nicht das Bewusstsein eines Erwachsenen; es ist noch keine ausgebildete Persönlichkeit* (Person). *Deshalb wird die Baby-Mutter-Einheitserfahrung prä-personal genannt. Ein Erwachsener, der die kindlichen Entwicklungsstufen integriert hat und dann eine Einheitserfahrung macht, befindet sich auf der trans-personalen Ebene. Das ist nicht dasselbe wie die prä-personale Einheitserfahrung. D. h., ein Einheitsgefühl kann als trans-personal interpretiert werden, obwohl es in die frühkindliche prä-personale Zeit gehört.*

G: *Das stimmt.*

S: *Ein Kind spricht viele Weisheiten, ist sich dessen aber nicht bewusst.*

G: *Richtig. Es ist einfach im Sein.*

S: *Ein Erwachsener mit einer transpersonalen Erfahrung ist auch im Sein – und sich dessen voll bewusst.*

G: *Wie in deinem luziden Traum.*

S: *Stimmt. Wenn du auf die frühkindliche Ebene regredierst, kannst du auch ein Einheitsgefühl haben, es jedoch nicht formulieren – es fehlen Logik, Sprache und Verständnis.*

G: *Spannende Unterscheidung. Du hast ja richtig geforscht!* (Lacht.)

S: *Das wurde mir mit der Zeit durch viele verschiedene Erfahrungsprozesse klarer. Diese Unterscheidung fühlt sich stimmig an und hat eine innere Logik.*

G: *Das bedeutet auch ein größeres Verständnis für alle deine Prozesse; so sehe ich das. Du erfährst etwas und gleichzeitig hast du die Fähigkeit, es auch zuzuordnen. Das ist großartig.*

S: *Für Therapeuten und Coaches ist diese Unterscheidungsfähigkeit sehr wichtig, um die unterschiedlichen Ebenen bei Klienten erkennen zu können. Die prä- und transpersonalen Bewusstseinsebenen haben Ähnlichkeiten, sind jedoch nicht dasselbe.*

G: *Das bringt auch mehr Klarheit, denn in manchen Kreisen wird ja explizit versucht, das präpersonale Erleben wieder herbeizuführen. Alle wollen in der Einheit sein, bemerken aber nicht, dass sie sich auf der unbewussten kindlichen „Wir-haben-uns-alle-so-lieb-Schmuseebene" befinden.*

S: *Genau. Das ist die Regression in eine unintegrierte, frühkindliche Entwicklungsstufe und wird als transpersonale Einheitserfahrung fehlinterpretiert.*

G: *Sehr gut. Eine wichtige Unterscheidung.*

Schattenenergie

Wir kommen auf Aggressionen, Machtausübung und aufgestaute Wut zu sprechen und stimmen darin überein, dass jemand, der über andere Macht ausübt, sich innerlich „groß und stark" macht (und dies nach außen hin zeigt), um die eigene Ohnmacht und Hilflosigkeit nicht zu fühlen. Das Macht- und Ohnmacht-Spiel drückt sich in unserer Gesellschaft auf allen Ebenen aus: politisch, wirtschaftlich, familiär, institutionell, beruflich, in der Schule – in allen sozialen Beziehungen. Das oft lieblose „Klima" in unseren engsten Beziehungen erzeugt viel Leid und spiegelt sich in Gertruds und meiner Perspektive z. B. in der Ökologiekrise. Wie sehen beide überall auf unserem Planeten die Wirkungen der Schattenenergie: Kriege, Artensterben oder Massenfluchten. Die Wasser-, Land-, Luft- und Weltraumverschmutzung spiegelt im übertragenen Sinn die verdreckte menschliche Innenwelt. Ich halte das für Symptome bzw. Auswirkungen von verdrängten emotional schmerzhaften Situationen in unzähligen ungeklärten menschlichen Beziehungen. Seit Jahrtausenden!

Auch sprechen wir über Abtreibungen und darüber, was es mit einer Frau macht, wenn der Mann sie zur Abtreibung drängt und sie sich aus einer Angst heraus dem Mann unterordnet, obwohl sie das Kind bekommen möchte. Um mit der Tat (Abtreibung) innerlich fertigzuwerden, muss sie das hoch emotionale Ereignis in sich selbst verdrängen. Doch die Schuldgefühle plagen sie fortlaufend in ihrer tiefen Innenwelt, weil die Abtreibung nicht mit ihrer Seele im Einklang steht. Diese seelischen Spannungen führen zu Spannungen und Krankheiten auf der Körperebene. Wir haben beide in unserer Arbeit mit Klienten festgestellt, dass eine Abtreibung unter solchen Umständen oft den Beginn vom Ende der Paarbeziehung markiert.

Das führt unser Gespräch zu der Frage, wie es sich auf eine Paarbeziehung auswirkt, wenn Kinder nicht um ihrer selbst willen, sondern deshalb geboren werden, um die Beziehung „zu kitten". Eine Paarbeziehung, die ohnehin schon unter Spannung steht, wird durch das Kind noch mehr herausgefordert werden. Kann sich ein Kind mit zerstrittenen Eltern geliebt, verstanden, gesehen und sicher fühlen? Oder wird es sich eher ängstlich, zerrissen, benutzt und ungeliebt fühlen, da es Kitt, also Mittel zum Zweck beider Eltern ist? Kinder spüren diese Energie und reagieren ihrerseits darauf, auch wenn sie das nicht benennen können.

Gertrud meint plötzlich, dass sie das Gefühl habe, heute Nacht sei bei mir eine Menge passiert. Ich hätte Riesensteine hin- und herbewegt und sei jetzt sehr klar und kraftvoll.

Der Kraftplatz

Ich bitte Gertrud um ein inneres Bild zu diesem Prozess.

G: *Du bist auf einem starken Kraftplatz, einer mit Gras bewachsenen Anhöhe. Mächtige Steine liegen da. Du sitzt mittendrin, mit einem großen Buch und einer Lupe – und hast sozusagen alles „unter die Lupe" genommen.*

Ich lache laut auf.

G: *Ein paar Seiten hast du aus dem Buch herausgerissen. Irgendwelche Vögel fliegen damit weg. Du siehst aus wie eine Druidin, in einen festen Mantel gehüllt und mit einem Kraftstab. Deine Vögel, die Raben, haben die alten Seiten weggetragen. Jetzt hast du es geschafft, legst dich auf den Boden der Mutter Erde und schaust in den Himmel. Es ist vollbracht!*

S: (Lacht.) *Das klingt wie ein Märchen, magisch.*

G: *Ja, du hast einen großen Mantel mit Kapuze an – eine starke Energie. Du liegst tief bis ins Innere der Erde verbunden auf diesem mächtigen, starken Platz. Kraft fließt aus der Erde empor, die dich unterstützt. Du schaust in den Himmel. Die Vögel haben dir dabei geholfen, die Seiten, das Alte, wegzutragen. Du lächelst nach innen und bist in einem großen Frieden. Viele Kräfte stehen dir zur Verfügung bei der inneren Klärung. Du entspannst dich jetzt in der Klarheit, dass du an einem wichtigen Punkt angelangt bist.*

S: *Das resoniert sehr. So mache ich es.*

*

Ich genieße Gertruds leckeres Essen, doch bin ich nach wenigen Bissen satt. Ich kann nicht einmal mehr etwas trinken, so voll bin ich. Eine Stimme taucht unvermittelt auf und will mich zum Weiteressen bewegen. *Was sage ich Gertrud, warum ich nicht aufgegessen habe*, frage ich mich. Alle Glaubenssätze zeigen sich, die in mir bezüglich Aufessen-

Müssen und Nicht-wegschmeißen-Dürfen installiert sind. Verschiedene Szenen aus meiner Kindheit tauchen auf: Wie ich mit dem Speck in der Bohnensuppe kämpfte, ihn runterwürgte, mich bemühend, den schrecklichen Würgereiz zu unterdrücken, um keinen Ärger zu bekommen.

Das Du-musst-aufessen-Programm sitzt noch tief und erzeugt starke Angst, die sich in Körperspannungen zeigt. Ich sehe das Programm als Gedanken und Sätze deutlich vor mir, kann identifizieren, von wem sie stammen. Ich gehe mit meinem inneren Kind zu meinen inneren Eltern und lasse sie ohne Vorwurf wissen, was der Essenszwang mit mir gemacht hat, wie es mir emotional dabei erging. Ich äußere meinen Wunsch nach Veränderung und informiere sie darüber, wie ich in Zukunft anders damit umgehen werde. Sie sind beide sehr betroffen und sagen – mir in die Augen schauend –, dass es ihnen leidtue und sie das nicht beabsichtigt hätten. Das zu hören, ist sehr heilsam für mein inneres Kind. Auf diese Weise lösche ich die alten Glaubenssätze, um die verinnerlichten Negativbotschaften nicht weiter mit mir herumzutragen und aushalten zu müssen. Das Programm „Augen zu und durch" ist gelöscht.

*

16:22 Uhr – Ich meditiere. Der heutige Tag fühlt sich an wie eine Pause. Ich freue mich auf das Ende meines Dunkelretreats. Bis dahin kann ich meinen Sein-Zustand weiter vertiefen. Mein Radar ist weit ausgefahren, unglaublich hoch in den Himmel, bis in den blauen Bereich hinein. Ich lausche dem Ungeformten, der Stille.

*

17:16 Uhr – Ich beende die Meditation, in der ich einfach der Stille gelauscht habe. Es fühlte sich so gut an. Jetzt bin ich sehr müde.

23. Tag

1:50 Uhr – Traum: Ich erzähle einer Freundin, dass ich sie belogen habe und dass der Mensch, auf den sie wartet, gestorben ist. Dass es die Saskia, auf die sie gerade wartet, nicht mehr gibt. Sie fängt an zu weinen und ist sehr verärgert über meine Lüge.

*

6:00 Uhr – Die Kirchenuhr läutet. Nur noch vier Tage. Ich meditiere. Ich fühle mich etwas aufgewirbelt, wenn ich daran denke, dass ich bald schon wieder aus der Dunkelheit heraustreten werde. Die Gedanken verursachen Unruhe. *Genau, die Gedanken – an das Übermorgen, an die Zukunft!* Ich entlasse sie, wende mich dem Jetzt zu. Obwohl die Augen physisch geschlossen sind, fühlen sich beide weit offen an.

Unter Wasser

Ich schaue mit geschlossen-offenen Augen ins Dunkel. ... Mein Magen meldet Übelkeit. Die Krähe schreit draußen. Ich bin eingebettet zwischen Licht und Schwärze.

Ich bin im Tempel, über mir Weite, Offenheit, Licht, unter mir das Schwarze; es reicht jetzt bis kurz über meine Brust. Ich sitze mit meinem Kopf, dem Hals und dem oberen Brustkorb (der restliche Körper ist bereits aufgelöst) zwischen diesen beiden Ebenen – ein Gefühl, als stünde mir das Wasser bis zum Hals. Geringe Aufregung angesichts des angstauslösenden Gedankens: *Irgendwann steht mir das Wasser hoch bis zur Nase und dann ist das mein Ende.* Die Angst ist nicht so groß, da ich seit meinem zweiten Dunkelretreat weiß, dass ich unter Wasser atmen kann.

Das Schwarze ähnelt jetzt einer großen glatten Wasseroberfläche – wie der obere Bereich ist es im Grunde genommen Energie, nur mit einer anderen Dichte. Im Gegensatz zum unteren Schwarz ist der Bereich über mir sehr lichtvoll. Das Schwarze ist eine erdige Kraft. Die luftigen oberen Aspekte sind meinem Gefühl nach viel subtiler als das Schwarze und weniger magnetisch. Die Anziehungskraft des Schwarzen empfinde ich als viel stärker als die Anziehungskraft des Lichten. Das Schwarze löst Aufgeregtheit, Angst, Abenteuerlust aus. Im Licht spüre ich keine Angst. Hier wirkt alles ruhig und besonnen – Harfenmusik, Flötenspiel, Verspieltheit – eine Kraft mit anderen Qualitäten: beruhigend, ausgleichend, harmonisierend. *Die schwarze Kraft kann Tsunamis entfesseln, wenn sie unangemessen verwendet wird.*

Herzklopfen. Ich tauche langsam mit meiner schwebenden Aufmerksamkeit in das Schwarze ein und fühle es. *Also bin ich ja schon wie unter Wasser,* stelle ich beruhigt fest. Ich brauche mir somit keine Sorgen zu machen, wenn das Schwarze irgendwann über meine Nase schwappt. Ich kann mich dann, wenn es so weit ist, in diesen schwarzen Schoß hineinfallen lassen. Mir wird bewusst, dass ich nach Lösungen suche, wie ich mit dem Schwarzen umgehe, wenn es über meine Nase steigt. Hineinsinken lassen ist auf jeden Fall eine Möglichkeit.

Ich lasse mich weiter in das schwarze Energiemeer fallen. *Sinken ist immer eine Abwärtsbewegung* – ich bemerke diesen Gedanken –, *weil man nicht nach oben sinken kann. Nach oben kann man nur schweben.* Das habe ich noch nicht geprüft. Immer will irgendetwas in mir etwas kontrollieren, unter Kontrolle halten. Weitere Gedanken kommen: *Ich kann ja auch an der Schnittstelle zwischen beiden Ebenen bleiben. Bewusstsein ist doch überall, egal ob ich unten oder oben oder an der Schnittstelle bin. Bewusstsein umfasst alles.* Damit geht es mir gleich viel besser; es ist völlig egal, ob ich nach unten sinke oder nach oben schwebe oder da bleibe, wo ich bin.

Mein Nacken verspannt sich – ein Zeichen von Angst. Je mehr ich mir das bewusst mache, desto mehr nimmt die Angst gefühlt ab. Das Herz schlägt wieder ruhiger. Die noch verbleibenden Teile (Kopf, Hals und oberer Brustkorb) stehen für die Person Saskia, die jetzt Angst hat. Ich sehe mich von außen, schauendes Bewusstsein. Da weiß ich um die Angst, fühle sie aber nicht. Ich gehe wieder in den Körper und spüre sofort die Enge, die Spannungen, die Angst. Ich bleibe mit meinem Bewusstsein im Körper: *Ich bin nicht der Kopf, nicht der Hals und nicht der obere Brustkorb. Ich bin Bewusstsein.* Starke Nackenspannungen ziehen bis in die Schultergelenke. *Ich bin Bewusstsein.*

Todesangst

Ich springe hin und her zwischen Raus-aus-dem-Körper und Mich-von-außen-Sehen und Wieder-Hineinsinken. Dass das Schwarze meiner Nase schon so nahe ist, scheint doch mehr mit mir zu machen, als ich fühlen kann. Die Angst lässt mich immer wieder rausspringen. Ich kehre immer wieder zurück, fühle die Angst. Starkes Aufstoßen. Intensive Spannung im Schulter-Nacken-Bereich, die sich, indem ich liebevoll zugewandt und präsent bin, immer wieder löst.

Ich kann die Angst fast nur über die Spannungen im Körper fühlen, weniger als reines Gefühl. Ich weiß, dass die Spannungen und das Herzklopfen Symptome der Angst sind. *Ja, ich habe Angst.* Ich bin eingebettet zwischen beiden Kräften, der oberen Lichtwelt und dem unteren Schwarz. Ich kann nicht weg mit meinem Kopf und Hals, als wäre ich fest mit den beiden Ebenen verbunden. Ich kann nur zuschauen, wie das Wasser steigt, langsam. *Ich bin Bewusstsein.* Ich lasse mich die Angst fühlen – Angst, zu ertrinken, keine Luft zu bekommen, zu sterben – *Todesangst.* Erinnerungen an das Skelett und den Kessel tauchen auf und an meine Fähigkeit, unter Wasser zu atmen. Ich weiß: *Ich kann nicht ertrinken.* Bewusstsein kann nicht ertrinken.

Das Schwarze ist kein Wasser, sondern nur Energie. Es ist trotzdem schwer; obwohl ich das erkenne, löst sich nicht automatisch auch die Todesangst auf. *Es ist Energie* – Energie, in die ich eingebettet bin und aus der ich mich nicht herausnehmen kann. Das Licht von oben flackert einige Male, als würde es meine letzte Aussage bestätigen wollen. *Auch der Körper ist Energie.*

Stark stechende Schmerzen im Unterbauch veranlassen mich, meine Sitzposition zu wechseln. Sie erinnern mich an akute Blinddarmschmerzen. *Nein.* Erstens ist mein Blinddarm schon draußen und zweitens schmerzt es links.

Das ewig Zeitlose

Ich bin ein kleines Bewusstseinslichtpünktchen zwischen dem Licht oben und dem Schwarzen unten – Teil des Ganzen. Eine Frage taucht in mir auf: *Worin sind die beiden Seiten – Licht und Dunkel – eingebettet?* Ich spüre etwas unermesslich Größeres im Hintergrund, auf dessen unendlichem Boden der Tanz der beiden Kräfte stattfindet – das große Ganze, das alles gebiert. Das große Ganze ist formlos, keine Energie, keine Substanz. Es ist das ewig Zeitlose, worin Licht und Dunkel, alle Energiefrequenzen und alle Formen stattfinden. Licht und Dunkel und alles andere Existierende *sind* das große Ganze. Es gibt zwischen beiden Seiten, Licht und Dunkel, einen sich überlappenden Bereich, wo eins ins andere übergeht. In der Überlappungszone enthält das Schwarze Licht und das Licht enthält Schwarzes. Es erinnert mich an das Yin-Yang-Zeichen. Das Schwarze verdünnt sich im Licht so weit, dass es unsichtbar wird, dennoch ist es im Licht enthalten. Umgekehrt verdünnt sich das Licht im Dunkel so weit, dass es nicht mehr sichtbar ist, und dennoch ist es im Dunkel enthalten.

*

7:43 Uhr – Ich schaue mit geschlossenen Lidern und weit geöffneten Augen in die flimmernd schimmernde Dunkelheit. Das dritte Auge fühlt sich gänzlich offen an. Ich bin wieder im Tempel und fühle nach oben die jetzt noch lichtvoller erscheinende Weite. Unten spüre ich das schwarze Energiemeer, das mir gegenwärtig noch viel energetischer vorkommt.

Ich verbinde mich mit der Gruppe und nehme mehr Energie, mehr Wachheit und mehr Lebendigkeit wahr als in den Tagen zuvor. Es scheint, als wäre das Experiment wieder mehr ins Bewusstsein gerückt. Ich lasse die Gruppe wieder los.

Die dritte Blüte über mir ist zu einem hohen Kelch herangewachsen. Mein Radar beginnt im Kronen-Chakra und geht durch alle drei Kelche durch bis weit nach oben, bis ich nicht weiter sehen kann; es ist auf die Aufnahme von Gottessignalen ausgerichtet. Ich bin „on", justiere mich noch feiner. Alle stofflichen und feinstofflichen Sinnesorgane sind auf Empfang. Ich bitte um noch tieferes Erwachen ...

Meine Augen tränen die ganze Zeit stark, vor allem das rechte. Ich lasse die magische Energie des Schwarzen unter mir auf mich wirken.

*

8:19 Uhr – Kopf, Hals und oberer Brustbereich fühlen sich festgeschnallt an, wie an einem Pfahl. Ich kann nicht weg, bin zwischen Licht und Dunkel fixiert. Die schwarze Masse steigt weiter, in ihrem Tempo. Ich kann sie weder aufhalten noch beschleunigen. Ich kann nur zuschauen, mich entspannen und abwarten, was geschieht ...

*

9:16 Uhr – Beim Tai-Chi verbinde ich mich mit der magischen Masse. Es fühlt sich erdiger an, stabiler. Ich finde es toll, diese Kraft nutzen zu können.

Druckprogramme

Gespräch mit Gertrud

10:06 Uhr – Ich erzähle Gertrud von meinem Essenskampf und den damit verbundenen verinnerlichten Druck-Programmen.

G: *Da kann einem das Essen schon vergehen. Deine Eltern sind die Kriegs- oder Nachkriegsgeneration. Die haben selber gehungert und setzten dich dann unter Druck mit dem Aufessen. Sie essen jeden Krümel, wahrscheinlich sogar noch Verdorbenes. Unter Druck essen zu müssen, ist etwas ganz Furchtbares.*

Ich fühle mich von Gertrud tief verstanden.

G: *Das Schlimme ist: Ein Kind hat natürlicherweise ein ganz normales Empfinden für Stimmiges und Unstimmiges, fast instinktiv. Wird Druck auf das Kind ausgeübt, kommt dieses feine, selbstwirksame Ausloten durcheinander, sodass es nicht mehr weiß, was richtig und was falsch ist. Das fängt beim Essen an, schon bei der Muttermilch. Viele bekannte Essstörungen haben ihre Ursache in der Einmischung der Eltern beim Essen.*

S: *Das sehe ich auch so.*

G: *Aber ich glaube, bei dir hat sich das schon mehr befreit, oder? Dennoch ist es wichtig, dass du deine Bedürfnisse beachtest und dir nichts überstülpen lässt.*

S: (Aufsteigende Tränen:) *Ich ertappe mich auch heute noch manchmal dabei, dass ich darauf achte, anderen möglichst wenig Arbeit zu machen.* (Lange Pause; mein Hals ist wie zugeschnürt.) *Mich anderen zuzumuten, fällt mir hin und wieder noch schwer. Deshalb berührt es mich auch sehr, dass du für mich kochst.*

G: *Dein altes Programm springt da noch an, aber du siehst den Zusammenhang mehr. Das ist auch die Heilung des Weiblichen, dass du dich bekochen lassen darfst, Frauenenergie aufnehmen darfst, das Mütterliche, Fürsorgliche. Du bist es wert und darfst es annehmen, ohne schlechtes Gewissen. Du bist geliebt – und für mich ist es schön, wenn du das annimmst.*

Ich schluchze, die Tränen fließen. Damit habe ich jetzt nicht gerechnet. Gertrud meint, es sei gut, wenn diese Gefühle hochkommen. Das finde ich auch, es fühlt sich gelöster an.

Kosmischer Mutterschoß

Nachdem ich mich etwas beruhigt habe, berichte ich Gertrud von der Angst vor der schwarzen Masse, die einfach weiter ansteigt, ohne dass ich es beeinflussen kann.

G: *Du sitzt sozusagen bis zum Hals im Dunklen. Das Schwarze steigt und das Helle verändert sich nicht?*

S: *Es flimmert wie das Schwarze, aber es ist ganz lieblich ... Beim Tai-Chi fühlte ich die unglaubliche Power des schwarzen Magnetismus. Damit verbunden zu sein, hat mich geerdet, stabiler und kräftiger gemacht. Das war bemerkenswert.*

G: *Wenn du davon sprichst, sehe ich warme, kraftvolle Menschen, die diese Energie in sich aufgenommen haben: Häuptlinge, Amazonen ...*

S: *Das Wesentliche für mich ist, dass ich die Angst fühle, sie vollständig annehme. Ich blende immer wieder ein, dass es kein schwarzes Wasser, sondern Energie ist. Dann kann ich leichter nach unten in das Schwarze sinken. Seltsam ist, dass ich nicht gleichermaßen nach oben in das Lichte schweben kann ...*

G: *Weil du noch gehalten bist im Schwarzen, oder?*

S: *Ich weiß nicht. Nach oben komme ich nur in der Vorstellung. Aber ich habe nicht das Gefühl, dass ich oben bin – so, wie ich im Dunklen bin.*

G: *Das Schwarze übt eine Art Sog auf dich aus, um noch mehr damit in Kontakt zu kommen und darin aufgenommen zu werden.*

S: *Ich fragte mich, was passiert, wenn Hell und Dunkel zusammenkommen, also wenn das Schwarze mein Kronen-Chakra bedeckt. Löst sich dann mein Kopf auch auf?*

G: *Ja. Dann bist du im großen kosmischen Mutterschoß. Musstest du vielleicht im Bauch deiner Mutter sehr stark aufpassen, dass du irgendwie überlebst?*

S: *Ah, ja! Warte mal! Ich sollte zuerst abgetrieben werden; später wurde mein Kommen aber akzeptiert. Es könnte sein, dass es mir deshalb so schwerfällt, mich in das Schwarze hineinfallen zu lassen.*

G: *Ja, ich spüre ein Zusammenziehen: „Ich muss überleben, mich irgendwo verstecken, die Kontrolle behalten, damit ich überlebe!" Das Dunkle ist etwas sehr Weibliches. Wenn du es zulassen kannst, dann liegt eine große Heilung darin.*

Die Erinnerung an die gefühlte Gefahr in den ersten Wochen der Schwangerschaft berührt mich sehr.

G: *Ich glaube, es geht einerseits um die verletzte persönliche Schicht, aber auch um die größere Einheitserfahrung, die sich vorzubereiten scheint. Was uns von diesem großen, weiblichen, kosmischen Schoß trennt, sind unsere emotionalen Verletzungen.*

S: *Ich fühle die beiden Welten, zwischen denen ich, bestehend aus Kopf und Hals, eingespannt bin. Jetzt, wo es angesprochen wird, ist es deutlich ruhiger, weniger Spannung. Ich kann mich wieder mehr darauf einlassen zu versinken.*

G: *Ja, du bist ja nicht umgekommen damals, du hast überlebt, und es gab auch den starken Wunsch deiner Mutter, dich zu wollen.*

Gertrud macht eine Pause. Ich spüre Tränen aufsteigen, kann sie aber nicht greifen. Gertrud will wissen, ob meine Eltern einen Jungen wollten.

S: *Mein Vater vielleicht. Zumindest wollte ich selbst als Kind immer ein Junge sein. Ich habe auch nur mit Jungsspielzeug gespielt, nicht mit Puppen.*

G: *Vielleicht hast du unbewusst seinem Wunsch entsprechen wollen. Wie fühlst du dich jetzt?*

S: *Als Kopf-Hals fühle ich jetzt eine Lust, in das Schwarze zu sinken. Ich fühle mich auf jeden Fall ganz weich damit, ganz sanft.*

G: *Genau. Die letzten Ich-Strukturen lösen sich auf, die letzten Widerstände oder Ängste. Ein Auflösen in etwas Weiblichem, das größer ist als du und auch heilend ist.*

(Pause.)

Die Lichtspirale

Gertruds heutiges Bild ist besonders spannend, weil es meinen inneren Prozess noch einmal anders treffend ausdrückt.

G: *Ich sehe eine starke Lichtspirale, die weit oben in den Himmel hineinragt. So, als würde es da hohe Lichtwesenheiten geben, die eine Art Wirbel erzeugen und diese Wirbelenergie direkt auf die untere dunkle Kraft richten – als wäre es eine Taufe, eine Geburt. Sie unterstützen dich mit ihrer hellen Verwirbelung vom kosmischen Oben her, ganz in das dunkle Weibliche einzutauchen und wieder neu geboren zu werden. Je tiefer du entspannst, desto gelassener schwimmst du in diesem Ozean der Liebe, der für dich bereitgehalten wird. Überall sind Wale und Delfine um dich herum, deren Gesänge du hören kannst: „Hab keine Angst, komm und spiel mit uns."*

S: (Entzückt:) *Diese Erfahrung durfte ich im ersten Dunkelretreat schon machen, mit einem Wal-Hai-Delfin, in mehr als 5.000 Meter Tiefe. Das war irre!*

G: *Wahnsinn! Ich höre ihre Laute, ihre Vibrationen. Sie kommunizieren mit deiner Seele.*

S: *Wunderschönes Bild … Das Wort „Taufe" geht mir sehr nah.*

G: *Ja, es ist eine Taufe, dass du noch mal tief untertauchst, um dann wieder hervorzukommen. Alle Ängste sind weg, du tauchst in das große, dunkle Meer – eine ganz klare, außergewöhnlich leuchtende Dunkelheit – und dann kommt große Stille und unendliche Weite. Kein Wasser, eher wie ein schwarzer Obsidian, der die Essenz der Erdkraft beinhaltet. Heilkraft, Klarheit und Urwissen, die ganze Weisheit der*

Erde, all die Informationen, die da gespeichert sind. Lass dich überraschen, es enthüllt sich dir ...

Druckprogramme

15:09 Uhr – Die 57er-Gruppe fühlt sich sehr kraftvoll und vollständiger als sonst an, etwa halb oder dreiviertel vollzählig. Seit gestern nimmt die Teilnehmeranzahl gefühlt wieder zu.

Eine merkwürdige, sehr lebendige Fantasie taucht auf: Ich bin bei meinem Vater zu Besuch; er kocht für mich. Nach dem Essen wird mir schlecht. Ich renne ins Bad und erbreche über der Badewanne. Er steht in der Tür und sagt: *„Du wirst sterben. Ich habe dein Essen vergiftet."* Ich bin schockiert und atme tief ein und aus. Noch immer über der Badewanne hängend antworte ich: *„Nein, ich sterbe nicht."*

Ich wende meine inneren Kräfte an. Das Licht und das Schwarze nähren und halten mich. Ich kotze alles Gift aus. *„Warum willst du mich umbringen?"*, frage ich. *„Habe ich dir irgendwann mal, vielleicht in einem früheren Leben, etwas angetan?* Sein stechender Blick wirkt wie ein scharfer Pfeil. *Bisher hatte ich wirklich das Gefühl, dass du mich lieb hast. Und dein Essen habe ich immer gerne gegessen – bis auf den Speck."*

Mein goldenes, göttliches Kind erscheint plötzlich neben mir, zupft an der Hose meines Vaters und hält ihm mit der kleinen Hand einen winzigen Fussel hin, den es auf der Erde gefunden hat. Strahlend lächelt es ihn an, lässt sich überhaupt nicht beeindrucken von den Einschüchterungsblicken, die er mir die ganze Zeit zuwirft. Jetzt grinst mein Vater, wie auf frischer Tat ertappt, das entwaffnend lächelnde Kind an. Ich lasse das Kind gewähren, wissend, dass ihm nichts geschehen wird. Selbst die Krieger konnten ihm ja nichts antun.

Ich stehe nach wie vor mit meiner Frage nach dem Warum vor meinem Vater und schaue in seine Augen. Er wird immer wieder von dem Kind abgelenkt, guckt abwechselnd grinsend nach ihm, dann ernst, böse, scharf auf mich. Durch das Kind bin auch ich lockerer, kann entspannter in seine Augen schauen, kämpfe innerlich weniger gegen ihn. Ich atme tief ein, weiß mich mit der schwarzen und der hellen Kraft innig verbunden. *Dieses göttliche, unschuldige Lächeln des Kindes – das bin ich!* Das Kind ist meine innere Wahrheit, meine Stärke, mein reines Sein.

Ich schaue weiterhin in die Augen meines Vaters. Das Kind ist links von mir und beschäftigt sich mit den Fusseln am Boden. Je länger es dauert, desto entspannter werde ich. Schließlich spreche ich ihn an: *„Wer bist du? Bist du wirklich mein Vater? Ein Vater schützt seinen Nachwuchs, behütet ihn, liebt ihn, zeigt ihm die Welt, liebevoll und gütig. Das ist Vaterkraft! Dich nehme ich als hart, unnachgiebig, brutal, aggressiv, geradezu mörderisch wahr. Du bist nicht mein Vater!"*

Meine Worte scheinen ihn zu berühren; Tränen treten in seine Augen, was wiederum mich rührt. Er weint wie ein kleiner Junge. Ich bitte um Unterstützung von den höheren Ebenen und sehe deutlich die drei Seiten meines Vaters: kalt mir gegenüber, herzlich dem Kind zugewandt, selbst hilflos klein. Mitfühlend schaue ich ihn an. Inzwischen stehe ich sehr sicher, kraftvoll und stabil vor ihm – absolut nicht sterbend. Die Übelkeit ist verschwunden.

Ich frage mich, woher die mörderische Energie kommt; sie muss etwas mit mir zu tun haben. Ich erinnere mich, ungefähr zwölfjährig einmal so verzweifelt gewesen zu sein, dass ich tatsächlich entweder mich oder meine Mutter hatte umbringen wollen. Nur die Angst, im Gefängnis zu landen oder zu sterben, hatte mich abgehalten. Ich habe also auch selbst eine mörderische Wut in mir. *Ich bin aggressiv! Ich bin nicht besser als mein Vater.* Obwohl ich diese Erkenntnis nicht zum ersten Mal habe und sehen kann, dass diese Wut aus der Sicht des Kindes berechtigt war, erschüttert sie mich tief, und es ist weder schön noch leicht, mir das einzugestehen. Mein Herz blutet.

*

20:12 Uhr – Das Kind wuselt immer noch zu unseren Füßen herum. Es ist in meinem Schutzkreis, während ich seit Stunden auf meinen Vater schaue. Mein Nacken ist verspannt und ich habe etwas Kopfschmerzen. Es ist anstrengend, aber ich bin da. *Ich bin nicht die Anstrengung. Ich bin nicht mein Körper. Ich bin nicht der Kopfschmerz. Ich bin nicht die Nacken- und Schulterspannungen. Ich bin weit mehr als das.*

Zwischendurch habe ich mich auf der Toilette intensiv entleert ... das passte gut zum Prozess, Muster bewusst zu machen und Altes loszulassen. Ich schaue jetzt weniger verurteilend auf meinen Vater. Mir war nicht bewusst, dass ich ihn überhaupt verurteilt habe ... Mein Bauch ist angespannt. Irgendetwas lässt mich noch nicht von meinem Vater ablassen, als sei der Prozess noch nicht zu Ende. Scheinbar tut das lange Schauen auch einfach gut, denn meine innere Stabilität vor ihm nimmt kontinuierlich zu. Ich fühle mich teilweise so offen, wie ich es als Kind gewesen bin.

Das Schwarze ist noch ein Stück höher gestiegen. Es geht mir jetzt bis zum Halsbeginn.

*

Ich gehe ins Bett und schaue weiterhin auf meinen Vater. So ganz im Frieden bin ich noch nicht mit ihm.

24. Tag

Mann mit Herz

4:11 Uhr – Ich werde wach nach einem Traum: Ein stattlicher, kräftiger Mann mit gutem Herzen sitzt am Strand einer Insel. Während er eine Banane isst, weiß er sich plötzlich umringt von Insulanern, die sich ungefähr 20 Meter hinter ihm zwischen dicht stehenden Urwaldbäumen verstecken und beobachten, was er tut. Er weiß, dass sie ihn fangen wollen. Der Fluchtweg nach vorn ins Meer ist ausgeschlossen. Plötzlich rast er in Richtung Urwald und klettert wie ein Affe die nächststehende Kokospalme hinauf. Die Insulaner sind verblüfft und schießen auf ihn. Er versteckt sich hinter den dichten Wedeln der Palme und schützt sich mit Kokosnüssen vor ihren Pfeilen.

Ich werde wach, träume aber weiter ...

Die Inselbewohner wollen den Mann nicht töten, sondern nur fangen. Würde er von den Pfeilen getroffen, fiele er vom Baum herunter, da diese mit Curare, einem Muskellähmungsgift, präpariert sind. Doch er hat die magische Fähigkeit, den Pfeilen auszuweichen, sodass er nicht getroffen wird. Dann geschieht es doch: Ein Pfeil durchbohrt seinen rechten Mittelfuß. Der Mann bricht die Spitze einfach ab und zieht den Schaft achtsam aus dem Fuß. Weder die Wunde noch das Gift scheinen ihn zu behindern.

Ich sehe eine junge Frau kommen. Sie fühlt sich von dem Mann sehr angezogen und weist ihre Stammesbrüder an, mit dem Beschuss aufzuhören. Sie ist offensichtlich von hohem Rang, vielleicht die Tochter des Häuptlings, eine wichtige, weise Frau. Sie winkt dem Mann auf der Palme zu, er solle herunterkommen. Der Mann spürt, dass er sicher ist, und klettert, sich eine große Kokosnuss unter die Achsel klemmend, langsam herab. Die Frau sieht seinen verwundeten Fuß, pflückt ein Blatt von einem Strauch ab, geht mit offenem Blick auf ihn zu und legt die zerriebenen Blattstücke behutsam auf seine Wunde. Dankbar bietet er ihr die Kokosnuss als Geschenk an.

Der Mann mit dem reinen Herzen und den magischen Fähigkeiten rührt auch mich zutiefst.

Er bittet einen der Buschmänner um sein Langmesser. Die Frau bedeutet diesem, es ihm zu geben. Gekonnt schlägt er die Kokosnuss auf und bietet den Buschmännern die Milch an. Sie wirken unnahbar, stehen kampfbereit da und beobachten aufmerksam sein Tun. Nachdem er einmal im Kreis gelaufen ist und keiner der Männer etwas von der Milch nehmen wollte, wendet er sich der Frau zu und bietet ihr die Kokosmilch an. Sie trinkt. Er gibt dem entsprechenden Buschmann das Langmesser zurück und bedankt sich mit einer Verbeugung.

Plötzlich streckt der Mann eine Hand vor, zeigt, dass sie leer ist, legt Daumen und den dritten Finger aneinander und führt langsam beide Finger zum Mund. Ein schriller, kurzer Pfiff gellt durch den Dschungel. Die Buschmänner fahren erschrocken zusammen; diese Art zu pfeifen scheint ihnen unbekannt. Ein riesiger Adler erscheint und landet auf dem ausgestreckten linken Oberarm des Mannes. Die Buschmänner sind schwer beeindruckt und zollen dem Fremden Respekt. Vielleicht glauben sie, er sei ein großer Zauberer. Dann wenden sie sich ab, schieben ihre Waffen seitlich in den Lendenschurz und begeben sich, nacheinander eine Reihe bildend, auf einen Trampelpfad, der tiefer in den Urwald zurückführt. Die Frau winkt dem Mann, mitzukommen. Sie möchte ihren Stammesleuten folgen, wartet aber auf ihn und lockt immer wieder mit dem gleichen Handzeichen, mit dem sie ihn auch von der Palme herunterlotste. Er steht jedoch, mit dem Adler auf der Schulter, reglos da.

Fast alle Buschmänner sind bereits im Dickicht verschwunden; es sind nur noch die letzten fünf, sechs zu sehen. Ihr Abstand zu der Frau vergrößert sich mit jedem Schritt. Sie schaut immer wieder zwischen ihnen und dem Mann hin und her. Der Konflikt ist ihr anzusehen. Sie möchte im Schutz ihrer Leute gehen, jedoch nicht ohne ihn. Ich sehe, wie die Energie des Clans an ihr zieht und sie mitsaugen wird. Da der Mann keine Reaktion zeigt, rennt sie schließlich ihrem Stamm hinterher. Der Mann schaut ihr nach, wissend, dass sein Platz nicht bei dem Naturvolk ist; er würde ihr Leben durcheinanderbringen.

Plötzlich ist mein Bewusstsein in ihm und ich fühle, wie es sich in seinem großen, starken, männlichen Körper anfühlt. Ich spüre den deutlichen Unterschied zwischen meiner und seiner Körpergröße – er ist mindestens 1,90 Meter groß. Das Gewicht des Adlers drückt auf meinen linken Arm, der mittels eines Lederärmels vor den Krallen geschützt ist.

Ich weiß, dass ich im Traumbereich bin und dass ich diesen Traum endlos weiterträumen kann. Ich beende den Traum, lasse mich aber noch weiter die Manneskraft, die Größe und die Stärke fühlen.

Räuchern der linken Gehirnhälfte

6:08 Uhr – Ich sitze im Tempel und fühle etwas Druck vorne im Brustraum. Emotional bin ich mit meinem Umfeld verbunden. Mental ist da ein wenig feiner Nebel. Große Tiefe und ausgedehnte Weite um mich herum.

Die dritte Blüte über mir beginnt sich langsam zu schließen. Alle drei Blüten sind über ein Rohr miteinander verbunden, durch das etwas durchfließen kann. Das Rohr setzt sich weit nach oben fort, bis in den blauen Bereich oder noch weiter.

Am höchsten Punkt des Rohres dreht sich mein auf den Empfang der Gotteswellen eingestelltes Radar. Unten im Tempel stimme ich mich auf den Empfang der Information von oben ein.

Plötzlich bin ich auf der Sein-Ebene.

*

Ich blicke auf das Schwarze unter mir, das mir jetzt bis zum Kehlkopf reicht. Es existieren nur noch mein Kopf und der Halsansatz, ein komisches Gefühl.

Mein alter, ständig angetrunkener Anatomie-Professor aus der Veterinärmedizin-Studienzeit taucht vor mir auf. Ich sehe mich tote Hunde präparieren, lege Nerven und Muskeln frei, deren Namen mir fast alle wieder einfallen. Ich weiß nicht, warum ich das jetzt sehe ...

Ich kehre wieder zurück zu Kopf und Kehlkopf. Gertruds Bild taucht auf: Wale und Delfine im Ozean, die mit mir spielen und schwimmen wollen. Ich kann sie nicht mit der schwarzen Masse verbinden. Der Ozean und diese schwarze Masse sind nicht dasselbe, oder doch? ... Ich überlasse mich dem Geschehen; die schwarze Masse steigt weiter. Mit dem Kopf kann ich nicht weg, doch mit meinem Bewusstsein kann ich nach Belieben in das Helle und das Schwarze eintauchen.

*

Ich sitze in meinem Kopf und schaue auf die glatte, schwarz-glitzernde Oberfläche direkt vor mir. Über mir weiß ich die Lichtebene. Ich fühle mich wie die Medusa – ohne Arme. Über die Oberfläche verteilt steigen vereinzelt zarte Dampfwölkchen auf, die weder nach etwas riechen noch heiß sind. Ihre Bedeutung ist mir noch nicht klar. Ich halte mein Bewusstsein und bitte um Hilfe aus der Lichtebene. *Ich bin Bewusstsein. Ich bin nicht der Kopf. Alles ist Energie und ich bin ein Teil davon.* Ich lasse jeglichen Widerstand gegen die schwarze Masse los, stimme dem zu, was geschieht ... beobachte nur, werte nicht, analysiere nicht.

Eine direkt vor mir aufköchelnde Nebelschwade steigt mir in die Nase. Da ich mich nicht wegdrehen kann, strömt der Fog mit jeder Einatmung in mich hinein. Ich öffne mich für die Wirkung, welcher Art auch immer diese sein mag. Der Dampf zieht von den Nebenhöhlen weiter in mein Gehirn und lullt mich ein in seine magische, mir unbekannte Kraft. Ich fühle mich, als wäre ich in Hypnose. Der Dunst scheint mich bereiter oder offener zu machen. Er zieht fegend durch alle Gehirnwindungen der linken Seite, löscht jeden Gedanken darin aus. Ich lasse es geschehen, verfolge bewusst mit, wie ich in einen tieferen Bewusstseinszustand sinke. Ich fühle Bereiche sich öffnen, die im Alltagsbewusstsein verschlossen sind und nie wahrgenommen werden. Baff verfolge ich den Reinigungsprozess mit. Ich kann das Fegen im Gehirn fühlen. *Unglaublich!* Im Moment arbeitet sich der Nebeldunst noch immer in der linken Hemisphäre durch unzählige Gehirnwindungen hindurch ... (Langer Prozess.) ...

*

Ich spüre den Dunst jetzt weniger, als wäre der Prozess in meiner linken Gehirnhälfte beendet. Es steigen immer noch tänzelnde Nebelschwaden aus dem dunklen Energiemeer vor mir auf, das jetzt den Unterkiefer erreicht. Ich spüre die Angst im Hintergrund und mache mir zugleich bewusst: *Ich bin Bewusstsein. Ich bin nicht der Kopf. Das Schwarze ist auch Bewusstsein.* Ich weiß: Würde ich böse Absichten hegen oder mich von der Angst überrollen lassen, würde sich das unmittelbar in der Schwärze widerspiegeln. Sie könnte mich in null Komma nichts umbringen. Dennoch ist die Masse selbst, in ihrer Essenz, nur Energie – nicht „böse“. Sie spiegelt genau das, was ich bin. Ein Spiegel für die Unreinheit oder die Reinheit meiner Seele, meines Herzens, meiner Handlungen.

Ich atme den Nebel noch immer ein, spüre aber keine fegende Kraft mehr im Gehirn. Ich weiß, die linke Gehirnhälfte sauber. Die rechte ist bereits sauber, sodass ihre Reinigung nicht notwendig ist. Ich kann deutlich beide Gehirnhälften und den lebendigen, verbindenden Austausch zwischen ihnen fühlen. (Lange Pause.)

Ich bin jetzt direkt vor meinem Gehirn, schaue auf die Hirnhälften und fühle beide zugleich von innen; der Innenraum fühlt sich geklärt an. Der Nebel darin gleicht einer geheimnisvollen Gehirnräucherung, die alle negativen Programme löscht – Vorurteile, Glaubenssätze, Eide, Versprechen, Schwüre, Flüche, Gelübde, jeglichen Bann und emotionale To-do-Verträge. Damit ist das Gehirn wieder aufnahmebereit für neue Informationen und Inspirationen aus dem Raum aller Möglichkeiten. Tiefste Dankbarkeit für das Geschehen erfüllt mein Herz. Das ist meine Richtung. Meine Wahrheit. Mein Rhythmus. Meine Geschwindigkeit. Meine Kernenergie. Mein Sein. Das bin ich.

Ich atme tief durch, fühle innen viel mehr freien Raum. Als könnte ich überhaupt erst jetzt göttliche Informationen empfangen. Tief berührt öffne ich mich diesem Prozess noch weiter und bin erstaunt darüber, dass das überhaupt geht. Ich möchte informiert sein vom Göttlichen, nicht von meiner Vergangenheit, und im Sinne zutiefst menschlicher Werte handeln. Diese Klarheit bewegt mein Herz.

Die Nebelschwaden vor mir lichten sich. Sie sind dünner und feiner, als ob sie langsam ausdampfen. Ich atme die letzten Reste bewusst tief ein. Vorher wusste ich, dass über mir Licht ist. Jetzt *bin* ich ganz mit der höheren Sein-Ebene verbunden. Ich fühle das Licht.

Die Räucherwölkchen sind jetzt so klein, dass sie meine Nase nicht mehr erreichen. Das Schwarze verblasst langsam und tritt dadurch zunehmend in den Hintergrund, wodurch ich den Körper wieder mehr wahrnehmen kann. Ich spüre eine fließende Verbindung zwischen dem Lichtbereich, meinem Gehirn, meinem Herzen und dem Bauchnabel. Ich fokussiere auf die unteren Chakren und den Boden, damit auch das Becken und die Beine mit in diesen Prozess einbezogen und alle Chakren von den oberen Ebenen informiert werden.

Ich spüre dem lichtvollen Energiefluss nach, der in einer geraden, durchgehenden Linie durch meine Mitte fließt – vom Gehirn bis in das Wurzel-Chakra und weiter bis in die Erde. Ich sauge mich voll mit der Energie, damit sich der Körper komplett verankern und vernetzen kann. Es fühlt sich an wie ein Verkabeln mit den oberen Ebenen. Immer mehr Leitungen legen sich und verkabeln mich immer stabiler. Das

Schwarze ist momentan nicht wichtig. Ich öffne mich gänzlich dem Gottesfluss, nehme das Kostbare in mich auf. Es ist wie ein Angeschlossen-Werden: Stecker rein, klack. Es fließt. Diese Verbundenheit ist mein natürlicher Zustand.

Fähigkeit zur Umwandlung

Gespräch mit Gertrud

10:45 Uhr – Gertrud bemerkt Folgendes zu den letzten Ereignissen: Sie meint, stundenlang in die Augen meines Vaters zu schauen, hieße auch, meiner Angst, den Demütigungen und den Verletzungen ins Auge zu schauen. Es klinge alles sehr versöhnlich, heilsam und auch von den letzten Ängsten frei werdend.

G: *Ein inneres Aufrichten nehme ich wahr – durch eine Stärke, die von der Erde kommt. Das Schwarze richtet dich auf.*

S: *Ja, es erdet und stabilisiert mich. Ich fühlte mich sehr verbunden damit.*

Ich beschreibe den Traum von dem Mann und der Insel.

G: *Ich sehe das auch ein bisschen als Folge der Auseinandersetzung mit dem Vater-Thema oder dessen Heilung. Dabei geht es auch um den männlichen Anteil in dir, also um den Aspekt von Stärke, Aufrichtigkeit und Liebe. Du hast ja auch ein reines Herz, wie der Mann. Die Eingeborenen verkörpern den Teil, der mehr mit dem Archaischen, Unkontrollierten zu tun hat. Da ist eine magische Kraft in dir, die erkennt, was du zu tun hast, um den Konflikt mit dem Archaischen aufzulösen. Diese Kraft steht auch in Verbindung mit dem Weiblichen – der Insulaner-Frau –, die Frieden bringt. Du bist jetzt nicht mehr auf der Flucht, sondern eher jemand, der die Szene verwandelt.*

S: *So habe ich es noch nicht gesehen, aber es macht Sinn.*

G: *Ich sehe in der Frau die Beschützerin und Erhalterin des Lebens, letztendlich die Begleiterin auf die andere Seite hin – unabhängig von der Reaktion des Mannes. Er hat ihre Unterstützung erhalten, aber er geht nicht in ihre Welt hinein. Dieser männliche Anteil weiß, wo er hingehört. Für ihn war die Begegnung eine Initiation. Er weiß um seine Fähigkeiten und auch, dass er transformieren kann. Es geht ja immer wieder in deinen Träumen um Umwandlung: Krieg in Frieden, Angst in Hingabe, Unbewusstheit in Erkenntnis, schließlich die Opferrolle in authentische Stärke.*

S: *Stimmt.*

G: *Es gilt nicht nur, zu überleben, sondern tatsächlich „umzuwandeln". Es geht nicht mehr um Opfer und Täter, sondern, eine Ebene höher, um die Erkenntnis, dass du dort nicht hingehörst. Du guckst nicht nur auf dich, sondern hast auch im Blick, wie sich deine Handlungen auf die anderen auswirken würden. Die Fähigkeit zur Umwandlung ist da und die Hilfen kommen. Die Urkraft des Weiblichen unterstützt dich dabei.*

Gertrud bestätigt mir auch den tiefenwirksamen Reinigungscharakter der Gehirnräucherung durch den Nebel. Dann berichte ich vom Erlebnis mit dem Rohr über mir und dem lichtvollen Informationsfluss durch alle Chakren hindurch.

G: *Das klingt nach einer Vollendung. Die letzten Wehwehchen sind geheilt, und dann zeigte sich die Kraft, die dahinter ist: die Fähigkeit zur Umwandlung. Angriffe können dich jetzt nicht mehr auf den Baum jagen.* (Lacht.) *Du kannst sie umwandeln, du bist verbunden mit hohen kosmischen Schwingungen, bis in dein Wurzel-Chakra hinein.*

Es fühlt sich an, als ob die kosmischen Schwingungen dich vollkommen durchdringen und alle alten Informationen herauswaschen, sodass der Körper sich seiner selbst bewusst wird. Es geht auch darum, dir deiner Geist-Seelen-Fähigkeiten bewusst zu sein. Das Zentrum des Herzens, die Liebe, spielt da eine ganz große Rolle. Dir deiner selbst und auch der

Verbundenheit zur großen Liebe bewusst zu sein. Sich seiner selbst auf vielen Ebenen bewusst zu sein. Erleuchtungszustand.

Tief berührt von Gertruds Aussage erzähle ich ihr, dass ich starke Kopfschmerzen bekam und mich deshalb hinlegen musste.

G: *Wenn die hohen Schwingungen in das Kronen-Chakra eintreten und dieses nach oben hin weit ausdehnen, können Kopfschmerzen auftreten. Die Schwingungen sind zu hoch – so hoch, dass das Chakra Mühe hat, sich anzupassen. Daher kann man am Anfang die hohen Schwingungen noch nicht so lange halten. Zwischendurch ist immer wieder ein Ausruhen nötig, um sich dann wieder dafür zu öffnen ... Bildlich würde ich es so übersetzen: Von den höchsten Ebenen werden Informationen über ein Füllhorn in dich hineingegossen, sodass diese dich jetzt erfüllen können. Du hast zwar alle Ebenen gereinigt, aber es bedarf noch einer Anpassung an den höheren Energie- und Informationslevel.*

S: (Leise, sehr ruhig, nachdenklich:) *Das Schwarze arbeitet auch weiter. Ich habe das Gefühl, ob ich hier drin oder wieder draußen bin, es wird weitergehen.*

G: *Ja, es wird seinen Weg nehmen, wie es richtig ist, bis alles zu einem Abschluss kommt, zu einer Harmonie, zu einem Ganzen. So fühlt sich das an. Das Schwarze arbeitet auf seine Art und Weise, ohne dass du es steuern musst. Es verfügt über eine Intelligenz, die für dich arbeitet. Nicht du tust, es wirkt für dich.*

Im Allerheiligsten

Ich frage Gertrud abschließend nach einem Bild.

G: *Ich sehe eine Figur, die ich einmal im Allerheiligsten des großen Muttergöttinnen-Tempels in Malta gesehen habe. Sie liegt auf der Seite, ihre Augen sind geschlossen – ein ganz friedliches Gesicht. So sehe ich dich auch – in vollkommenem Frieden und verbunden mit dem Ganzen. Am Kopf sind viele Sterne, die leuchten. Die Erde hält dich einfach, als würdest du in einer Schale liegen. Auf deiner rechten Seite ist ein Mond. Du wirst durchströmt, bist das All und die Erde. Du bist vollkommen still und gleichzeitig tanzt alles durch dich: sowohl die Erde als auch der Himmel.*

S: *Ein mächtiges Bild!*

G: *Wie in deinem eigenen inneren Allerheiligsten angekommen. Verbunden mit dem, was es immer schon gegeben hat – jenseits von Zeit, von Raum. Verbunden mit der Essenz des Uranfänglichen, Göttlichen, bis es sich so gestaltet hat, wie es gestaltet oder ihm Form gegeben wurde. So, wie diese Figur, so sehe ich dich auch. Interessanterweise ist hier auch ein Dunkel-Tempel.*

S: *Ich sehe die Figur sehr groß vor mir. Ist das auch so in Wirklichkeit?*

G: *Die Energie ist groß, aber die Figur selbst ist ganz klein. Der Tempel und auch diese Figur sind ungefähr sieben Meter unter der Erde. Da gingen die Priesterinnen hinein, in den Schoß der Mutter Erde sozusagen, um mit höheren kosmischen Ebenen in Kontakt zu kommen und mit den Ahnen zu sprechen.*

S: (Fasziniert:) *Ein Tempel sieben Meter unter der Erde! Ein solcher Dunkelretreat muss eine große Kraft haben!*

G: *Es ist eine dunkle Höhle, wie die, in der du dich gerade befindest. Es ist, als hätten sich alle Aspekte in dir jetzt vereint, und du kannst im Tempelschlaf, der ein Ausdruck von Nicht-Schlafen, von Vollkommen-Erwachen ist, ruhen. Der Himmel tanzt um dich herum und die Erde hält dich – wie eine Einheit.*

S: *Es fühlt sich sehr still und sehr friedlich an. Ich sehe noch immer diese riesengroße, kraftvolle Figur.*

G: *Sie ist sehr alt – ca. 3.000 vor Christus. In der Geschichte der Insel Gozo heißt es, sie sei eine Riesin, weil sie so viel gegessen habe. Sie habe gewaltige Steine getragen und daraus die Ġgantija – gigantische Tempel – gebaut.*

S: *Das passt zu der Frau, die ich sehe.*

G: *Damals gab es noch die Verehrung des Einen; es gab noch keine Spaltung zwischen dem Männlichen und dem Weiblichen. Alles Leben kam aus der Mutter Erde. Sie gebar das Männliche und das Weibliche, aber sie selbst war die Einheit.*

S: *Das ist eine Welt, die ich nicht kenne.*

G: *Sie symbolisiert die Kraft, die du auch für dich nutzt in der Dunkelheit. Das hat es lange vor unserer Zeit gegeben: Menschen haben immer wieder dunkle Räume aufgesucht. Die Höhlen waren Heiligtümer, der Schoß der Mutter Erde.*

S: *Ja, das fühlt sich sehr kraftvoll an, wenn ich da hineinspüre.*

Kraft der Erde

11:37 Uhr – Eine große erdige Kraft ... weibliche, bezaubernd schöne Energie umgibt mich. Ich lasse mich langsam einsinken in die befruchtende, aufnehmende, liebliche Höhlenenergie. Ich spüre den Zentralkanal in der Wirbelsäule und das meinen Körper ausfüllende Licht.

Die Gruppenteilnehmer und die ganze Welt sind in diese warme, kraftvolle, mütterlich nährende Energie eingebettet.

Die Erdkugel erscheint in einiger Entfernung vor mir. Sie ist diese stillende Energie! *Mutter Erde*. Ich fühle ihre Energie stark pulsieren. Alle Lebewesen auf der Erde sind darin eingebettet, gehalten, genährt, versorgt, umsorgt.

*

Ich bin Mutter Erde jetzt sehr nah, spüre ihre atemberaubende Stärke ... fühle mich als Teil von ihr. Gleichzeitig schaue ich aus dem Weltraum. Dieser riesige Planet blüht und flimmert vor Lebendigkeit, ist eine anmutige, höchst lebendige Wesenheit von unbeschreiblicher

Schönheit. Ich bebe vor Ergriffenheit bei ihrem Anblick und bin mittendrin in der Aura des blauen Planeten.

*

Nach dieser Schau habe ich mehrere Stunden starke Kopfschmerzen, sodass ich das Dunkelretreat am liebsten abbrechen möchte.

*

19:25 Uhr – Ich spüre Spannungen im Bauch, im Nacken und an der Halsvorderseite. Emotional fühle ich mich ruhig, mental ist alles still. Mich beim Tai-Chi mit dem Schwarzen zu verbinden, gibt mir ein stabileres Gleichgewicht. Meine Augen sind fest geschlossen, als wären sie zugeklebt. Ich bin den Körpersymptomen zugewandt, schaue liebevoll auf die Spannungen.

Nach einem Bad fühle ich mich, als hätte ich mindestens einen Sechstausender bestiegen. Selbst im Bett zu liegen ist anstrengend. Ich atme, bin im Tempel. Das Schwarze geht mir bis zur Unterlippe. Ich checke in die Lichtverbindung ein, klack ... und nehme sie wieder wahr. (Lange Pause.)

*

20:05 Uhr – Ich habe Rückenschmerzen, mein Nacken ist steif. Ich gehe ins Bett.

25. Tag

6:47 Uhr – Ich bin seit mindestens 3:00 Uhr wach und würde am liebsten rausgehen, leckere Sachen kochen und essen. Große Tatkraft und Lust, wieder aktiv am Leben teilzunehmen, erfasst mich.

Ich sitze in Meditation und sinke langsam durch die Körperschichten in tiefere Ebenen ab. Eingebettet in die liebliche Energie von Mutter Erde, fühle ich offene Weite über mir, aus der heraus mich ein zartliebliches Gemisch aus hellstem lila-gold-hellweißlichem Licht sanft berührt. Ich fühle mich zutiefst gesehen und wirklich gemeint. Eine äußerst intime Berührung ... tiefe Dankbarkeit.

Ich bin im Tempel. Einige aus der 57er-Gruppe erscheinen mir wach.

Auch wenn mir das Schwarze in den letzten Tagen sehr vertraut geworden ist, fühle ich nach wie vor Angst davor. Es reicht jetzt bis kurz unter die Nasenlöcher.

Eine Mücke genießt Liebe

7:20 Uhr – Mein Herz ist weit und offen. Das Brustbein vor dem Herzen fehlt – ein sehr ungewöhnliches und schönes Gefühl. Eine Mücke lässt sich genüsslich vor mir nieder und sonnt sich in der Liebe der Herzenergie. Sie macht keinerlei Anstalten, mich zu stechen, was mich sehr beeindruckt. Ich fühle große Sympathie für sie und lasse sie sitzen. *„Du willst auch nur Liebe"*, flüstere ich. So, wie sie vor mir sitzt und die wohlige Strahlung der Herzsonne in sich aufnimmt, sieht sie direkt niedlich aus.

Die Mücke schmiegt sich immer mehr an mich, rutscht Stückchen für Stückchen näher an die warmen Strahlen des Herzens heran. Sie ist so entzückend!

Das zwitschernde Vögelchen von draußen scheint mir etwas zurufen zu wollen. Es fühlt sich so nah an, als ob es sich in meinem Raum befindet.

Die Mücke schläft. Sie hat ihre Vorderbeine übereinandergeschlagen und ihren Kopf auf den Vorderbeinen abgelegt, wie ein Hund. Das sieht so lustig aus. Leise lache ich in mich hinein, um sie nicht zu wecken. Wirklich putzig. Ich meditiere mit einer Mücke.

*

8:22 Uhr – Ich fühle etwas Weiches, in das ich langsam hineinsinke. Eingebettet wie in ein zartes Himmelsbett, spüre ich mein vollkommen offenes Herz. In diesem verbundenen Zustand bleibe ich entspannt, als das Schwarze mir vollends über das Gesicht schwappt. Im selben Moment bin ich unter der Oberfläche und schaue in ein riesiges, mit dieser schwarzen Energie angefülltes Gewölbe. Ich tauche hinab auf den Grund dieser Art Höhle. Ich sehe und fühle mich als Taucherin in schwarzem Taucheranzug mit dunkelblauen Flossen in Portugal auf- und untertauchen. Die Todesangst ist weg. Ich prüfe immer wieder, ob ich atmen kann – ja, es geht. Ich brauche keine Taucherbrille.

Ich bin vom Ursprung gesungen

8:33 Uhr – Ich bin im schwarzen Gewölbe und weiß mich gleichzeitig mit dem Licht verbunden. *Ich bin Bewusstsein.* In Portugal ist es eindeutig Wasser, in welchem ich – sehr vertraut mit dem nassen Element – auf- und abtauche. Auf der anderen Ebene bade ich zugleich in dem Energiegewölbe, bin diese Kraft, bin Bewusstsein.

Das Gewölbe ist eine Grotte, die sich direkt unter dem Meeresgrund befindet. Dunkelstes Schwarz umgibt mich. Ich bin neugierig und auch ängstlich. Erwartungsvoll und hochgradig aufmerksam erforsche ich in Zeitlupe das Umfeld: Alles hier unten ist magische, brillant funkelnde schwarze Energie. Die Grottenseiten sehen zwar aus wie Wände, sind aber keine. Ich kann in sie eintauchen und hindurchgehen. Sie sind nur ein dichteres Schwarz, das den Eindruck von Wänden vermittelt. Die Wände sind lebendige Energie mit Bewusstsein, dessen „Blick" auf mir ruht. *Ich bin reines Bewusstsein, von purem Bewusstsein umgeben und ein Teil dessen, was mich anschaut.*

Ich schwimme wieder weiter oben im Wasser in Portugal, tauche auf, sehe die Boje und bin völlig entspannt. Ich weiß, dass ich ankomme. Das tut so gut, dass mir vor Rührung Tränen kommen. Tiefste Dankbarkeit füllt jede Zelle in mir aus – für die Erfahrungen und das Meer, das mich trägt.

Das Schwarze ist unendlich tief, bodenlos. (Sehr lange Pause.)

Das Licht gleicht dem Hals einer Note. Das Schwarze ist der Kopf der Note, worin ich gerade bin. Viele wunderschön verzierte Notenschlüssel tauchen vor mir auf. *Ich bin eine Note im Universum, ein Teil des beseelten kosmischen Liedes, das das Universum zeitlos singt.* Tiefe Freude in meiner Brust ... Ich bin vom Ursprung gesungen ...

Ich bin so sicher und vertraut mit dem Milieu Wasser, als ob ich hier zu Hause wäre. Wenn ich auftauche, fühle ich mich wie ein aufgerichtetes, umherschauendes Erdhörnchen oder wie ein U-Boot, dessen Schnorchel zuerst aus dem Wasser ragt, danach mein Kopf. Ich schaue zum Ufer, sehe in der Ferne die Bojen. Habe kein Bedürfnis, dorthin zu schwimmen. Ich tauche wieder unter, in noch viel tiefere Bereiche, dahin, wo das Meer dunkel ist.

Ich blicke unter mir auf den schräg abfallenden Meeresboden, der in der dunklen Tiefe verschwindet. Ich befinde mich am Anfang des Abgrunds, unschlüssig, ob ich hinuntertauche oder nicht. Auf der anderen Ebene bin ich in dem Schwarzen, bin Bewusstsein. Ich bin einfach.

Die Mücke schläft noch immer. Ich habe noch nie eine so glückliche, zufriedene, freundliche Mücke gesehen. Sie ist so lieblich und überhaupt nicht vergleichbar mit den „normalen“ Blutsaugern. Sie erinnert mich an Biene Maja: Mücke Maja.

Weit oberhalb schlägt die Kirchenuhr gerade 9:00 Uhr. Ich kann es in der sehr hellhörigen Grotte hören. In der lautlosen Stille der Schwärze weiß ich, dass ich alles hören kann. Starke Hitze durchströmt mich.

Hellhörigkeit und durch Wände gehen

Gespräch mit Gertrud

10:13 Uhr – Ich begrüße Gertrud und kann kaum glauben, dass schon vier Wochen um sind. Es fühlt sich an, als wäre ich erst eine Woche hier.

G: *Das war eine ganz andere Frequenz, auf der du dich bewusstheitsmäßig bewegt hast. Das fühlte sich nicht lang an, weil du immer so gegenwärtig warst – so spüre ich es.*

Ich berichte ihr von der absoluten Stille und der Hellhörigkeit im schwarzen Bereich, als könnte man ein Haar herunterfallen hören.

G: *Ja, das Ohr – das weibliche Organ – öffnet sich. Am Anfang war nicht das Wort, sondern der Ton. Es ist das uranfängliche Sein, mit dem du in Kontakt trittst.*

S: *Auf der Ebene des Wassers in Portugal fehlt diese Hellhörigkeit. Da ist einfach das Element Wasser und die Freude darüber, dass sich die Angst gewandelt und aufgelöst hat.*

G: *Das sind zwei weibliche Gegenspieler: die unendliche Weite, das Ozeanische, wo sich jegliche persönliche Angst aufgelöst hat, und die Höhle, noch als Schutz, als innerer Raum der Erde.*

S: *Höhle oder Grotte sind Begriffe, die ich nicht wirklich aufrechterhalten kann, weil da ja keine Wände sind.*

G: *Du kannst durch die Wände durchgehen, weil du auf einer Bewusstseinsebene bist, in der du nicht mehr abgegrenzt bist.*

S: *Macht Sinn. Dort ist eine Kraft, Stille und diese immense Hellhörigkeit. In dem Schwarzen ist eine große Unmittelbarkeit. Da bin ich nicht ganz locker, sondern hochgradig aufmerksam – hyperwach. Mein Herz hat sich schon beruhigt, ist aber noch nicht ganz angstfrei. Ich kann dort jedoch schon auf jeden Fall sein.*

Ich erwähne die Mücke.

G: (Lacht laut:) *Herrlich! In Liebe verbunden mit der Mücke. Der Herzschlag der Mücke und dein Herzschlag sind eins.*

S: *Ja, und das Verrückte ist, dass ich mich mitten in dem Schwarzen so stark mit dem Licht verbunden fühle. Es ist wie ein kosmischer Gesang – und ich bin eine der unzähligen göttlichen Noten. Ich kann zwar keine Musik hören, aber die Note tauchte bildlich klar auf.*

G: *Das Symbol für das kosmische Lied oder der Schlüssel, wie man es nimmt …*

S: *Der Notenkopf war wie ein Bauch, in dem ich mich ganz wohlig fühle. Und diese Hellhörigkeit ist sehr beeindruckend.*

G: *Auf jeden Fall. Ohne dass du etwas steuerst, vollzieht es sich durch dich – im eigenen Rhythmus.*

Segen der Urmutter

S: *Meinen Herzraum fühle ich weit geöffnet, als wäre da ein großes Loch, als wäre ich nackt. Zugleich fühlt es sich auch ganz gefüllt an.*

G: *Ich spüre, dass dir von der göttlichen Mutter eine Gnade zufließt.*

S: *Eine ganz starke, weibliche Mutterenergie fühle ich.*

G: *Ja, das Männliche war schon immer sehr stark in dir. Nun bekommst du den Segen der weichen Kraft, damit sich auch diese in dir stärkt und du noch vollständiger in deinem Alltag, in deiner Arbeit mit Menschen, wirken kannst. Du kannst sie tiefer begleiten, weil du selbst kraftvoll gehalten und beschützt bist.*

S: *Hoffentlich kann ich das im Alltagsbewusstsein immer noch fühlen.*

G: *Du bist jetzt damit verbunden. Manchmal tritt das im Bewusstsein zurück, aber dann kannst du meditieren und ein Bild oder Symbol oder eine kleine Figur nutzen, um dich zu erinnern und die Verbindung wieder zu aktivieren.*

S: (Berührt:) *Ich bin gerade so dankbar für alle inneren Bilder, die sehr lebendig und daher mehr sind als nur Bilder. In der Schau sind alle verschiedenen Ebenen parallel, zur selben Zeit, fühlbar: die Mücke, das Meer in Portugal, der Wal-Hai-Delfin, auch das Schwarze, die Lichtspirale, die Grotte und ebenso die Ebene unseres Gesprächs. Es ist wie ein riesiges Spektrum.*

G: *Richtig. Wir sind immer auf verschiedenen Ebenen gleichzeitig, nur dass uns das meistens nicht bewusst ist. Dass es dir jetzt bewusst wird, ist wie ein krönender Abschluss.*

S: *Ich erinnere mich gerade daran, die Erde vom All aus gesehen zu haben. Ich fühlte ihr Wesen!*

G.: *Die Erde, Göttin Gaia. Auf Abbildungen sieht man sie mit segnenden, nach außen gedrehten Händen ungefähr auf Herzhöhe. Am Kopf sind drei Mohnkapseln und ein Gebilde, das wie der Himmel aussieht. Die Mohnkapseln stellen die Ekstasefähigkeit der Erde dar, die magnetisch-ekstatische Energie, die es im Himmel nicht gibt. Beides gehört zusammen.*

S: (Lacht:) *In Götterkunde hatte ich keinen Unterricht. Aber das Bild gefällt mir. Es scheint so, als würde ich immer erst die Erfahrung machen und hinterher nach Erklärungen suchen, um sie einordnen zu können.*

G: *Die Forscherin in dir geht immer erst mal rein in die Erfahrung. Besser als umgekehrt, nur in Vorstellungen zu bleiben.*

S: *Auf jeden Fall! So lerne ich ganz real.*

Aspekte der Heilerin

G: *Ich sehe wieder die schwarze Madonna und dich in der Grotte, dieses Mal in Verbindung mit Wasser. Es gibt immer wieder Wasser in deinem Prozess; das ist die urweibliche Quelle, von der starke Schwingungen und viel Heilkraft ausgehen. Es geht nicht nur um Heilung für dich – du bist auch Heilung für andere, du kannst das transportieren.*

S: *Das spüre ich auch ganz deutlich.*

G: *Du bist eine Heilerin.*

S: (Flüsternd:) *Als Heilerin würde ich mich noch nicht bezeichnen.*

G: *Du hast den Aspekt der Heilerin auf jeden Fall in dir.*

S: *Ich fühle es, aber ich kann es nicht kommunizieren.*

G: *Es gehört zum alten Wissen, dass es vier verschiedene Formen der Heilkunst gibt: das Geschichtenerzählen, den Gesang* (oder Töne), *den Tanz und als letzte die Stille – wo du jetzt bist. Die größte Heilkraft, die urarchaische Heilform, ist Zuhören und Stille. Du arbeitest aus dieser Stille heraus und nimmst die Klienten in diesen Raum mit hinein. Dann geschieht etwas bei ihnen, was in der Stille und über deine zuhörende Aufmerksamkeit möglich wird.*

S: *Ja, Zuhören ist eine Kunst, ein Bezeugen.*

G: *Du erfährst es selbst auf diesem Weg – du gehst ja immer wieder bewusst in die Dunkelheit, so wie jetzt, hier. Deine Klienten wissen nicht, was passiert, aber sie fühlen sich komplett anders nach dem Kontakt, als wäre etwas von ihnen abgefallen, obwohl du gar nichts oder vielleicht nur einen Satz gesagt hast.*

S: *Ja, Heilung geschieht einfach, Stufe für Stufe. Ein subtiler Prozess.*

G: *Genau, Heilung geschieht.*

Brillantes Schwarzlicht

S: *Hast du noch ein Bild für mich?*

G: *Ja. Ich sehe dich auf einem Thron. Du hast deine Füße übereinandergelegt, so wie die Mücke. Die Arme liegen links und rechts auf einer Lehne. Der Thron ist in der Einbuchtung eines Felsens, die aber nicht fest ist. Du sitzt darin, im Dunkel aufgenommen, weiblich. Manchmal sind deine Konturen zu erkennen, aber sonst bist du nur schwarz. Du sitzt in diesem Schwarz in einer anmutigen, königlichen Haltung, mit einer ganz großen Liebe im Herzen. Das Weiße tanzt um dich herum, aber nicht direkt in der Aura, sondern ein bisschen dahinter noch. Es ist da, während du in dem dichten Schwarz sitzt. Das Schwarz leuchtet auch und hat ein ganz, ganz helles Licht und ein diamantenes Funkeln.*

S: *Ich kann es sehen. Brillantes Schwarzlicht.*

G: *Ja, wie ein Brillant oder Diamant. Du bist in Kontakt mit deinem inneren Diamanten gekommen. Wie entstehen Diamanten? Indem Kohlenstaub unter viel Druck gerät, für eine sehr lange Zeit. Da, wo du sitzt, ist eine unbeschreibliche Kraft, aber auch ganz große Stille. Du sitzt auf dem Thron als erlöste Form einer Königin, nicht beherrschend, sondern sich ihrer Kraft bewusst.*

S: *Ein schönes Bild. Ich kann mich gut darin sehen und fühlen. Dieser Magnetismus ist im Himmel nicht.*

G: *Ist da gar kein Magnetismus?*

S: *Es fühlt sich anders an.*

G: *Das Schwarz ist ein diamantenes, sehr helles, geistiges Licht, ganz sauber, nicht milchig.*

S: *Es ist schwarzes Licht – kristallklar und brillant funkelnd. Es hat eine Schwärze und hat doch keine. Das ist schon seltsam.*

*

14:24 Uhr – Seit ein paar Minuten schaue ich ein milchiges Licht vor mir und über meiner Stirn. Es verblasst langsam und ich lasse mich hineinsinken in das Dunkel der Grotte.

Ich warte noch immer am Rand des Meeresabgrundes auf meinen Freund, den Wal-Hai-Delfin. Noch ist er nicht da, aber ich kann ihn schon eine Weile sehr stark fühlen, als wäre er ganz nah. Ich bin direkt im Grenzbereich, wo der gut sichtbare steinige Meeresboden in einen steil abfallenden Abgrund übergeht und nach nur wenigen Metern in der undurchdringlichen Dunkelheit verschwindet. Der Wechsel zwischen dem wärmeren Flachwasser und der kalten Tiefe ist deutlich fühlbar, sobald ich über die Grenzlinie schwimme. Ich befinde mich ein kleines Stück hinter der letzten Boje, die den Schwimmbereich vom offenen Meer abgrenzt, und genieße die Angstfreiheit.

Die friedliche Mücke schläft noch immer in meinem Herzbereich. Sie sieht echt süß aus. Ich lache in mich hinein. Es ist so paradox.

Ich bin am Grund der Grotte. Das nächste Buch (über dieses Dunkelretreat) erscheint mir. Jedes einzelne Wort darin ist Erfahrung, mit einem hohen Übertragungswert. Es bebt, strahlt und funkelt in purer Lebendigkeit direkt vor meinen Augen.

Einige Bereiche in der Grotte sehen aus wie dicke Steinwände. Oder Granit? Nein, es fühlt sich nach Stein an. Ich bin unglaublich hellhörig und sehe die Note wieder vor mir.

Den Abgrund im Blick, halte ich Ausschau nach meinem Freund. *Von dort wird er kommen*, nehme ich an und wende mich nach links. Ich weiß den Wal-Hai-Delfin ganz in der Nähe, kann ihn aber noch nicht sehen. Per Gedankenkraft rufe ich ihn. Ein Stückchen links von mir ist eine breite Fläche, die noch einige Meter mit starkem Gefälle in die Tiefe hineinführt, bevor auch sie jäh am steilen Abgrund endet. Langsam schwimme ich die Schräge hinunter. Puh! Mein Herz klopft ängstlich, als ich an ihrem Ende ankomme und unmittelbar in den bodenlos scheinenden Abgrund schaue. Mit sanften Armbewegungen halte ich mich an Ort und Stelle, bewusst die Angst fühlend. *Allein schwimme ich auf keinen Fall tiefer!* Mir wird sehr warm.

Ich bin wieder in der Grotte. Die Mücke schläft. Mein Radar dreht sich weit oben, bereit zum Empfang von Gottesinformationen.

Ich hänge schwimmend im Meer, schaue in die tiefe Dunkelheit und spüre deutlich den Temperaturwechsel, je nachdem, wo ich mich befinde. Sobald es kalt wird, schwimme ich wieder ein Stück zurück in den flacheren Bereich. *Wovor habe ich eigentlich Angst?* Vor einer lauernden Gefahr, dass plötzlich ein Hai aus dem Dunkel auftaucht und mich angreift. *„Ich habe Todesangst!“*, flüstere ich und lasse mich die Angst spüren. Ich atme tief durch. (Sehr lange Pause.)

Die Angst wirkt wie eine Notbremse. Ich traue mich nicht, in die Tiefe zu schwimmen, starre wie gebannt auf das undurchdringbare Schwarz. Ich kann auch nicht weg, bin wie gelähmt. Und ich will mich dieser Angst stellen. (Sehr lange Pause.)

Im Gegensatz dazu ist es in der Grotte emotional entspannter. Ich spüre mein weites, offenes Herz und fühle tief hinein. Es ist so ungewohnt offen, dass es sich über die Maßen frei anfühlt. Ich bemerke: Es sind drei Kräfte: Licht, Herz-Energie, Dunkelheit. Die Kraft des dunklen Meeres und die der schwarzen Grotte scheinen gleicher Natur zu sein, denn wenn ich tiefer in den Abgrund hineinginge, bekäme das Wasser die gleiche magische Qualität wie das Schwarz in der Grotte.

Meine Israelreise taucht vor meinem inneren Auge auf, der Grenzübergang nach Bethlehem. Die furchtbare Angst, festgenommen oder erschossen zu werden. Ich lasse die Erinnerung wieder los und kehre zurück ins Meer. Der dunkle Abgrund wirkt wie ein riesiger, weit aufgerissener Schlund. Ich habe Angst, nicht wieder herauszukommen, wenn ich da hineinschwimme – Fantasien, die meiner Angst entspringen. Mit meinem Freund, dem Wal-Hai-Delfin, habe ich diese Tiefe früher schon erkundet. Ja, mit meinem Freund, nicht ohne ihn. Mit ihm würde ich mich sicher fühlen und könnte, an seiner Rückenflosse klammernd, locker die Tiefe des Abgrunds erreichen und von dort wieder heraufkommen. Aber mein Freund kommt nicht, was ungewöhnlich ist. Vorhin hatte ich das Gefühl, dass er in der Nähe wäre. Im Moment scheint er sich wieder zu entfernen. Ich rufe nicht noch einmal nach ihm. Er darf weiterschwimmen, muss nicht kommen, nur damit ich keine Angst habe. *„Schwimm ruhig weiter, mein treuer Freund! Alles Liebe dir! Ich danke dir so sehr für die Reise, die mir mit dir gegönnt war.“* Ich bin sehr berührt; meine Augen füllen sich mit Tränen. Eine tiefe Liebe verbindet mich mit diesem Wesen.

Gefangen im Netz

Plötzlich habe ich das klare Gefühl, dass er kommen will, aber nicht kann, weil er irgendwie festhängt. Ich stimme mich in das Meer ein, verlagere per Willenskraft meine Wahrnehmung dorthin, wo sich der Wal-Hai-Delfin befindet, und sehe deutlich sein Gesicht. Ich kann seine erfolglosen Versuche, zu mir zu gelangen, verfolgen und erkenne nun auch die Ursache für sein Fernbleiben: Er wird in einiger Entfernung von einem Netz aus dicken Seilen zurückgehalten. Er ist in Gefahr! Fest entschlossen atme ich tief durch: *Ich schwimme sofort dahin!* Dieser Gedanke genügt, und sofort habe ich einen starken Antrieb in der Hand, der mich ziehen kann – ich nenne ihn „Propellerscooter“, da ich nicht weiß, wie das Gerät heißt. Ich bewaffne mich mit einer langen Harpune und einem scharfen, langen Buschmesser und stelle die Höchstgeschwindigkeit ein. Los geht´s! Der Scooter zieht mich schnell über die Abgrundgrenze in die kalte Dunkelheit hinein. Ich halte den Kurs strikt geradeaus. Unter mir befindet sich die schwarz-gähnende Tiefe.

Nach einer Weile sehe ich in der Ferne ein riesiges Netz, prall gefüllt mit Meerestieren aller Art. Ich erkenne gigantische Kraken, einen

Schwertwal, Riesenschildkröten und andere sehr große Fische, deren Namen ich nicht kenne. Einer der Kolosse ist an der linken Außenseite des Netzes eingequetscht; sein langes, spitzes Maul ragt über die Hälfte aus einer der weiten Netzmaschen heraus. Ich bin entsetzt: Alle diese beeindruckenden Geschöpfe der Tiefsee sind gefangen. Die Seile sind sehr dick; ich schätze ihren Durchmesser auf 20 Zentimeter. Es ist unmöglich, sie mit meinem Buschmesser zu durchtrennen. Eine Motorsäge wäre hilfreich, um eine Seite des Netzes auftrennen zu können, damit die großen Fische herausschwimmen könnten.

Ich habe eine Idee: mein Propellerscooter! Ich ziehe den Propeller ein Stück aus dem Scooter heraus, drehe ihn um 45 Grad und schalte den Antrieb ein, sodass die Propellerflügel jetzt als Sägeblätter fungieren. Ich suche eine Stelle am äußersten Seitenrand des Netzes, um die Tiere beim Sägen nicht zu verletzen. Das Gerät jault laut auf, als ich es an die Seile halte. *„Ich befreie euch alle!"*, flüstere ich den Gefangenen zu. Mein Wal-Hai-Delfin liegt eingequetscht zwischen weiteren Fischgiganten – er feixt mich an. Er kann auch nicht anders; sein Gesicht grinst einfach immer – typisch Delfin! Ich bin sehr achtsam, damit der Propeller nicht im Netz hängenbleibt und kaputtgeht. Ich schalte auf die höchste Geschwindigkeitsstufe. Das funktioniert besser, dauert aber immer noch lange, da die Seile sehr massiv sind.

Das Netz hängt im Schlepptau eines großen, alten Schiffes und wurde bereits verschlossen, denn die Fangzeit scheint beendet. Die Maschen sind ungefähr so lang und breit wie meine Unterarme. Ein paar habe ich bereits aufgeschnitten. Das Loch ermöglicht den kleineren Fischen, die von den tonnenschweren Riesen noch nicht erdrückt wurden, den Weg in die Freiheit.

Ein alter Krake schaut mich mit einem seiner großen, dunklen Augen ganz direkt an; sein Blick berührt mich tief im Herzen. *„Auch du bist bald frei, mein Freund!"*, rufe ich ihm zu.

Ein Viertel des Netzes ist aufgeschnitten. Ich muss mich beeilen, damit die Schiffsmannschaft nicht bemerkt, dass ich den fetten Fang freilasse. Ein kleines Seepferdchen schwimmt schaukelnd vor mir auf und ab, als würde es mir danken. *Aber du hättest doch durch die großen Maschen hindurchschwimmen können*, spreche ich es telepathisch an. Noch bevor ich zu Ende gesprochen habe, kenne ich die Antwort: Es war zwischen anderen Fischen eingeklemmt. Die freigekommenen Fische schwimmen zügig in die Tiefe zurück. Eine Seenadel taucht auf, wenig später ein stattlicher Rochen. Trotz der enormen Größe der mächtigeren Tiere habe ich keine Angst. Die Tiere spüren, dass ich ihnen helfe; denen, die noch gefangen sind, funke ich gedanklich zu: *Gleich ist es so weit!*

Das Netz ist mindestens 30 Meter breit, geschätzt an meinem ca. 15 Meter langen Wal-Hai-Delfin. Wie klein ich bin gegenüber diesen Meeresriesen. Die obere Längs- und eine Querseite des Netzes habe ich bereits aufgetrennt, sodass ein Zipfel herunterklappt. Aber es reicht noch nicht. Die großen Tiere sind untereinander so verkeilt, dass sie nicht herausschwimmen können. Ich muss auch die zweite Querseite noch komplett auftrennen, damit das Netzteil vollständig herunterklappen kann. Dann können alle Tiere leicht heraus. Mir wird plötzlich bewusst, dass all die Giganten dann frei um mich herumschwimmen werden. Angst lässt mein Herz schneller schlagen, da ich nicht mehr durch das Netz geschützt sein würde. Ich rede mir innerlich Mut zu: *Sie spüren meine Freundschaft und werden mir nichts tun.*

Ich säge an der dem Boot abgewandten Netzseite, sodass die Crew mich nicht sehen kann, falls sie den Fang von oben durch das kristallklare Wasser kontrollieren sollte. Und so geht alles gut, bis ich endlich die zweite Querseite aufgetrennt habe. Die gesamte Breitseite des Netzes fällt herunter und gibt den Weg frei. Doch keiner der Riesen schwimmt los! Sie wirken benommen und fallen reglos in das Dunkel, auch mein Wal-Hai-Delfin. Sie scheinen nicht zu realisieren, dass sie in

Freiheit sind. *„Ihr werdet sicher gleich merken, dass ihr frei seid. Auf Wiedersehen!“*, rufe ich ihnen hinterher.

Es ist ein unsagbar trauriges Bild, diese anmutigen Tiere so bewegungslos in die Meerestiefe sinken zu sehen. Das hatte ich nicht erwartet, sondern ging davon aus, dass sie aktiv entweder sofort wegschwimmen oder auf mich zukommen. *„Hallo! Ihr seid frei!“*, rufe ich weiter in ihre Richtung. Mehr kann ich für sie nicht tun. Ich hoffe, die Tiere erholen sich wieder. Sie werden immer kleiner und verschwinden nacheinander in der Dunkelheit der Tiefe.

Den letzten Kraken hole ich aus dem Netz. Er hat sich mit seinen riesigen Saugnäpfen am Seil festgesaugt und wirkt auf mich, als wäre er hypnotisiert oder in einer Schockstarre. Endlich habe ich ihn fast vom Netz gelöst. *„Komm, schwimm!“*, bitte ich ihn. *„Wenn du hierbleibst, bist du verloren. Sie werden dich töten. Schwimm raus!“* Er lässt die letzte Verbindungsstelle los und macht einige langsame Bewegungen. Er schwimmt! *„Und sag den anderen Bescheid, dass sie auch frei sind und schwimmen können“*, flüstere ich ihm hinterher. Mit kräftigen Zügen taucht er direkt in die Tiefe ab und entschwindet meinem Blick.

Ich baue den Propeller wieder zurück, schalte den Scooter an und gleite durch das Wasser zurück – ohne meinen Freund. Irgendwann werden die Tiere bemerken, dass sie frei sind, das weiß ich. Sie werden sich in der Tiefe erholen und ihre gequetschte Haut wird heilen. Der Heimweg kommt mir jetzt sehr lang vor. Nach einer Ewigkeit erreiche ich das seichtere, wärmere Wasser. Ich schwimme an Land, lege mich an den Strand von Portugal und ruhe mich aus. Mit dem Herzen bin ich bei den Fischen. Was mag Menschen dazu motivieren, diese eindrucksvollen Ozeanriesen, diese majestätischen Schönheiten, diese Urtiere zu fangen? Ich fühle mich ihnen tief verbunden; sie erscheinen mir so nah, als wären sie noch neben mir. Ich glaube, die Tiere spüren mein Bewusstsein, so wie ich sie auch spüren kann. *„Ihr seid frei und könnt schwimmen!“*, rufe ich ihnen immer wieder telepathisch zu.

Plötzlich ruft jemand am Strand: *„Haie! Ein Wal!“* Ich springe auf. Ja, das ist mein Freund, der Wal-Hai-Delfin! Immer wieder schießt er aus dem Wasser hoch und stößt eine riesige Fontäne in die Luft. Er ist quicklebendig. *„Schwimm zurück ins Tiefe! Hier bist du in Gefahr!“*, funke ich ihm per Gedankenkraft. Obwohl er weit außerhalb der Bojen schwimmt, ist er mir noch zu nah an den Menschen, die aufgeregt hin- und herlaufen und schreien. Mein Wal-Hai-Delfin hat mich gehört und dreht ab in Richtung offenes Meer.

Ich erhalte einen visuellen Livemitschnitt von der Besatzung auf dem Kutter. Sie haben den Schaden noch nicht bemerkt. Ich habe nicht im Geringsten ein schlechtes Gewissen und denke lange über den grausamen Umgang mit Tieren nach. Das skrupellose Verhalten einiger Menschen den Tieren gegenüber tut mir im Herzen weh. Es wird höchste Zeit, dass die Menschheit aufhört, brutal und rücksichtslos über die Natur zu verfügen. Alles wirkt auf uns zurück, da jeder Gedanke und jede Handlung unweigerlich eine Folge nach sich ziehen. Das ist ein kosmisches Gesetz. Ich denke an die letzten noch verbliebenen indigenen Völker, die als unzivilisiert und primitiv bezeichnet werden. Sie leben im Einklang mit ihrer Umwelt und verfügen über ein uraltes Wissen, das die sogenannte Zivilisation längst vergessen hat: Mensch und Natur sind aus dem gleichen Stoff – Steine, Tiere und Pflanzen inbegriffen.

Ich schaue meinem Wal-Hai-Delfin nach und danke ihm innerlich für das Lebenszeichen. „Pass gut auf dich auf!“, flüstere ich. Aus der Ferne ertönt seine knatternde Antwort, die wie eine Zustimmung klingt. Er hat mich verstanden und wird nie wieder in ein Fangnetz geraten. Ich setze mich in den warmen Sand und schaue auf die glitzernde Meeresoberfläche.

Der weise Krake

Ich kann vom Strand aus plötzlich bis auf den Meeresgrund sehen, als hätte ich Röntgenaugen. Ich erkenne in der dunklen Tiefe die Kraken, die ihre Fangarme sanft bewegen. Auch die Schwertwale beginnen langsam zu schwimmen. Und die riesigen Schildkröten, von denen ich nicht weiß, welcher Art sie angehören, rudern sich gemächlich mit ihren Hinterbeinen vorwärts. Erstaunlich, ich kann mich in die Unterwasserwelt hineinzoomen und mir dort ansehen, was ich möchte. *„Erholt euch gut, meine Freunde"*, funke ich den Geretteten lächelnd zu. Eine der Schildkröten scheint mir mit ihrem linken Vorderbein zuzuwinken und ebenso der Krake, dem ich gerade ins Auge geblickt hatte. Sein Auge dreht sich erneut bewusst zu mir. Wir schauen uns an. Obwohl ich nach wie vor am Strand sitze und er sich ungefähr 4.500 Meter unter der Meeresoberfläche befindet, ist er mir so nah, als befände ich mich unmittelbar vor ihm. *Wie kann das sein?*, fragt mein Verstand. Ich weiß es nicht – und ich mache mir auch keine Gedanken darum. Ich blicke dem Kraken direkt ins Auge – ein weises Auge. Pure Weisheit schaut mich an, die ich deutlich fühle, und Stille. (Flüstert:) *„Ich bin tief beeindruckt von deiner Weisheit. Dein Auge sieht aus wie ein ewiges Auge. Als hätte es schon Jahrtausende gesehen, gelebt, erfahren. Du bist wunderschön. Danke, dass du dich mir zeigst ... zeitlose Weisheit."*

Es ist ein warmer Blick. Nicht wie ein Mensch, sondern väterlich, wie nur dieser Krake sein kann – krakenväterlich. (Lacht.) Weise und behütend, der Hüter des Meeres. Wie ein greller Blitz durchzuckt mich die Erkenntnis: *Du bist der Hüter des Meeres!* Der Krake wird immer größer, je länger ich ihm ins Auge schaue. Er ist riesig, mindestens 50 Meter im Körperdurchmesser, wenn nicht noch mehr. Dieses große Auge! Wir schauen uns immer noch an. Meine beiden Augen schauen auf sein eines Auge. Er ist so groß, dass ich das andere Auge nicht sehen kann. Ein riesiger Krakenberg, der Kraft, Anmut und Grazilität ausstrahlt.

Eine Augenweide! Dieser Krake ist ein Wunder der Natur. *„Mein Gott, bist du schön!“*

*

15:45 Uhr – Ich liege mit geschlossenen Augen am Strand von Portugal und schaue dem Riesen in der Meerestiefe ins Auge der Weisheit. Mein Verstand versucht nicht mehr zu verstehen. Er hat schon zu viel erfahren, was er nicht erklären kann, und daher aufgegeben, alles begreifen zu wollen. Er nimmt es einfach hin. Ich habe eine Art Auge, mit dem ich in die Ferne sehen kann – das dritte Auge. Ich lasse die Stille und die tiefe Weisheit auf mich einwirken – es ist wundervoll, herzöffnend, die Seele tief berührend. Auch wenn mir die Tiefe im Kontakt immer wieder Angst macht, ist sie gleichzeitig fantastisch, abenteuerlich, lehrreich und erfahrungsecht; sie zieht mich magisch an.

Aus dem Auge strömt die Weisheit wie Dampf aus einem Wasserkessel und füllt die gesamte Umgebung aus. Der Weisheitsdampf weht sanft herüber zu mir, in das Meer und in die Welt hinein. Die Weisheit fühlt sich uralt an, so alt wie das Universum selbst. Es ist, als ob die Weisheit des Universums mich anschaut. Ich atme den mit kostbarer Weisheit geschwängerten Odem tief bis in jede Zelle ein. *Danke, Krake! Bist du überhaupt ein Krake? Oder bist du ein verkleideter Gott?* Die Weisheit fließt auch in die Gruppe, zu Gertrud, in die ganze Welt. Sie fließt in den einen Gesamtkörper-Menschen. Ich spüre heilsame, sich ausbreitende, von Güte durchsetzte Weisheitswellen. Es scheint, als würde das Auge die Weisheit absichtlich in Wellen aussenden. Es ist eine übergeordnete Absicht, die aus der dunkelsten Tiefe des Seins kommt.

*

Ich bin immer noch ganz auf das Auge ausgerichtet. Das Meer sei weiblich, sagte Gertrud. Ist der Krake männlich oder weiblich? Das ewige Auge hat kein Geschlecht. Bereitwillig stehe ich dienend zur Verfügung.

Meinen Freund, den Wal-Hai-Delfin, weiß ich in der Nähe, auch wenn ich ihn nicht sehen kann. Der Krake schaut mich unvermindert und ohne Blinzeln an. Unter seinem direkten Blick sinke ich in dunkelste Schwärze hinab. Völlig entspannt sinke ich langsam und leicht wie eine Feder in die Tiefe des Meeres – und werde zu der Tiefseetaucherin, die ich immer sein wollte. Der hohe Wasserdruck macht mir nichts aus. Auf dem Rücken liegend sinke ich immer tiefer, begleitet von dem warmen Blick. Der Krake schwebt jetzt anmutig wie ein großer Vogel oder Drache über mir. Uralte Weisheit schaut in unendlicher Liebe auf mich herab. Sämtliche Angst ist verflogen.

*

Das Auge der Weisheit entfernt sich ... nein, ich entferne mich, weil ich noch tiefer sinke. Obwohl sich der Abstand zum Kraken vergrößert, bleibt die Größe des Auges unverändert. (Lange Pause.)

Der Abstand zwischen dem Kraken und mir bleibt seit einiger Zeit gleich, obwohl ich stetig weiter sinke. Das Meer scheint kein Ende zu haben, denn ich komme nicht auf dem Grund an.

Das Auge Gottes

Ich weiß, dass ich diese Schau nur dank des Kraken machen kann. Das Auge der Weisheit ermöglicht mir diese Erfahrung. Ich empfinde es als Gnade. Das Krakenauge wandelt sich allmählich und wirkt schließlich wie ein kosmisches Auge, das aus der unendlichen Weite des Alls auf mich schaut, mich sozusagen im Blick hat. *Gott war nur als Krake verkleidet, alles klar*, meldet der Verstand. Ich bin schon so tief gesunken, dass ich das Gottesauge am Sternenhimmel sehen kann. Es ist paradox: Viele Kilometer dunkles Wasser sind zwischen mir und dem Himmel, und trotzdem kann ich ihn sehen. Unendlich viele Kilometer liegen zwischen mir und dem Gottesauge am Himmel, und dennoch ist es noch genauso groß und nah und klar zu erkennen, als befände es sich direkt vor mir. Seine unendliche Güte und Weisheit sind noch viel größer geworden. Nein, die unermessliche Größe von Gottes Güte und Weisheit sind mir jetzt bewusster.

*

16:35 Uhr – Ich sauge die Güte ein, die das Auge Gottes aussendet, und tanke voll auf. Alles fließt durch mich durch und unmittelbar weiter in die Gruppe und in die Welt. Manchmal habe ich das Gefühl, als würde das Auge mich einsaugen und ich in ihm aufgehen. Im nächsten Moment bin ich ihm wieder gegenüber.

*

17:52 Uhr – Ich schaue, im Bett liegend, nach wie vor in das Auge Gottes und lasse seine Strahlung in mir wirken. Ich stehe auf und jeder Schritt, den ich tue, ist Meditation. Während ich gehe, habe ich das Umfeld im Blick, den Vorgang des Gehens und den ganzen Körper – gleichzeitig halte ich Kontakt mit dem Gottesauge über mir. Alles nehme ich zugleich wahr. Ich habe seit Stunden keinen Glockenschlag mehr gehört. Meinem Gefühl nach müsste es mindestens 6:00 Uhr sein.

18:00 Uhr – Die Kirchenuhr hat gerade geschlagen. Ich freue mich, dass mein Zeitgefühl stimmt.

*

Die Mücke hebt ihren Kopf und schaut mich, von der Seite blinzelnd, wissend an. Als hätte sie das alles schon gewusst. *Kann eine Mücke weise sein?* Sie legt, selig lächelnd, ihren Kopf halb seitlich auf ihre beiden zartgliedrigen Vorderfüßchen. Die Mücke sieht bemerkenswert schön aus. Wenn sie in einem Zeichentrickfilm erschiene, würde sie von Millionen Kindern und Erwachsenen sofort geliebt. Sie hat ein liebevolles Gesicht und so eine warme Ausstrahlung. Es scheint, als würde sie denken: *Jetzt hast du es endlich verstanden!* (Lacht.) Ich glaube sie hat meine Frage gehört, denn sie aalt sich in meiner Idee, sie sei weise. Ich mag Mücken eher nicht, da sie mich immer stechen. *„Ich mag nicht gestochen werden von deiner Gattung, Frau Mücke"*, sage ich direkt zu ihr. Sie hört galant an meinen Worten vorbei.

Draußen heult eine Sirene. Das Auge Gottes bleibt von dem Lärm unberührt. Es schaut. Es ist. Ewige Weisheit, ewige Stille – unberührt vom Geschehen auf den irdenen Ebenen. Das Auge ewigen Wissens.

*

20:23 Uhr – Die Gruppenteilnehmer erscheinen nacheinander vor mir. Ganz mit dem Auge der Weisheit, Güte und Liebe verbunden, schaue ich jeden Einzelnen an – auch meine Eltern zeigen sich mir, mein Bruder und meine Kinder. Während sie alle an mir vorüberziehen, spüre ich deutlich die Unterschiede zwischen ihnen. Jeder Mensch hat seine eigene Signatur; jeder ist fühlbar anders. Mein Herz ist voller Dankbarkeit jedem gegenüber. Diesen Dank spreche ich jedem und jeder aus.

Ich höre eine Mücke im Hintergrund summen und weiß nicht, ob mir meine Sinne einen Streich spielen oder ob wirklich eine Mücke im Zimmer ist.

26. Tag

4:25 Uhr – Ich bin schon lange wach. Ich sitze, scanne meinen Körper und verweile liebevoll zugewandt an einigen verspannten Stellen. Mentale Stille. Die dritte Blüte hat sich bis auf ein kleines Löchlein in der Mitte geschlossen. Mein Radar scannt weit über mir die Gottes-Informationsebene, in der es keine Strukturen mehr gibt.

Sehr helles, klares Licht strömt herein und erinnert mich an einen breiten Wasserfall. Ich spüre meine Erdung und das Licht, das von oben durch mich hindurch und weiter bis in die Erde fließt. Das ist mein Reichtum, meine Wahrheit.

Die Vögel beginnen zu zwitschern. Ihre Stimmen sind so schön, so klar. Voller Lebenslust begrüßen sie den beginnenden Tag und trällern ihr Lied in die morgendliche Stille.

Ich gehe zur Klause und atme die reine, frische Luft. Meine Augen streifen über den morgendlichen Nebel, der die Berge und Täler verhüllt. Der Himmel ist so klar. Ich spüre die Kraft des steinigen Felsens, auf dem ich sitze. Der Innenraum der Klause im Hintergrund bietet Schutz vor Kälte, Nässe oder zu viel Sonne. Großer, tiefer Frieden liegt in der Ruhe. Stille ... Erhabenheit. Das Glück liegt im Frieden.

Andacht im Tempel

Wieder im Tempel, stelle ich im Zentrum des Kreises der 57 Teilnehmer eine große, mit Gottessymbolen verzierte Kerze auf, die metaphorisch für die Schöpferkraft steht. Das Kerzenlicht erhellt den Tempelraum und hebt die Gesichter der Einzelnen in den Vordergrund. Ich reihe mich in den sich sehr lebendig anfühlenden Menschenkreis ein, der feine Herzenswärme ausstrahlt.

Plötzlich halten wir alle jeder eine kleine Kerze in der Hand, deren Licht symbolisch für das Seelenlicht und die höheren Ebenen, die jeden Menschen im Innersten ausfüllen, steht. Ebenso stellt sie die kosmische Ordnung, Liebe, Frieden, Weisheit, Güte, Wahrheit, Klarheit auf der persönlichen Ebene und die innere Führung dar. Alle kleinen Kerzen sind Teil der großen Kerze in der Mitte. Wir alle sind Strahlen einer großen zentralen Sonne, die auch die Sonne unseres Sonnensystems nährt. Die Kerze im Zentrum strahlt den einen großen Frieden ... tiefe Stille aus. Ein Hauch des Ewigen, des Ursprungs, aus dem alles geboren wird, auch das Licht aller Kerzen.

Andachtsvolle Stimmung erfüllt den Tempelraum. Göttlicher Segen liegt wie goldener Feinstaub auf uns – auf der Erde, im Weltall, einfach in allem. Die friedvolle Stille ist erfüllt mit der lebendigen

Herzensenergie der Anwesenden. Dadurch, dass die Verstandesebene vollkommen ruhig ist, können die höheren Kräfte und die tiefere Wahrheit in uns zur Entfaltung kommen – die hohe Kraft des Herzens, der Liebe.

Alle in der Gruppe wissen das.

(Das Herz aller Menschen weiß das. Doch sind die nach außen gerichteten Sinne oft zu sehr mit äußeren Dingen abgelenkt, sodass sie den inneren starken Ruf der Seele nicht hören. Der feine Seelenklang wird vom Lärm der Außenwelt und vom Lärm der Gedanken überlagert.)

Es fühlt sich an wie ein Abschiedsritual, das sich gerade selbst gestaltet, ohne dass ich es geplant habe – und bei dem alle anwesend sind, ohne dass es abgesprochen ist. Alle werden gleichzeitig angeschaut von der Weisheit ihres Herzens, von dem Geist, der dieses Dunkelretreat durchzogen, geführt und entfaltet hat – angeschaut vom Auge Gottes.

Ich schaue das Auge der uralten Weisheit, gewahre diese unglaubliche Güte, Liebe und Wahrhaftigkeit. Der Atem Gottes ist der Hauch der Ewigkeit, das Universum ein- und ausatmend.

*

5:00 Uhr – Die Glocke schlägt – wie unwichtig im Atem Gottes, doch wichtig für das Alltagsleben. Die Kirchenglocke hat dieses Retreat begleitet und mich sowohl zugebimmelt als auch wieder und wieder an Gott erinnert. *Danke, liebe Glocke, du Vermittlerin zwischen den Welten. Du warst mir äußerliche Unterstützung für den inneren Prozess.* Ich glaube, in den ersten 14 Tagen habe ich sie immer läuten gehört, oft auch dann, wenn sie still war. In der zweiten Hälfte des Retreats war sie nicht mehr so bedeutsam für mich.

Ich sehe die Mücke. Sie liegt immer noch genüsslich da und entspannt sich wonnig. Sie genießt einfach diesen Herzensraum, blinzelt mit einem Auge und lächelt mir spitzbübisch zu. Diese Mücke scheint wissend zu sein. Ich streichle ihr sanft über die Flügel und ihren zartgliedrigen Kopf und Rücken, der sehr zerbrechlich wirkt. Wie schön sie ist, wie warm und herzlich sie strahlt – das begeistert mich am meisten. Der Verstand beäugt sie noch mit skeptischem Blick ...

Der Klang der Stille

Der große Krake schaut auf mich und ich auf ihn. Ich weiß mich mit ihm sehr verbunden. Seine Augen sind so weit voneinander entfernt, dass ich nur das linke sehe. Sobald ich mich etwas herauszoome, bekomme ich beide Augen in den Blick.

Während ich langsam in die Grotte hinuntersinke, weiß ich mich weiter mit dem Auge der Güte verbunden. In der Tiefe ist kein Licht mehr. Da ist einfach nur Bewusstsein, Information. Ein Speicher voller Weisheit, den wir anzapfen können. Ich spüre das überklare Hellhören. Obwohl alles still ist, tönt in der Stille ein liebliches Klingen. Es ist der Klang der Stille. Ich genieße den feinen Ton, der mir wie ein wundervolles Abschiedsgeschenk vorkommt. Es fühlt sich ganz uranfänglich und zeitlos an. Ich bin in der Zone, bevor das Licht entsteht. Gottes „Ursubstanz 1“ oder „Urtinktur 1“ – wie der erste Aufguss einer homöopathischen Verdünnung. Raumlose Dimension, dennoch ist schon etwas da, schon geboren. Davor das Ewige, Zeitlose.

*

Ich bin diese raumlose Fülle. Ich bin die Stille und ich bin der Klang der Stille. Ich bin dieser Hauch, der Atem Gottes. Ich bin die Note im universellen Klang. Ich bin Teil des Liedes, das Gott singt. Eine von unzähligen Noten, eine von unzähligen Möglichkeiten von unzähligen Kompositionen.

Ich bin das Schauen. Ich bin die Schauende. Ich bin das Geschaute. Als würde ich sein, was ich mit tausend Augen schaue. Ich bin der Himmel und das Wasser, der Wal-Hai-Delfin, der Riesenkrake, die Mücke und all die anderen Formen. Ich bin das Geschehen.

Ein Teil meines Verstandes hat sich weit zurückgezogen wie ein verschrecktes Kleinkind. Ich erkenne diesen Teil als verinnerlichte Botschaften, die bedeutungslos sind, wenn ich der tiefen Wahrheit in mir folge.

Größte Dankbarkeit erfüllt mich. Ich bin zu Tränen gerührt über die Enthüllungen, fühle mich tief genährt, erneuert, erholt, erinnert, bewusster, vollständiger.

Inzwischen hat sich die Größe des Kraken zur Gesamtfläche des Universums ausgedehnt. Es gibt jetzt keinen Kraken mehr. Es gibt nur noch dieses Auge, das ich bin und das auf mich schaut. Der Schauende, das Geschaute und der Vorgang des Schauens sind eins. Oder: Der Erkennende, das Erkennen und das Erkannte sind eins. Das formulierten schon andere vor mir. Es selbst zu erfahren, ist sehr wertvoll für mich.

Die kleine Seele

Die Mücke rekelt sich auffällig, als ob sie zum Ausdruck bringen möchte, wie sehr das, was sie hört, stimmt und ihr gefällt. *„Du bist unglaublich, Mücke!“* Ich schaue sie sehr lange an. Irgendetwas hat sich verändert. *„Du siehst gar nicht mehr aus wie eine Mücke, sondern eher wie ein kleines Wesen“*, stelle ich erstaunt fest. *„Wie eine kleine Fee oder ein kleiner Engel.“* Auf jeden Fall wirkt sie auf mich wie ein kleines Lichtwesen. Schwer zu beschreiben, wie sie aussieht. Jetzt habe ich es: Wie ein Seelenkind aus weißlichem Licht, in einem weiß flimmernden Kleid und mit gold-schimmernden Lichthaaren. Sie hat feinste, zarteste Haut – und ist so kraftvoll. Meine Hand wirkt riesig gegen sie. Sie ist so klein und strahlt doch so hell. Wow! Ich nenne sie die kleine Seele. Sie wirkt, als ob sie schläft, doch ich spüre, dass sie mich hört. Ihr gefällt, was ich ihr zuflüstere: *„Ich bin beeindruckt von deiner Reinheit, Zartheit, Schönheit, Anmut, Grazilität und Wahrhaftigkeit. Ich fühle mich dir im Herzen sehr verbunden, kleine Seele. Du bist auch ich.“* Ich kann meinen Blick nicht von ihr abwenden, so bezaubernd ist sie.

5:43 Uhr – So viele Schätze: die kleine Seele, das Auge der uralten Weisheit, der unglaublichen Güte und Liebe. Ich bin so reich beschenkt, dass es Zeit brauchen wird, alles zu verarbeiten. Plötzlich fühle ich mich, als ob es zu viel des Guten ist, sodass ich diese Schätze kaum annehmen kann. Doch wie kann ich sie ausschlagen, da ich all diese Schätze bin? Ich brauche nur zu meiner Wahrheit zu stehen, statt sie zu verleugnen und mich kleinzumachen. Ich lausche der Stimme, die meint, ich sei dumm, vermessen, eingebildet, hochnäsig, überkandidelt und blauäugig. Ich kenne diese Stimme; sie gehört zu Menschen, die zwar von den Tugenden gehört haben, diese jedoch weder in sich fühlen noch in ihrem Handeln zum Ausdruck bringen. *Ich bin diese menschlichen Kostbarkeiten – das, was uns menschlich macht.* Ich kann und will es nicht mehr verdrängen, sondern mich im Seelengarten verwurzeln.

Genau in diesem Augenblick öffnet die kleine Seele ihre Augen. Wow! Sie schaut mich mit großen, leuchtenden Augen an: *„Ja, so ist es. Steh zu dir, sonst verleugnest du mich als Wahrheit“*, sagt sie. *„Nein! Ich möchte dich nicht verleugnen, du wundervolles Wesen.“* Diese wertvollen Qualitäten kann und will ich nicht ablehnen. Ich möchte sie leben, zur Entfaltung bringen. Ich bin das ja schon, auch wenn sich das noch nicht durch mich ausdrückt. Handle ich in diesem Bewusstsein und aus meinem Herzen heraus, fließen die Tugenden natürlicherweise in mein Tun – egal, ob ich Brot backe, Toiletten putze, Seminare leite oder Dunkelretreats begleite. Es geht weniger darum, was ich tue, als darum, in welchem Bewusstsein ich es tue.

Die kleine Seele lächelt weise. Sie war die Mücke! Und ich habe sie nicht erkannt. Sie war die ganze Zeit die Seele, aber ich habe sie als Mücke gesehen und ihre Gattung als störend beurteilt. Oh mein Gott, wie verstellt war mein Blick! *„Ein Großer Dank geht an dich, du kleine große Seele. Du bist ein Kind der Lichtfrau."* Die Lichtfrau ist mir im Moment so nah, dass ich erneut ihre charismatischen Lichtemanationen sehen und fühlen kann. Ich selbst bin die kleine Seele und darf zu der großen Lichtfrau heranwachsen.

Ich fühle mich den Menschen sehr verbunden. Es ist, als würde ich auf alle Menschen dieser Welt schauen. Ich bin ein Teil davon und zugleich Seele. Das Leben aller Menschen ist genau stimmig für sie. Frei von Urteilen – besser, schlechter, höher, weiter, schneller – alles unwichtig.

Das Ei ist ausgebrütet

Die Seeledimension ist einfach fantastisch. Die unglaublich starke Strahlkraft der kleinen Seele bildet einen großen Lichtschein um sie herum. *„So viel Power hast du!"*, flüstere ich ihr zu. *„Du bist ein außergewöhnliches Seelenkind. Ich werde lernen, den Kontakt zu dir zu halten, so, wie ich es bei meinem inneren Kind auch gelernt habe."*

Langsam sickert die nächste Erkenntnis in mein Bewusstsein: *Die kleine Seele war in dem goldenen Ei; sie wollte ausgebrütet werden!* Ich bin sehr ergriffen.

Gottes Auge der Weisheit und großen Güte schaut, als wäre es erleichtert, dass mir das endlich bewusst wird. *„Danke, Auge des uralten Wissens. Du bist ein großer Lehrer für mich. Und ich übernehme Verantwortung für meinen Teil und entfalte die Seelenqualitäten in mir, damit sie in die physische Welt kommen."*

Gottes Auge lächelt gütig. Ich weiß, dass ich seine Botschaft verstanden habe und das weise Auge weiß es auch. Ich wünschte, ich könnte es auch außerhalb des Dunkelraumes immer sehen und fühlen. Und ich weiß, es ist an mir, mich immer wieder auf die Qualitäten, die dieses Auge ausstrahlt, einzustimmen.

Ein zustimmender Wimpernschlag des Auges. Ich spüre die Beziehung zum Auge, zur Lichtfrau, zu meinem göttlichen Seelenkern.

Ein wahrhaft heiliger Moment.

Abschlussgespräch mit Gertrud

9:26 Uhr – Ich begrüße Gertrud gleich zu Beginn mit der Information, dass der letzte Tag fast so erfüllend war wie alle 25 Tage vorher zusammen. Die Reise habe sich auf eine vertiefende, erfahrungs- und erkenntnisreiche Weise fortgeführt. Von der Rettung der Meerestiere über den riesigen Kraken und das Gottesauge bis hin zum Seelenkind.

S: *Dieses weise Gottesauge, das die Funktion von tausend Augen hat und alles schauen kann, bin auch ich.*

G: *Es wird auch als das allsehende Auge bezeichnet. Du bist es. Es ist in dir und du bist in ihm. Das ist eine große Einheitserfahrung.*

Das Seelenkind kommt aus der Anderswelt. Ein weibliches Lichtwesen.

S: *Ich weiß, dass es ein Ausdruck meines Herzens ist; die Mücke sonnte sich ja immer vor dem Herzraum. Auch befindet sich das Seelenkind auf einer anderen Ebene als das innere Kind.*

G: *Kein Wunder, das Herz steht ja mit den nicht sichtbaren, geistigen Welten der Natur und ihren Helfern in Verbindung: Feen, Elfen, Nymphen, Gnome, Lichtwesen.*

S: *Und jetzt geht es darum, die Seelenqualitäten weiter zu entfalten, zu verkörpern und in die Welt zu bringen.*

G: Über *deine Intelligenz, über deine Fähigkeiten, über dein Herz. Alles, was zu dir gehört, auch deine Persönlichkeitsanteile, wird sich noch weiter in die Welt ergießen.*

S: *Und das goldene Ei, das ausgebrütet werden wollte, ist mein Seelenkind. Auf der Seelenebene ist es ein ganz normales Kind aus Licht. Von der menschlichen Ebene geschaut, ist es nicht größer als eine ausgestreckte Mücke.*

G: *Und es ist auch Ausdruck von großer weiblicher Naturintelligenz, die mit Leichtigkeit, Zärtlichkeit, Heiterkeit, Verspieltheit und Freude da ist und alles Materielle am Leben hält und mit Licht versorgt. Also eine ganz große weibliche Qualität der Fürsorge.*

S: *Ich sehe gerade die Harfe vor mir; gestern war ich noch einmal diese eine Note im Gesang des Universums.*

G: *Ein großartiges Bild! Und die Riesentiere, wie dieser Krake, sind ebenfalls Urbilder des Weiblichen und vor allem Symbole des verdrängten Weiblichen, das als etwas Böses abgespalten wurde.*

S: *Ich denke an Archetypen.*

G: *Ja, dass du sie befreist, ist etwas ganz Grandioses. Ich sehe eine übermenschliche Kraft und Intelligenz in dir, um diese Rettung zu vollziehen. Du bekommst diese Kraft für das Kollektiv, aber auch für dich selbst. Damit du in das uranfängliche Sein der großen Mutter eintrittst und die Weisheit der Erde über das Gottesauge erfährst.*

S: *Und diese Güte ist unglaublich! In das Auge der zeitlosen Weisheit zu schauen, ist unbeschreiblich schön.*

G: *Diese Weisheit und Güte will durch dich wirken, damit du ihre Qualität in dein Leben hineinträgst. Das ist dein Dich-Ausbrüten. Du brütest dich auf der persönlichen Ebene aus, und du brütest auch die Intelligenz des weiblichen Wissens aus, würde ich sagen. Das spiegelt sich auch im Auge des Kraken.*

S: *In der Grotte hatte ich das Gefühl: Ich bin der Anfang. Das Schwarze ist der Anfang und aus mir gebiert sich das Licht. Aber ich bin nicht ganz der Anfang, sondern die erste homöopathische Verdünnung.*

G: *Auch wieder eine Einheitserfahrung.*

S: *Das war ein Nonstop-Prozess innerhalb der letzten 24 Stunden. Es vollendet sich.*

G: *Ja, es vollendet sich. Himmel und Erde sind dir in den verschiedensten Varianten begegnet. Und du hast diese Erfahrung gemacht auf der persönlichen Ebene – deine Themen mit Mutter und Vater bereinigt. Dann bist du immer mehr hineingeführt worden in das Transpersonale oder Kosmische, die kosmische Mutter, der kosmische Vater, und hast Heilungen erfahren. Bist aufgenommen worden in Güte und Liebe. Wissen wurde dir vermittelt – in Formen, durch Tiere oder Bilder. Das Weibliche drückte sich sehr stark durch die Grotte und die Urtiere im Meer aus. Und das Himmlische, das Väterliche, ist dir als Licht und als Schutz begegnet.*

S: *Das Auge am Himmel empfand ich als väterlich gütig schauend. Obwohl die Weisheit kein Geschlecht hat.*

G: *Interessant. Ich glaube, diese Unterscheidung ist ganz wichtig. Die väterliche Qualität ist: „Ich sehe dich, nehme dich wahr und gebe dir mein Licht mit auf deinen Lebensweg. Ich sehe deine Potenziale, sehe, was in dir steckt."*

Schauen auf die Essenz

S: *Genau. Nach und nach wurden solche Details klarer, bewusster, so, wie ich das Seelenkind erst lange nicht erkennen konnte, sondern stattdessen die Mücke sah.*

G: *Dann hat sich die Mücke verwandelt?*

S: *So in etwa, oder mein Blick war vorher noch so verstellt, dass ich das Seelenkind einfach nicht erkennen konnte.*

G: *Oder dein Blick wurde immer klarer, sodass du immer besser sehen konntest, was es wirklich ist.*

S: *Ja. Zu Beginn fiel mir auf, wie süß die Mücke ist. Sie hatte etwas Menschliches, fast schon Übermenschliches. Später fragte ich mich, ob sie weise sei. Nun verstehe ich: sie wirkte weise, weil das Seelenwesen schon durchschimmerte. Ich hatte zwar eine Ahnung, aber ich habe es nicht gleich erkannt.*

G: *Jetzt schaust du auf die Essenz. Die Essenz war die ganze Zeit schon da, nur in einer Verkleidung. Und deine Ahnung kam aus dem unterschwelligen Gefühl. Unbewusst fühltest du es schon, aber erst später konntest du es auch wirklich erkennen und sehen.*

S: *Ich war ungewöhnlich fasziniert von dieser Mücke. Das musste mit der Ahnung zusammenhängen. Das Liebliche und Friedliche zog mich magisch an; sie wiederum wurde von der Ausstrahlung meines Herzens angezogen.*

Zusammenfassung

G: (Lacht leise:) *Und jetzt ist dein Seelenkind ausgebrütet und in dir lebendig geworden. Wie geht es dir damit?*

S: (Berührt:) *Ein schöner Abschluss. Das Ganze war ein höchst lebendiger Erfahrungsfluss, der sich pausenlos fortgesetzt und wo eins zum anderen geführt hat. Immer gegenwärtig, von Moment zu Moment.*

Ich versuche mal eine kurze Zusammenfassung: Am Anfang konnte ich erkennen, was mich ins Leben gezogen hat. Dann hatte ich die Erkenntnis, dass nicht Gott etwas für mich tun muss, sondern dass die Verantwortung für meine Heilung und Wandlung bei mir liegt. Um mich innerlich zu öffnen, musste ich meine Todesangst überwinden – und dazu bekam ich viele Möglichkeiten geschenkt.

G: *Nachdem du dich – dieses Ich – gewandelt hast, wurde die Öffnung für das Größere möglich.*

S: *Genau. Ich erfuhr die Gnade, in eine Beziehung mit dem Licht, in einen tiefen Kontakt mit höheren Bewusstseinsebenen zu kommen, Güte und Weisheit zu fühlen. Das war insgesamt eine sehr berührende und von weiblicher Energie getragene Reise, in der ich die Akteurin war.*

G: *Das habe ich auch so gespürt.*

Feedback von Gertrud

Gertrud gibt mir auf meine Nachfrage hin Feedback zum gesamten Prozess.

G: *Zunächst: Ich habe dich frisch und lebendig erlebt. Bei der Befreiungsaktion der Tiere zum Beispiel. Dein Turboscooter war wie eine Botschaft: „Ich habe alles dabei, bin ausgestattet, munter, neugierig, erfahren, die Reise kann losgehen!" Und ich habe dich gespürt als eine Frau – anfangs mehr als Abenteurerin –, die wirklich unglaublich bereit ist, aus dem Innersten heraus Gott zu begegnen. Auch fand ich es sehr mutig, so tief in die Dunkelheit hineinzutauchen und dich der Todesangst zu stellen.*

Ich erlebte dich sehr aufrichtig und war oft erstaunt, dass du immer wieder über viele eigene Werkzeuge verfügst, deine Ängste zu wandeln. Du hast dich nicht von mir abhängig gemacht. Ein paar Ideen und Hinweise meinerseits haben gereicht. Du selbst hast geforscht und praktiziert. Du bist immer wieder zu einer Lösung gekommen, hast immer wieder die nächste Ebene erreicht.

Ich habe gespürt, dass dir die Bilder, um die du mich täglich gebeten hast, sehr viel gegeben haben. Sie waren Seelennahrung, Herzensnahrung für dich. Einerseits konntest du dich da tief hinein entspannen und andererseits ist daraus oft auch wieder ein Nächstes im Prozess entstanden.

Ich spürte immer deine große Bereitschaft, auch mit allem Schwierigen – ob körperlicher Schmerz, tiefe emotionale Prozesse oder komplexe Dynamiken – in Verbindung zu gehen. Zu keinem Zeitpunkt hast du aufgegeben. Du hast nie gesagt: „Los, jetzt mach du mal, ich komm nicht weiter." Du hast dich selbst gekümmert, aber dir auch helfen lassen. Sehr beeindruckend.

Auf der persönlichen Ebene hast du nochmals viele Elterngeschichten angeschaut und bist damit in Versöhnung gekommen. Und dann öffneten sich tiefste Schichten. Gleichzeitig, bei der Transzendierung vom Persönlichen ins Transpersonale oder ins Kosmische übergehend, hast du immer die Erdung behalten, warst du immer wirklich hier und präsent. Ich habe nicht erlebt, dass du abdriftest.

Sehr berührend für mich war diese Urmutterkraft – die Höhle, das Meer – und wie du dem begegnet bist. Auffällig war, dass du stets sehr großen Schutz und viele Helfer hattest. Du warst bereit, mit Offenheit, Achtung und großer Wertschätzung diesen Kräften zu begegnen.

Alles in allem spüre ich, dass du ein sehr reines Herz hast und nicht gierig bist oder irgendeine esoterische Geschichte aus dem Ego heraus machen möchtest. Sondern du gibst dich wirklich ausdauernd rein, neugierig und offen das Unbekannte zu erforschen. Und aus dieser Motivation heraus und im Vollzug deiner geistig-seelischen Geburt oder der Geburt dieses besonderen Lichtwesens hast du große Initiation erfahren.

Was mich sehr berührt hat, war die Tiefe in dem Meer und die Begegnung mit den Meerestieren; auch dieses große Wissen der Erdmutter in den Höhlen und die große Stille, die dann kam. Ebenso das allsehende Auge und zum Schluss die Einheit von allem. Und diese Erfahrung hast du mit ganz viel Liebe, Achtsamkeit und Kraft genommen. So habe ich dich erlebt.

(Lange Pause.)

S: *Ich fühle mich sehr gesehen von dir, vielen Dank! Deine Bilder waren übrigens eine Brücke für mich, eine Bestätigung und eine Vertiefung meiner eigenen Wahrnehmung. Anfangs habe ich mich auf deine Bilder eingelassen und dann entwickelten sich daraus meine eigenen Bilder und Erfahrungswelten.*

G: *Ja, ein Geben und Nehmen war das – und eine ganz tiefe, spannende Reise auch für mich. Dafür danke ich dir sehr herzlich. Du bist auch die Erste, die ich knappe vier Wochen – und mit so einer Leichtigkeit, wie du das gemacht hast – begleitet habe.*

Ich bedanke mich bei Gertrud für das ganze Setting: ihr Für-mich-Dasein, das Haus, die Mixergeräusche, die Suppen, das Knarren der Treppe, wenn sie zu mir kam, und all die anderen Geräusche, die ich in der Stille vernahm.

S: *Keines der Außengeräusche hat meinen inneren Prozess gestört. Das zu beobachten, war sehr spannend.*

G: *Es ist alles gleichzeitig, wie in deiner inneren Welt: deine Welt hier* (auf der Erde)*, parallel zu all den anderen Welten, die da existieren und lebendig sind.*

S: *Ach, und nicht zu vergessen die Kirchenuhr! Das Ertönen der Glocke wird für mich immer die Erinnerung an Gott bleiben.*

G: *Es wird dich bestimmt nicht wundern: Die Glocke steht auch für ...*

S: *... lass mich raten: für das Weibliche.*

(Beide lachen.)

G: *Genau und auch für das Aufwachen natürlich. In Gott erwachen.*

Wieder im Licht

Wir beenden unser Gespräch. Der Augenblick ist gekommen, meine mir tief vertraut gewordene Bruthöhle zu verlassen. Ich bin sehr neugierig und freue mich auf „draußen". Meine Augenmaske lasse ich im Zimmer und nehme mir vor, dieses Mal die Augen langsam zu öffnen, da mir die höchst schmerzhafte Erfahrung aus meinem zweiten Dunkelretreat noch in intensiver Erinnerung ist. Ich laufe mit geschlossenen Augen hinter Gertrud her aus dem Dunkelraum.

Gertrud schlägt die Vorhänge zurück, tritt durch die Öffnung und bleibt davor stehen. Das Licht trifft wie ein plötzlicher starker Regenguss auf meinen Energiekörper und auf meinen physischen Körper. Der Energiekörper vibriert unmittelbar, checkt mit seiner Intelligenz aktiv die neue Situation und richtet sich in Sekundenschnelle neu aus, um die von außen eintreffende Lichtinformation zu verarbeiten. Der physische Körper antwortet auf die veränderte Information aus dem Energiefeld schlagartig mit einem Schauer, der mich von Kopf bis Fuß durchläuft und eine Gänsehaut auf meine Arme zaubert. Ich halte inne und fühle dem Geschehen nach. Es ist, als würde ich eine neue Welt betreten. (Wie mag es Babys in dem Moment gehen, wenn sie nach neun [!] Monaten Dunkelheit im Mutterleib das Licht der Welt erblicken?)

Ich blinzle ein klitzekleines bisschen und schaue, warum Gertrud nicht weiterläuft. Sie steht rechts schräg vor mir und strahlt mich mit ihren blauen Augen an. *„Willkommen in der Welt!"* Spontan umarme ich sie. Dieser sehr spezielle Moment wird von der Erkenntnis ergänzt, dass ich entgegen meiner Erwartung keinerlei Schmerzen in den Augen spüre. Immer wieder berühre ich meine Augen, öffne und schließe sie, um verblüfft zu realisieren, dass das erwartete schmerzhafte Ereignis nicht eintritt.

Gertrud gibt mir Zeit, mich an das Tageslicht zu gewöhnen. Langsam gehen wir die vertraut knarrende Treppe hinunter in den Garten, der in der Sonne in verschiedenen Farben prachtvoll strahlt. Das Glitzern der Gehwegsteine und das Schillern der Pflanzen, der strahlend blaue Himmel und die anderen intensiv leuchtenden Farben rings um mich her, das Tschilpen und Flattern der Vögel. Ich nehme so viele Stimmungen, Bewegungen und Eindrücke wahr, dass mein Verstand, der die veränderte Situation erkennt und die Chance wittert, die Welt endlich wieder verstehen zu können, sie kaum alle auf einmal erfassen kann. Ich schmunzele verständnisvoll; er kommt mir in diesem Moment sehr klein vor. Gertrud geht in die Küche, um uns Tee zuzubereiten. Ich setze mich, vom Licht geflasht und etwas wacklig in den Beinen, unter einen Baum und genieße die ersten Eindrücke im Licht.

Wir setzen uns an einen Tisch in ihrem Garten und kommen unter anderem auf die vielen Attentate in der Welt zu sprechen, die in der Zwischenzeit geschehen sind und die mich jetzt hart mit der Andersartigkeit der Außenwelt konfrontieren. (Auch in der Folgezeit: Noch am selben Abend werden bei einem Anschlag in München mehrere Menschen erschossen und fast jeden Tag gibt es eine weitere Schreckensmeldung.) Mein Energiesystem und der Körper reagieren äußerst empfindlich auf die Informationen; ich bekomme jede innere Bewegung mit. Der tiefe, stille Frieden der letzten Tage hilft mir, alles zu fühlen und so gut es geht zu verarbeiten, ohne mich gleich wieder komplett zu verschließen.

Bald danach fahren wir gemeinsam zu einem alten Ritualplatz in einem nahe gelegenen Wald. Ich laufe sehr bewusst auf dem weich federnden Boden und genieße die besondere Energie dieses Ortes. Jeder Schritt ist ein Genuss, der mich wieder tiefer in den Körper und in die Erdung bringt. Ich fühle mich zutiefst glücklich. Gertrud erzählt mir von der Geschichte des Kraftplatzes, zeigt mir den Opferberg und die Steinsetzungen. Die hohen, weit ausladenden Bäume halten die Sonnenhitze ab, sodass es angenehm kühl ist. Wir kommen zum Highlight des Platzes: drei große, eng stehende, alte Buchen. Ich trete sanft in ihr

Energiefeld ein, mache es mir auf einer ihrer großen, knorrigen Wurzeln für eine Weile gemütlich und lausche ihrem Flüstern. Alles um mich herum wirkt saftig-lebendig, einfach wunderschön! Ich bin Gertrud zutiefst dankbar für ihre Idee und genieße diesen bezaubernden Augenblick am Ende meines Dunkelretreats.

Wieder zurück von unserem Ausflug, packe ich meine Sachen und nehme Abschied von meinem Dunkelnest, von Gertrud, von ihrem Garten, von der Krähe gegenüber. Ich fahre in eine nahe gelegene Pension, wo ich den verbleibenden Tag und die Nacht verbringe, um mich weiter an die Alltagswelt zu gewöhnen.

Am nächsten Morgen steige ich nach einem leckeren Frühstück mit sonnigem Gemüt in mein Auto. Ich fahre sehr langsam heimwärts, labe mich an der Schönheit der Felder und Wälder links und rechts der Straße, koste das Flair der Dörfer, die ich durchfahre. Ich fühle mich wie eine Mutter mit ihrem Neugeborenen und behüte, was ich ausgebrütet habe, warm in meinem Herzen. Obwohl nur 26 Erdentage in der Zwischenzeit vergangen sind, liegen Welten zwischen dem Befinden der angereisten Saskia und meinem jetzigen Zustand. Etwas in mir ist grundlegend anders, ohne es genauer beschreiben zu können. In der nächsten Zeit, so fühle ich, wird es darum gehen, all die ausgebrüteten Schätze nachhaltig zu integrieren, sodass sie durch mein Denken und Handeln natürlich und kraftvoll – gleich dem Strom der Weisheitswellen aus dem Gottesauge – in die Welt fließen.

Zwei Wochen später

Rückblickend war das Dunkelretreat ein kraftvoller Prozess, in welchem ich allerhand „ausgebrütet“ habe. Der Übergang von der langen Dunkelzeit ins Tageslicht vollzog sich so außerordentlich sanft, dass es mich noch immer täglich berührt. Auch vollkommen frei von körperlich schmerzhaften Empfindungen, wie ich sie von den beiden vorherigen Dunkelretreats her kenne.

Der Dunkelprozess wirkt intensiv nach, trägt mich, verändert mich, heilt mich fühlbar auf mehreren Ebenen, ohne dass ich diesen Vorgang genauer beschreiben könnte. Ich bin nach wie vor ausgerichtet auf das Form- und Namenlose und fühle mich, als wäre ich noch im Retreat. Im Hintergrund spüre ich den tiefen Frieden, während im Vordergrund das Tagesgeschehen einen Teil meiner Aufmerksamkeit beansprucht. Wenn ich mit anderen Menschen spreche oder durch die belebte, laute Stadt laufe, nehme ich parallel dazu die heilige Stille wahr. Es ist, als wäre ich zur selben Zeit in zwei verschiedenen Welten. Auch wenn das meinen „normalen" Alltag etwas surreal erscheinen lässt, genieße ich diesen Parallelzustand.

Ich spüre große Dankbarkeit für die selbstverständlich erscheinenden Alltagsdinge. Welch ein Segen, ein Dach über dem Kopf, fließendes Trinkwasser, Kleidung und gesundes Essen zur Verfügung zu haben. Mein Essen bereite ich ganz einfach zu, ohne Gewürze, und genieße den natürlichen Geschmack der verschiedenen Gemüsesorten. So köstlich!

Körperlich fühle ich mich stabil, gesund und gut gereinigt. Ich schlafe weniger als zuvor und bin am Tage dennoch fit. Meine Tai-Chi-Praxis hat sich spürbar vertieft. Die Bäume erscheinen mir lebendiger, alle Farben leuchtender. Alles lebt, auch der metallische Gartenzaun, auf dem der Eichelhäher immer mal wieder ein Päuschen macht. Ich fühle mich mit meinen Nachbarn und meinem Umfeld verbunden. Der Gesang der Vögel ist so rein, dass ich innehalte und lausche, sobald eines ihrer Lieder erklingt. Oft sitze ich einfach nur da und genieße diese wundervolle Welt und das bloße Dasein.

Ich habe mit dem Transkribieren der Diktate begonnen und bin voller Zuversicht, bis zum Jahresende damit fertig zu sein. Diese Aufgabe empfinde ich nicht als Arbeit, denn der Schreibprozess wird von Freude und Gelassenheit begleitet. Die damit verbundenen Erinnerungen und Gefühle ploppen so lebendig auf, als würde ich alles gerade erst erleben. Auch das führt dazu, dass sich mein Retreat gefühlt verlängert und weiter vertieft, ohne dass ich noch im Retreat bin.

Die von den Gruppenteilnehmern eintreffenden Rückmeldungen über ihre Erfahrungen berühren mich tief im Herzen. Es ist wirklich erstaunlich, was sie alles in den vier Wochen erlebt haben. Viele schreiben, der innere Prozess, der während meines DunkelRetreats begonnen habe, setze sich fort – so ist es auch bei mir. Ich fühle mich bestätigt in meiner Annahme, dass auf diese Weise innere Themen in Richtung Veränderung und Heilung bewegt werden können.

Abschluss des Bewusstseinsexperimentes

Die Teilnehmer des Experimentes „Transformationskraft Dunkelretreat" sind für mich wie ein wertvoller Schatz, denn wann immer ich mich auf sie einstimmte in meiner Dunkelzeit, fühlte ich große Verbundenheit mit der Gruppe und teils sehr große Nähe zu Einzelnen. Ich spürte ihre kollektive Ausrichtung, auch wenn jeder mit persönlichen Themen unterschiedlich stark beschäftigt war. Ich erhielt auch „faktische" Eindrücke und Informationen, bspw. zu der jeweiligen Anzahl der Teilnehmer in bestimmten Momenten/Zeiten oder zur Intensität ihrer Präsenz usw.

Sehr faszinierend war für mich die Erfahrung, dass Menschen feinstofflich unterscheidbar sind – jeder fühlte sich anders an und hatte eine wiedererkennbare energetische Signatur. Ich spürte die einzelnen Teilnehmer, bekannt wie unbekannt, in unterschiedlicher Präsenz. (Es können jedoch keine abschließenden Schlussfolgerungen auf deren wirkliche

Gegenwärtigkeit zu dem jeweiligen Zeitpunkt gezogen werden.) Etwa drei, mal auch vier Teilnehmer habe ich in der überwiegenden Zeit des Retreats sehr wach und präsent wahrgenommen.

In manchen Meditationen habe ich die Gruppe und mich so gefühlt, als wären wir ein Gruppenwesen. Ich fühlte auch nicht nur uns, die Gruppe, sondern alle Menschen in Deutschland, in anderen Ländern, Kontinenten, schließlich des gesamten Planeten eingebettet in eine mütterlich-nährende Energie. Es floss unglaublich viel göttlicher Segen, Frieden, bedingungslose Liebe, Güte, Dankbarkeit und Weisheit in dieses große Feld. Etwas, das meinem Empfinden nach sehr heilsam war.

*

Von den 57 Gruppenmitgliedern erhielt ich 33 Rückmeldungen zu ihren persönlichen Erfahrungen während des Experimentes; 25 von ihnen stimmten einer Veröffentlichung unter Nennung ihres Namens oder anonym zu. Ich habe einige repräsentative Auszüge daraus im Anschlusskapitel zusammengestellt, um einen allgemeinen Eindruck zu geben.

Zahlenmäßig am stärksten fühlte ich die Gruppe zu Beginn des Retreats. In der Mittelphase fühlte sich die Gruppe eher „dünn“ an, als wäre noch ca. ein Drittel der Teilnehmer dabei. Am Abend des 16.07.2016 hatte ich das Gefühl, dass nur noch zwei, drei Leute mit ihrem Anliegen verbunden waren. Gegen Ende des Retreats, insbesondere in den letzten drei bis vier Tagen, fühlte ich wieder mehr Wachheit und Lebendigkeit in der Gruppe, als würde das Anliegen bei den Teilnehmern wieder mehr ins Bewusstsein gerückt sein. Die gefühlte Mitgliederzahl nahm wieder zu, was für mich, weil so klar spürbar, sehr spannend war. Die Teilnehmerfeedbacks bestätigten meines Erachtens diesen Eindruck.

Bei einigen Teilnehmern hatte ich das Gefühl, als würden sie ihr Vorhaben aufgrund des Alltagsgeschehens ganz oder auch zeitweise vergessen haben – was einzelne Rückmeldungen bestätigten. Mein Eindruck insgesamt war jedoch, dass viele der Teilnehmer in einem intensiven Prozess waren, was manche Rückmeldungen ebenfalls aufzeigten.

Während der Dunkelzeit war die Gruppe mal mehr und mal weniger intensiv in meinem Bewusstsein, je nachdem, wie mein Prozess sich gestaltete. Mit verschiedenen mir bekannten Teilnehmern hatte ich einen intensiveren Blickkontakt und manchmal auch ein telepathisches Gespräch, das jedoch nicht angekommen zu sein schien, da keine der Rückmeldungen die Information enthielt, dass jemand den Eindruck gehabt hätte, mit mir im telepathischen Kontakt gewesen zu sein.

Feedbacks (ausgewählte Original-Auszüge)

„Ich kann meine Erfahrungen in der Zeit deines Retreats nicht so gut formulieren. Ich war einfach oft in dem Bereich, wo es kein Ich, kein Du und kein Wir mehr gab – im Nichts und doch ist dort alles. Ich fand es sehr schön zu wissen, dass es da nun überall Menschen gibt und dich als zentraler Punkt des Retreats."

*

„Ich habe mich in meinen eigenen kontinuierlichen Prozessen, was Bewusstwerdung und Meditation wie auch schamanische Reisen betrifft, ein wenig wie mit einem Turbo gefühlt. Das würde ich mal auf die Verbindung zu der geformten Gemeinschaftsgestalt zurückführen."

*

„Während der ersten Hälfte der Zeit habe ich ganz neue, nie zuvor erlebte Erfahrungen gemacht. Ich meditierte täglich ein-, zweimal – allein

diese Tatsache war schon neu! Jeden Tag beschäftigte ich mich sehr intensiv damit, alle möglichen Lebensformen still und bewusst zu beobachten. Es fiel mir erstaunlich leicht, dies zu tun, vor allem konzentrierte ich mich auf meinen Körper, meine Gefühle und meine Gedanken. In dieser Zeit spürte ich ständig einen erhöhten Energiefluss in meinem Körper, welcher sich durch Kribbeln in den Gliedmaßen oder die Wirbelsäule entlang bis hoch in den Kopf bemerkbar machte. Das war aufregend für mich. Zudem war meine gesamte Wahrnehmung grundlegend anders. Dafür habe ich kaum Worte außer ‚Klarheit', Bewusstsein' ‚Lebendigkeit'. Ich fühlte auch Frieden in mir und Liebe zu mir und allen anderen.

Insgesamt konnte ich einen inneren Wandel erkennen – es war unglaublich und schön und doch hörte ich immer mal den Egogedanken: ‚Oh, das muss ich behalten, ich muss da bleiben und noch weiter dahin kommen. Was, wenn es wieder verschwindet? Ob ich auch erleuchtet werde?' Und darauf gleich: ‚NEIN! Das Ego spricht, das darf nicht sein, so kann ich nicht erleuchtet werden …' usw. … ganz schön pfiffig!"

*

„Am Anfang und am Ende ist es mir sehr leichtgefallen, mich mit dem Geist des Dunkelretreats zu verbinden. Im mittleren Teil ist es mir irgendwie schwergefallen. Während der kompletten Zeit habe ich gespürt, dass etwas Gutes beginnt. Aber es ist definitiv noch nicht zu Ende. Es ist der Anfang."

*

„Gefühlsmäßig habe ich eine sehr abwechslungsreiche Zeit erlebt, von ratlosen Zweifeln über vertrauensvolle Hoffnung und strahlende Aufregung hin zu aktivem wachen Offensein. Die sich in diesen Zusammenhängen zeigende Energie erweckt in mir eine besondere, wohltuende

Wachheit. In der Zeit des Experiments habe ich immer wieder erlebt, dass während meines Einklinkens sich ein physisch spürbarer Effekt einstellte. Ich hatte ein Gefühl von Wärmeentwicklung und ‚Aktivierung' von oben her am Kopf, ziemlich zentral an der Schädeldecke. Dieses Phänomen überraschte mich regelmäßig auch, wenn ich auf meinem Weg von der Arbeit in einem bestimmten Wegabschnitt unterwegs war. Wenn du mich fragst, würde ich gern ein vergleichbares Experiment durchleben."

*

„Ich nahm an dem Experiment teil und richtete meinen Fokus beim Meditieren auf die Klarheit in meinem Kopf. Dieses Thema wählte ich, da ich z. B. in Gesprächen mit meiner Vorgesetzten oft eine Leere oder einen starken Druck im Kopf spüre, wodurch es mir nicht immer gelingt, meinen Standpunkt verständlich und klar zu erörtern.

Wie schon viele Treffen in der Familie zuvor verlief auch eine Zusammenkunft (während des Retreats) *sehr harmonisch. Am Abend ließ ich den vergangenen Tag Revue passieren und starke Gefühle überwältigten mich. Ich fühlte mich glücklich und zufrieden, spürte eine große Kraft und innere Stärke, Ruhe, Gelassenheit und eine Klarheit in meinem Kopf. Mir wurde bewusst, dass ich diese familiäre Verbundenheit (das sind meine lebenden Verwandten, aber auch die Verstorbenen) als eine Kraftquelle für mich nutzen kann. Mein Übungsprozess besteht nun darin, so oft wie möglich in diese Gefühle einzutauchen und sie in mir zu stabilisieren, damit ich in schwierigen Situationen Kraft schöpfen kann.*

Ich bin überzeugt, dass meine Teilnahme an dem Experiment mit meinem Erkenntnisprozess in Verbindung steht. An vielen Familientreffen nahm ich schon teil, aber noch nie hatte ich diese intensive Kraft spüren können. Für diese neue Erfahrung und Erkenntnis bin ich sehr dankbar."

*

„(Die ersten 7 Tage) *fühlte ich mich ungemein lebendig, wach. Erwachte früh morgens für die Meditation und mein Yoga. Es war alles ganz mühelos. Die Leichtigkeit in mir und die Kraft, die ich in mir spürte, war sehr schön. Ab da war dann wie der Wind aus den Segeln. Ich wurde extrem getriggert von allem Möglichen. Das Thema Wertschätzung war sehr aktuell. Die Wertschätzung für mich selber. Das Wertsein, genüge ich, ja – nein. Es waren Themen, die an meinem Fundament rüttelten. Das ging bis Ende, ja über die Dunkelzeit hinaus. In all den Krisen spürte ich immer wieder das göttliche Geführtsein, die göttliche Hand, die mir sanft am Rücken den Impuls gibt: Geh weiter!*

Danke Saskia, dass ich mit dir und all den anderen Menschen an dieser intensiven Zeit teilhaben durfte."

*

„Ich fühlte mich schneller verbunden und mehr angeschlossen als normalerweise, war öfter manchmal auch nur ganz kurz eingestimmt, dann kam der Alltag dazwischen und die Verbindung blieb trotzdem. Es ging alles wie von allein, es war leichter, die berufliche Seite funktionierte besser, ebenso wie der Alltag. Die Schwere war verschwunden.

Es gab Unterschiede in der Qualität zu dem, was ich sonst kenne. Ich fühlte mich schneller verbunden mit höheren Ebenen. Und irgendwie fühlte ich mich durchgängig angeschlossen. Auch jetzt habe ich das Gefühl, ich bin noch immer verbunden. Das muss eine andere Energie sein als die, die ich kenne. Ich habe das Gefühl, sie bleibt einfach da.

Zu den Themen: Es war ein Gefühl, als würde es mir zufliegen. Immer wieder kamen spontan Gedanken, die mich weiterführten. Alte Traumen meldeten sich, die sich weiterentwickelten, auflösten und mir die positive Seite offenbarten. Diese Möglichkeit war mir zuvor nicht in den Sinn gekommen.

Ich fühlte mich mit anderen Seinsebenen verbunden. Die Unterstützung war regelrecht in mir spürbar. Ich fühlte mich getragen und verbunden mit dem GÖTTLICHEN. Und was ich mitgenommen habe: Ich bin für immer damit verbunden."

*

„Ich hatte keine spektakulären Erfahrungen, hatte das tägliche Sitzen zum Sonnenuntergang in meinen Alltag eingebaut und war sehr froh über die Regelmäßigkeit, die mir durch die Gemeinschaft gelungen ist. Ich hatte den Fokus: Wahrnehmen, was ist – wie ich es bis dahin schon von meiner Meditation gewohnt war.

Insgesamt hat mir die Regelmäßigkeit über den längeren Zeitraum viel Frieden und Ruhe gegeben, mehrmals hat sich auch die eine oder andere Freundin angeschlossen, sodass wir zu zweit eine halbe Stunde gesessen haben. Es gab Momente von Glückseligkeit, einfach weil sich etwas in mir geöffnet hat für die Schönheit und Größe des Augenblicks."

*

„Am 27.06.2016 hatte ich wieder Kopfschmerzen und es war anstrengend für mich, mich auf meine Arbeit richtig zu konzentrieren. Ich arbeitete trotzdem weiter, bis ich mein Pensum geschafft hatte. Im Anschluss daran ging ich in den Garten und machte es mir auf meinem Sessel bequem und legte dabei die Füße hoch, so wie ich es immer mag. Ich wollte meditieren, damit sich die Kopfschmerzen bessern. Ich habe mit der kleinen S. (inneres Kind) *geredet und mir auch Ruhe gegönnt mit meinen Gedanken, da habe ich auf einmal wie eine Wucht empfunden, die von hinten mich nach vorn mitgenommen und meine Gedanken rasant in die Vergangenheit zurückgeschickt hat zu den Ahnen, wo sie*

hingehören. Das war für mich ein beeindruckendes Erlebnis, weil ich so etwas vorher noch nie empfunden habe. Meine Kopfschmerzen waren fast komplett weg und mein Allgemeinzustand hatte auch fast den normalen Level angenommen, sodass ich mich mit einmal richtig super gefühlt habe.

Als ich mir später noch mal Ihre E-Mail durchlas, habe ich verstanden, warum ich so empfunden habe. Es war der 27.06.2016 nachmittags, die Zeit ungefähr, wo Ihr Experiment begonnen hat. Ich habe auf wunderbare Weise die Wucht oder besser gesagt die geballte Kraft und Energie der Gruppe gespürt. Dieses Empfinden hatte ich noch einige Male während der Zeit des Experimentes mit dem gleichen, großartigen Erfolg."

„Ich meditierte am Morgen, vor dem Schlafengehen und zwischendurch, wann ich Zeit fand, intensiver und konsequenter als sonst. Ich fühlte mich sehr verbunden und geborgen."

*

„Ziel war es, mit meinem IK (inneren Kind) *in Kontakt zu kommen und diesen zu halten. Vor bzw. zu Beginn des Experiments war eine Kontaktaufnahme nicht möglich, sondern eine große Leere in mir. Während des Experiments ist die Kontaktaufnahme in unterschiedlicher Qualität gelungen und konnte zum Ende hin gut stabilisiert werden. Die starken Ängste waren präsent und haben sich gezeigt, die Ursachen liegen noch verdeckt. Am 20.07. ist es mir erstmals gelungen, nicht wegzulaufen und in den Beobachterposten zu wechseln und den Kontakt zum IK zu halten.*

Ich bin überzeugt davon, dass mir die Energie der Gruppe geholfen hat, auf diesem Weg voranzukommen. Den Energiefluss im Scheitelbereich des Kopfes habe ich nur in dieser Zeit gespürt."

*

„Es kommt mir jetzt wie ein systemischer Neuanfang vor, meine innere Gelassenheit hat zugenommen. Meine Pläne wurden durchkreuzt und ich musste wieder einmal komplett loslassen, mich in mein Schicksal fügen. Der Mensch denkt, Gott lenkt.

Deine Abgeschiedenheit in der Dunkelheit gegenüber meiner Krankheitsphase zeigen beide deutlich die initiierenden Aspekte und Gesichtspunkte eines Rituals. Die Abgeschiedenheit in der Dunkelkammer deines Retreats hast du bewusst und freiwillig gewählt und beschritten; im Gegensatz dazu habe ich durch den unfreiwilligen Krankheitsverlauf eine Krise, eine bedrohliche Situation im Delirium und eine Tunnelfahrt erlebt und überstanden. Das Zeitfenster, in dem der Einsatz eines Antibiotikums (noch) wirksam ist, war in meinem Fall Gott sei Dank gegeben. Dennoch stand meine Genesung eine Zeit lang auf der Kippe zwischen Leben und Tod. Der innere Schmerz über Ohnmacht, unfreiwillig zu erduldendes Leid und die Einsicht über die Notwendigkeit, sich von trägen Gewohnheitsmustern zu verabschieden, steht hier der entschiedenen Entbehrung und dem Opfer der freiwilligen Entsagung zum Zwecke innerer Reinigung entgegen. Die Entscheidung ist der Kern.

Ich habe gewissermaßen Licht in Form einer Gnade am Ende des Tunnels empfangen und bin dankbar dafür, dass ich noch am Leben sein darf. Du hast Licht in der dunklen Einsamkeit und Zurückgezogenheit empfangen."

Schlusswort

Es war und ist sehr erstaunlich, wie still, erhaben und friedvoll die tieferen Schichten des inneren Kosmos sind, von denen ich einen kleinen Ausschnitt erhaschen und mit Leib und Seele kosten durfte. Es ist genauso erstaunlich, was mich alles jahrzehntelang davon abhielt, diese Heiligtümer zu sehen, zu fühlen und zu leben – auch heute noch manchmal. Obwohl das unvergänglich Ehrwürdige allgegenwärtig ist, konnte ich *Es* erst deutlicher wahrnehmen, als ich nach und nach dem Nebel der konditionierten Psyche auf die Spur kam, die verinnerlichten „To-do-Programme" wandelte und abgespaltene Seelenanteile wieder integrierte. In der wiedergewonnenen Klarheit erschien dann, was immer schon da war, da ist und ewig sein wird, zeitlos.

Mein drittes Dunkelretreat war eine geistige Geburt – ein tiefes Gefühl von Nach-Hause-Kommen. Mein inneres Haus hat sich nach oben und unten um jeweils ein Stockwerk, das mir zuvor nicht bewusst war, erweitert. Auch hat „Etwas" sich vertieft und begonnen, sich mittels unterschiedlich starker Wurzeln im lichtvollen Nährboden der neu erschlossenen oberen Etage zu verankern. Diese jedoch dauerhaft zu „bewohnen", ihre Qualitäten zu verkörpern und im Alltag zu leben, ist noch mal ein ganz eigener Prozess, der nach wie vor andauert.

Im gleichen Maße, wie es bei Kindern eine Wachstums- und Reifezeit braucht, bis der nächste Entwicklungsschritt erfolgt und sich das neue Niveau stabilisieren kann, dauert es auch im Erwachsenenalter eine gewisse Zeit, bis das Neue so kraftvoll im Innern Fuß gefasst hat, dass es sich im Denken, Fühlen und Handeln ausdrücken und widerspiegeln kann. Zugleich wird die frühere Entwicklungsstufe allmählich gewandelt und integriert, sodass das „Alte" nach und nach an Kraft und Bedeutung verliert, während sich die neue Stufe immer mehr als tragfähig, wirksam und fruchtbar erweist.

Heute, viereinhalb Jahre später, kann ich nach wie vor zwischen den verschiedenen Seinswelten pendeln und diese fühlen, wenn auch nicht mehr so intensiv. Dank der Dunkelraumerfahrungen fällt es mir leichter, mich zu erinnern, dass es diese schöpferische Herrlichkeit *gibt*. Im Alltag erfahre ich immer wieder Momente, in denen ich mich auf einer unbewussteren Etage meines inneren Hauses befinde. Sobald ich mir dessen bewusst werde, wechsele ich konsequent von der Etage der konditionierten Psyche auf die erwachsene, die bewusstere, lichtvollere. Anders gesagt, ich „ziehe um". Und von da aus gehe ich beherzt und verständnisvoll in Kontakt mit dem noch Ungeheilten (persönlich wie kollektiv). Ich bringe Licht und Ordnung in verdunkelte Kellerräume, kläre irrationale, verinnerlichte Denkmuster, schaue wertschätzend und mitfühlend in traurige, schambesetzte, wütende oder angstvoll aufgerissene Kinderaugen. Gleichsam erfülle ich die Bedürfnisse des inneren Kindes und lasse es teilhaben an der liebevollen Strahlung meines Herzens. Die momentane Weltsituation der globalen Krisen hilft mir dabei, mich immer wieder auf den gegenwärtigen Moment und auf das, was ist, zu besinnen und zu beziehen.

*

Es mag paradox klingen, aber sehr vieles von dem, was ich als Kind und junge Erwachsene gelernt hatte, verhinderte den Ausdruck meiner Kernenergie. All die unerfüllten Bedürfnisse, inneren Bilder, Vorstellungen, Interpretationen und die damit verknüpften Gefühle trennten mich von meinem authentischen Sein. Von der Liebe Gottes und der damit natürlicherweise einhergehenden Weisheit, dem Frieden und der unendlichen Güte und Nachsicht.

Der Dunkelraum ist ein hilfreicher Forschungs- und Reifungsort; abseits des Alltagsgeschehens, an dem man in sich selbst graben und alles bislang persönlich und kollektiv Verdrängte wieder freilegen und aufräumen kann, um die wahre Natur des innersten Kerns zu erkennen.

Dieser „Ort“ ermöglicht auch ohne jahrelangen Aufenthalt in entlegenen Wäldern oder Berghöhlen inneres Erwachsenwerden, Heilung und Erwachen. Im Ergebnis dessen scheint, quasi als Nebeneffekt, wohltuende Klarheit, ruhiger Frieden und verständnisvolles Mitgefühl im Herzen auf – für sich selbst und für andere. Diese innere Reife und Kompetenz eines jeden Einzelnen ist aus meiner Sicht unabdingbar für eine nachhaltige Wandlung der Menschheit als Ganzes, für die Lösung der durch uns Menschen erschaffenen globalen Probleme, für mehr Menschlichkeit im Menschen.

Möge das Ehrfurcht gebietende *Sakrale* durch unsere verbundenen menschlichen Herzen in die Welt strahlen und diese mit der Kraft der Liebe neu gestalten.

Danksagung

Mein Herzensdank geht an alle, die in verschiedener Weise zu diesem Retreat und zur Entstehung des Buches beigetragen haben:

Joachim Kamphausen und René Knauthe, die vor dem Retreat meine Idee des Bewusstseinsexperimentes über ihre Netzwerke verbreiteten;

Gertrud Niehaus, die mich im Retreat liebevoll und mit Humor begleitete, inspirierte und kulinarisch versorgte;

die Teilnehmer des Bewusstseinsexperimentes, die mir durch ihre Bereitschaft und Rückmeldungen wertvolle Erkenntnisse ermöglichten;

Ina Kleinod für das Lektorat;

Diana Köhne für die Zeichnungen im Buch;

Daniel Schmuki für das erfrischende Fotoshooting;

dem Reichel-Verlag für die unkomplizierte Zusammenarbeit und die Herausgabe des Buches.

Die Autorin

Saskia John wurde 1961 in der DDR geboren. Schon als Vierjährige fühlte sie eine übermächtige Angst vor dem Tod und dem endgültigen Verschwinden. Auf ihrem spirituellen Heilungs- und Entwicklungsweg verbrachte sie in den Jahren 2003–2016 in drei Retreat-Zeiten insgesamt 62 Tage in absoluter Dunkelheit, um sich in einem seelischen Tauchgang ihrer Todesangst zu stellen. Dabei machte sie außergewöhnlich tiefe Lichterfahrungen, die sie in ihren Büchern ausführlich dokumentiert hat.

Seit fast 30 Jahren arbeitet Saskia John als Heilpraktikerin, Aufstellungs- und Seminarleiterin in eigener Praxis und steht Menschen auf ihrem persönlichen Weg zu Heilung und spirituellem Wachstum zur Verfügung. Im ruhigen Randgebiet südlich Berlins bietet sie seit 2017 selbst Dunkelretreats in professioneller Begleitung an.

Informationen/Kontakt:
www.saskiajohn.de, www.youtube.com/c/SaskiaJohn

Weitere Bücher von Saskia John:
Grenzerfahrung Dunkelretreat, In den Tiefen meiner Seele
In the Depths of my Soul, Experiences in Complete Darkness
Retreat Into Darkness, A Path To Light